U0617679

权威 · 前沿 · 原创

皮书系列为
"十二五""十三五"国家重点图书出版规划项目

BLUE BOOK

智库成果出版与传播平台

河北蓝皮书
BLUE BOOK OF HEBEI

河北旅游发展报告（2021）

ANNUAL REPORT ON TOURISM DEVELOPMENT OF HEBEI (2021)

主　　编 / 康振海
执行主编 / 史广峰
副 主 编 / 王玉成　张　聪　白翠玲　邢慧斌　王丽平

社会科学文献出版社
SOCIAL SCIENCES ACADEMIC PRESS (CHINA)

图书在版编目（CIP）数据

河北旅游发展报告 . 2021 / 康振海主编 . -- 北京：
社会科学文献出版社，2021.4
（河北蓝皮书）
ISBN 978 - 7 - 5201 - 8083 - 2

Ⅰ.①河…　Ⅱ.①康…　Ⅲ.①地方旅游业 - 旅游业发
展 - 研究报告 - 河北 - 2021　Ⅳ.①F592.722

中国版本图书馆 CIP 数据核字（2021）第 047207 号

河北蓝皮书
河北旅游发展报告（2021）

主　　编 / 康振海
执行主编 / 史广峰
副 主 编 / 王玉成　张　聪　白翠玲　邢慧斌　王丽平

出 版 人 / 王利民
组稿编辑 / 高振华
责任编辑 / 杨　雪

出　　版 / 社会科学文献出版社 · 城市和绿色发展分社（010）59367143
　　　　　地址：北京市北三环中路甲 29 号院华龙大厦　邮编：100029
　　　　　网址：www. ssap. com. cn
发　　行 / 市场营销中心（010）59367081　59367083
印　　装 / 天津千鹤文化传播有限公司

规　　格 / 开　本：787mm × 1092mm　1/16
　　　　　印　张：20.25　字　数：302 千字
版　　次 / 2021 年 4 月第 1 版　2021 年 4 月第 1 次印刷
书　　号 / ISBN 978 - 7 - 5201 - 8083 - 2
定　　价 / 138.00 元

河北蓝皮书（2021）
编辑委员会

主编简介

康振海 中共党员，1982 年毕业于河北大学哲学系，获哲学学士学位；1987 年 9 月至 1990 年 7 月在中共中央党校理论部中国现代哲学专业学习，获哲学硕士学位。

三十多年来，康振海同志长期工作在思想理论战线。曾任河北省委宣传部副部长；2016 年 3 月至 2017 年 6 月任河北省作家协会党组书记、副主席；2017 年 6 月至今任河北省社会科学院党组书记、院长，河北省社科联第一副主席。

康振海同志著述较多，在《人民日报》《光明日报》《经济日报》《中国社会科学报》《河北日报》《河北学刊》等重要报刊和社会科学文献出版社、河北人民出版社等发表、出版论著多篇（部），主持完成多项国家级、省部级课题。主要代表作有：《中国共产党思想政治工作九十年》《雄安新区经济社会发展报告》《让历史昭示未来——河北改革开放四十年》等著作；发表了《传承中华优秀传统文化　推进文化强国建设》《以优势互补、区域协同促进高质量脱贫》《在推进高质量发展中育新机开新局》《构建京津冀协同发展新机制》《认识中国发展进入新阶段的历史和现实依据》《准确把握推进国家治理体系和治理能力现代化的目标任务》《奋力开启全面建设社会主义现代化国家新征程》《新时代：我国发展新的历史方位》《以"塞罕坝精神"再造绿水青山》等多篇理论调研文章；主持"新时代生态文明和党的建设阶段性特征及其发展规律研究""《宣传干部行为规范》可行性研究和草案初拟研究"等多项国家级、省部级立项课题。

摘　要

　　2020年河北省文化和旅游系统坚持以习近平新时代中国特色社会主义思想为指导，坚持统筹常态化疫情防控和文化旅游发展"双推进"，推动国家重大战略落地落实，京津冀文旅协同向深度广度拓展，雄安新区公共文化和旅游服务品质全面提升，冬奥会筹办事项成绩显著，长城国家文化公园建设有序推进，文旅产业加快转型升级，全域旅游示范区及国家级旅游度假区创建工作取得新突破。但受新冠肺炎疫情影响以及国内外经济风险叠加挑战，河北省旅游产业发展增速降缓，旅游总收入和总人次明显下降。如何立足河北省的现实问题和发展机遇，采取超常规措施，在危机中育新机、于变局中开新局，深入推进文旅融合发展，激发文旅消费活力，拓展新型业态和消费模式，构建现代旅游产业体系，打造文旅产业发展新格局，就成为新时代推动河北省旅游业高质量发展的重大理论问题和现实问题。

　　本书围绕以上问题，加强应用对策性研究，聚焦"激发旅游消费潜力，促进文旅产业振兴"这一研究主题，形成总报告、消费调研篇、消费环境篇、消费创新篇、实践探索篇5个研创板块，包括1篇总报告和17篇专题报告，力图客观展示河北省旅游业2020年度发展轨迹，提出相关问题及对策，为政府决策及行业发展提供借鉴和参考。

　　总报告回顾总结了2020年河北旅游年度发展情况，梳理了存在的问题，进而研判未来发展形势，为2021年河北旅游业高质量发展提供思路借鉴和理论指导。消费调研篇从旅游景区、旅行社业、旅游饭店业、旅游新业态四个方面对河北省旅游消费市场进行了调研与分析。消费环境篇从旅游现代治

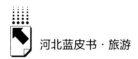

理能力提升、旅游营商环境优化、旅游服务标准化创建、文旅产业"新基建"融合发展、文化旅游安全预警机制建设五个维度对如何促进河北省文旅产业振兴进行了综合研究。消费创新篇从创新发展旅游"夜经济"、文创商品消费及 IP 建设、冬季旅游消费新动能培育、振兴乡村旅游消费、旅游经济内循环机制构建等方面进行了反思和总结。实践探索篇以曹妃甸多玛乐园、遵化碧桂园·恋乡小镇、石家庄智行创意公社文创产业园为例分别对"科技 + 消费"、激活夜间经济、创意设计驱动文创产业等问题进行了实证研究，以期推广创新经验，发挥示范借鉴作用。

关键词： 河北旅游　新冠肺炎疫情　旅游消费　产业振兴

Abstract

In 2020, the Hebei provincial culture and tourism system adhered to the guidance of Xi Jinping Thought on Socialism with Chinese Characteristics for a New Era, insisted on the "double promotion" of the normalized pandemic prevention and control and the cultural tourism development, impelled the implementation of China's major strategies, which contributed to the deeper and more extensive coordinated expansion of cultural tourism in Beijing, Tianjin and Hebei, the overall quality improvement of public culture and tourism services in Xiong'an New Area, the remarkable achievements in the preparations for the Winter Olympics, the orderly advancement of the construction of Great Wall National Cultural Park, the accelerated transformation and upgrading of the cultural tourism industry, and the breakthroughs in the creation of comprehensive tourism demonstration areas and national tourist resorts. However, as challenged by both the COVID – 19 and the economic risks at home and abroad, the growth rate of the tourism industry in Hebei has seen a slower growth rate, sharply declined total tourism revenue and the total number of tourists. How to take unconventional measures, cultivate new opportunities in the crisis, open up new situations in the changing situation, deeply promote the integrated development of culture and tourism, stimulate the consumption vitality of cultural tourism, expand new formats and consumption patterns, build modern tourism industry system, and create a new development pattern of cultural tourism industry based on the practical problems and development opportunities of Hebei Province has become a critical theoretical and practical problem for promoting the high-quality development of tourism in Hebei Province in the new era.

Given the above problems, this book strengthens the research on the applied countermeasure, focuses on the research theme of "stimulating tourism consumption potential and promoting the revitalization of the cultural tourism industry", and composes 5 research and innovation chapters of General Report, Consumption Research, Consumption Environment, Consumption Innovation and Practice Exploration, including 1 general report and 17 special reports, trying to objectively show the development track of tourism in Hebei Province in 2020 and put forward the relevant problems and countermeasures to provide a reference for government decision-making and industry development.

The general report reviews and summarizes the 2020 tourism development in Hebei Province, sorts out the existing problems, and then studies and judges the future development situation to provide idea and theoretical guidance for the high-quality development of the tourism industry in Hebei in 2021. In the chapter of Consumption Research, the tourism consumption market of Hebei Province is investigated and analyzed from four aspects of tourist attractions, travel agencies, tourist hotels, and new tourism formats. In the chapter of Consumption Environment, a comprehensive study is conducted on how to promote the revitalization of the cultural tourism industry in Hebei Province from five dimensions, namely the enhancement of modern tourism governance ability, the optimization of tourism business environment, the establishment of standardized tourism services, the integrated development of "new infrastructure" of the cultural tourism industry, and the construction of cultural tourism security and early warning mechanism. The chapter of Consumption Innovation reflects on and summarizes the innovative development of tourism "night economy", cultural and creative commodity consumption and IP construction, cultivation of new driving force for winter tourism consumption, revitalization of rural tourism consumption, and construction of internal circulation mechanism of the tourism economy. The chapter of Practice Exploration takes Duoma Park in Caofeidian District, Country Garden, Your Dream of Country in Zunhua, and Cultural and Creative Industrial Park of Zhixing Creative Commune in Shijiazhuang as examples to conduct empirical research on such issues as "technology + consumption", night economy activation, and creativity-driven cultural and creative industry, expecting to promote innovation experience and provide demonstration and reference.

Keywords: Hebei Tourism; COVID – 19; Tourism Consumption; Industry Revitalization.

目 录 ◥▨▨▧▦

Ⅰ 总报告

Ⅱ 消费调研篇

Ⅲ 消费环境篇

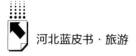
Ⅳ　消费创新篇

Ⅴ　实践探索篇

皮书数据库阅读 **使用指南**

CONTENTS ⬈⋮⋮⋮

I General Report

II Consumption Research

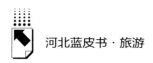
Ⅲ Consumption Environment

Ⅳ Consumption Innovation

V Practice Exploration

总 报 告

General Report

B.1

2020～2021年河北省旅游业
发展形势分析与展望

史广峰　邢慧斌　佟　薇*

摘　要： 2020年，受新冠肺炎疫情影响，河北省旅游产业发展增速降缓，各级文旅部门全面应对疫情影响，采取多种措施助推文旅企业复工复产，文化旅游产业日渐复苏。河北全域旅游创建工作持续推进，旅游公共服务体系逐渐完善，旅游品牌建设水平稳步提升，国家公园建设有序推进，旅游产业结构不断优化，"旅发大会"带动效应进一步彰显，旅游行业人才培养质量和现代治理能力明显提升。展望2021年，国内新冠肺炎疫情将得到有效控制，国内旅游市场稳步回暖，河北省应积极把握机遇，持续加强疫情防控，进一步提升应急管理

---

*　史广峰，河北省社会科学院旅游研究中心，副教授，博士，主要研究方向为旅游规划、旅游管理；邢慧斌，河北大学旅游管理系教授，博士生导师，主要研究方向为旅游扶贫与乡村旅游；佟薇，河北大学旅游管理系讲师，博士，主要研究方向为旅游史、旅游扶贫与社区旅游。

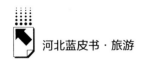

能力，以深化旅游供给侧结构性改革为主线，加强旅游业态创新，满足旅游消费需求，激发社会投资热度，加快旅游数字化建设，提高公共服务科技含量，构筑文旅产业发展新格局，推进河北省旅游业实现高质量发展。

关键词： 抗击疫情　文旅消费　高质量发展　旅游供给侧改革

一　2020年河北省旅游业发展总体形势

（一）全面应对疫情影响，助推文旅企业复工复产

2020 年，新冠肺炎疫情给全球旅游业发展带来巨大冲击，河北省旅游业亦面临新冠肺炎疫情以及国内外经济风险叠加挑战，旅游总收入和总人次明显下降。2020 年 1 月 24 日，河北省正式启动重大突发公共卫生事件一级应急响应，大型文旅场所暂停营业，旅行社及在线旅游企业暂停经营团队旅游及"机票＋酒店"旅游产品。面对新冠肺炎疫情的冲击，河北省文旅部门聚焦政策帮扶、对接金融机构，制定出台《关于有效应对疫情支持全省文旅企业发展的十条政策措施》《关于进一步做好疫情防控、促进文旅产业持续健康发展的通知》《河北省文化和旅游产业恢复振兴指导意见》《关于帮扶文旅企业促进产业恢复的若干措施》等专项政策，加快河北省旅游市场回暖复苏。河北省文旅部门积极搭建银企对接、政策宣讲、培训交流等服务平台，指导企业用足用好惠企政策；联合 20 家媒体与品牌推广合作伙伴，共同发起"亿元＋公益广告大联播"活动，为全省文旅企业进行免费宣传。

根据河北省文化和旅游厅《关于暂退旅行社部分旅游服务质量保证金支持旅行社应对经营困难的通知》的规定，退还 1011 家旅行社质保金 16430.74 万元，安排旅游专项资金 4800 万元帮助文旅企业纾困和发展。

（二）全省各地群策群力，文化旅游产业日渐复苏

河北省文旅系统采取了一系列措施，推动文旅企业安全有序复工复产。2020年4月，河北省旅游产业发展大会重点项目开工复工，全省旅游景区陆续复工复产，截至6月底，全省431家A级景区已全部实现预约、限流、错峰开放；1362家旅行社复工，占旅行社总量的89.84%；349家星级饭店复工，占星级饭店总量的91.84%；文化产业园区和基地的复工率分别达到97.14%和81.13%。2020年1～6月，全省接待海内外游客8821.79万人次，旅游总收入1011.6亿元，分别恢复到2019年同期水平的25.59%和26.37%。中秋节、国庆节期间河北省旅游接待3523.25万人次，旅游收入为270.69亿元，分别恢复到2019年同期水平的75.7%和71.92%。

在疫情防控常态化下，河北省文旅厅组织举办了第五届河北省旅游产业发展大会重点文旅项目（云）签约，签约24个文旅项目，签约金额480.3亿元。河北省各个地区文旅部门相继推出相关措施，助力旅游行业复苏。邯郸市从2020年4月1日至7月11日，开展"邯郸人免费家乡游"惠民旅游活动，全市29家A级旅游景区参与此次活动；保定市通过完善政策、积极融资、入统进"盘"等措施推动旅游产业复苏；承德市启动"避暑山庄之夜"购物体验活动，中国马镇旅游度假区免费发放总额30亿元的专属消费券；廊坊市加大了文化旅游消费云平台投入力度，注册用户25万人，入驻店企2035家，并安排150万元专项经费用于文旅消费补贴。9月，河北省启动全国"消费促进月"暨第十六届"幸福河北欢乐购"消费促进活动，发布"夜游河北十大人气目的地"，开展"京畿福地　乐享河北"主题文化旅游特惠活动，推出门票减免等旅游惠民措施，以文旅消费促进产业复苏。

（三）聚焦世界文化遗产，国家公园建设有序推进

河北省高度重视长城、大运河世界文化遗产的保护、传承和利用，围绕加强长城保护和规范利用，修订完善《河北省长城保护条例（草案）》，编制完成《河北省明长城保护规划》、《河北省早期长城保护规划》、《长城国

家文化公园（河北段）建设保护规划》（送审稿），全面启动可阅读长城数字云平台建设，组织开展形式多样的长城国家文化公园文艺创作和宣传推介活动，借力全省科研力量，积极开展长城主题科研工作，高标准打造了一批长城风景道，推进长城国家文化公园建设。2020 年末，长城国家文化公园建设已开工项目 25 个，即将开工项目 8 个，未开工项目 11 个。其中，《张库大道》长城主题影视剧制作项目、太子城遗址保护利用项目已竣工，中国长城文化博物馆已取得立项批复，完成项目选址。同时，河北省大力推进大运河文化带建设，编制完成《河北省大运河文化保护传承利用实施规划》《河北省大运河文化保护传承利用实施规划——文化遗产保护传承专项规划》《河北省大运河文化保护传承利用实施规划——文化和旅游融合发展专项规划》，深化河北段大运河文化带规划体系建设，高标准打造大运河文化保护带、生态景观带、全域旅游带和特色产业带。自 2020 年 9 月 7 日起，河北省文化和旅游厅、河北广播电视台联合策划推出全媒体新闻采访行动"行走大运河"。全媒体采访组从北京通州沿河南下至浙江杭州，历时两个多月，行走 8 省市 50 多个城市，共播发音视频报道 300 余篇，新媒体报道近千篇，总浏览量超过 1000 万人次，讲述了千年大运河的新时代精彩故事。

沧州市起草《沧州市大运河文化遗产保护条例（草案）》，出台《沧州市大运河文化带规划建设实施方案》，编制完成了《国家级（沧州）武术与杂技文化生态保护区规划纲要》（报批中）；邯郸市起草《邯郸市大运河文物保护实施方案》，组织编制《邯郸市大运河文化遗产保护传承专项规划》；雄安新区编制完成《雄安新区大运河文化保护传承利用实施方案》《雄安新区大运河文物保护传承利用实施规划》《长城国家文化公园雄安新区段（燕南长城）建设保护规划》；廊坊市起草《廊坊市大运河文物保护实施方案》，启动《长城（廊坊段）保护规划》编制工作。

（四）着力旅游质量提升，旅游产业结构不断优化

2020 年，河北省进一步深入贯彻《河北旅游质量提升行动计划（2018—2020 年）》《河北省旅游高质量发展规划（2018—2025 年）》，开

展全省旅游特色商品购物店和旅游休闲购物街区创建工作，对《旅游休闲购物街区质量评定》《旅游购物商店等级划分与评定》等地方标准进行专题培训，出台《河北省文化和旅游品牌评价规范》。2020年，河北省新增承德市金山岭长城景区为国家5A级旅游景区，新增唐山市迁西县凤凰山旅游景区、花乡果巷旅游景区等23家景区为国家4A级旅游景区，目前全省5A级旅游景区11家、4A级旅游景区142家。崇礼冰雪旅游度假区被认定为国家级旅游度假区。

围绕"避暑、避霾、养生、养老"多元消费业态，河北省重点打造健康旅游、研学旅游、冰雪旅游、乡村旅游、长城旅游、运河旅游等旅游产品体系，旅游产业结构进一步优化。同时通过打造"24小时城市"、拓展景区夜间消费、丰富乡村旅游夜生活等方式，推动河北省文旅夜间经济发展。唐山市启动"夜游河北·不一样的美"主题活动，掀起全省夜游经济消费热潮。石家庄正定古城、唐山南湖旅游景区、承德鼎盛王朝文化产业园、保定恋乡·太行水镇等景区（点）入选"夜游河北十大人气目的地"。

（五）强化示范科学引领，全域旅游创建持续推进

2020年，河北省出台《2020年京津冀文化和旅游协同发展重点工作方案》，完成《河北省全域旅游交通发展规划》《河北省智慧交通专项行动计划（2020—2022年）》《城市绿道绿廊建设规划》《河北省数字经济发展规划（2020—2025年）》，紧抓全域旅游示范省创建契机，坚持高位推动、强化示范引领、夯实项目建设，形成省、市、县三级同创全域旅游发展的大格局。

2020年河北省全域旅游示范区建设再创佳绩。石家庄市平山县、邯郸市武安市、秦皇岛市山海关区、唐山市迁西县4地被认定为国家全域旅游示范区；河北省平山县、武安市、涉县入选"2020中国旅游百强县"；迁西县、易县入选"2020中国旅游潜力百强县"；河北省承德市滦平县巴克什营镇花楼沟村、保定市阜平县龙泉关镇骆驼湾村、承德市围场满族蒙古族自治县御道口乡御道口村等24个村入选第二批全国乡村旅游重点村。

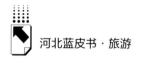

（六）围绕新型基础建设，完善旅游公共服务体系

1. 进一步完善交通网络体系

2020 年 1 月发布的《河北省 2020 年省重点项目计划》涉及铁路项目总计 11 项，包括津兴、石港城际铁路、太锡铁路 3 个新开工项目，京唐城际铁路、北京城际铁路联络线一期、京沈高铁、和邢铁路 4 个续建项目，张家口旅游铁路一期、津潍高铁、石雄城际铁路、秦皇岛铁路专用线 4 个前期项目。2020 年 7 月，河北省启动全域旅游交通发展规划体系编制工作，全面部署河北省智慧交通建设工作，构建覆盖广泛、便捷互通的陆海空综合立体旅游交通网体系。2020 年 11 月，开通京津冀文化旅游专列，加快带动京津冀旅游协同发展。另外，京雄商高铁、雄忻高铁和京雄城际铁路已被列入国家重点铁路项目。2020 年 12 月，京雄城际铁路实现全线贯通。

目前，河北省 11 个设区市、2 个省直管市、115 个县（市）完成了《城市绿道绿廊建设规划》编制工作，建设了一定里程的绿道绿廊，全省城市绿道绿廊总长度达到 5000 公里以上。唐山市的"超级绿道"——城市慢行绿色景观通道，全长 10.5 公里，以高架桥梁贯穿唐山东湖花海等景点和城市公园绿地；石家庄市沿滹沱河、太平河建设了全长 59.6 公里的城市绿道，为市民打造了优质的观光、休闲、健身空间。

2. 新基建助力旅游产业发展

2020 年 3 月，河北省发布《关于加强重大项目谋划储备的指导意见》，其中包含"围绕新型基础设施谋划项目"，加速谋划一批 5G 基建、城际高速铁路、城际轨道交通、新能源汽车充电桩、大数据中心、人工智能等新型基础设施项目。5 月 20 日，正式成立河北文旅 5G 大数据创新实验室，为文旅系统高质量发展提供更为精准的数据支撑和咨询服务。

2020 年 6 月，河北省文化和旅游厅印发《河北省智慧旅游专项行动计划（2020—2022 年）》，构建"一部手机游河北"生态体系，推出线上服务功能，年底基本实现"一部手机游河北"上线运行。依据《智慧景区建设规范》（DB 13/T 5036—2019）和《河北省智慧景区建设评定细则（试行）》，积极组织开展2020年全省智慧景区示范点评定工作。

3. 积极推进厕所革命

2020年上半年，河北省各地市继续推进旅游厕所革命。廊坊市旅游厕所建设任务88座，已竣工34座，其中30座厕所已上线百度地图。承德市旅游厕所建设任务144座，已完工88座。定州市旅游厕所建设任务15座，已完成7座。邢台市建设完工旅游厕所108座，上线百度电子地图101座。保定市旅游厕所建设任务96座，已开工65座，完成12座。沧州市72座旅游厕所、张家口市144座旅游厕所均已全面开工建设。2020年，石家庄市已建设旅游厕所100座，任务完成率为104%，提前超额完成全年旅游厕所革命建设任务。

（七）创新营销推广模式，旅游品牌建设稳步提升

一是完善旅游品牌体系。编制河北省文化和旅游品牌评价体系与认证管理办法，界定文旅品牌内涵与类型、构建品牌评价标准体系、制定认证管理办法，推动全省各地进一步树立品牌意识、强化品牌推广；推介重点旅游资源、打造人气旅游线路；面向社会开展"河北旅游人气线路征集活动"，推出多语言版本的"乐享河北精品线路册"；培育"冀忆乡居""冀忆乡味""冀忆乡礼""冀忆乡俗""冀忆乡景"五大乡村系列品牌，构建"冀忆乡情"乡村旅游品牌体系；在京张高铁投放《京张高铁乘车安全服务指南》，推介河北冬奥旅游资源与线路；在全省4星级以上酒店、省内重点旅游城市政务接待宾馆、国内各大旅游展会等摆放《乐享河北旅游指南》中英文版，有力提升了河北省文旅品牌影响力和知名度。

二是创新宣传推广活动形式。采用情景剧、达人推介、多媒体互动等创新方式展示河北冬季重点资源和特色玩法，成功举办"冬季游河北，福地过大年"活动；在全国首创数字旅游体验展模式来宣传推广河北文旅，将数字创意设计与艺术空间有机结合，荣获2020年度中国旅游产业影响力风云榜数字文旅创新发展案例；创新运用微电影、视频短片等艺术形式，生动展现河北文旅资源、文旅行业发展成果及文旅人抗疫故事，启动2020乐享

河北文化旅游微电影（视频短片）大赛；河北省文旅厅与中国石油河北销售公司、河北航空再度开展跨界合作，分别推出了价值1亿元的"周末游河北·中石油为您加油"优惠券、"省内随心飞"月票产品，实现了旅游产业与能源和交通服务跨界融合。与北京、上海铁路局合作，开通"河北旅游"号高铁冠名列车，实现河北旅游品牌宣传全面覆盖，助力京津冀和长三角客源市场扩展；举办"游长城 爱长城——2020长城之约·全国新媒体自驾游长城活动"，实地探访长城沿线地区，弘扬长城文化；继续组织"冀疆情·巴州行"，开展旅游援疆、援藏活动，达成客源互送、资源共享协议。

三是加强对外交流，推动国际传播。成功举办"欢乐春节"系列文化交流和推广活动。组派包括文旅推介、文艺演出、非遗展示等多个团组分别赴希腊、马耳他、巴基斯坦及澳门地区进行文艺演出，圆满完成出访任务。在全球新冠肺炎疫情蔓延的情况下，充分借助部分海外中国文化中心及旅游推广中心平台，开展"云游"宣传，提供丰富的文化旅游宣传资料，扩大了河北文化和旅游品牌在海外的影响力。成功举办了"2020乐享河北·国际旅游摄影大展"，充分展示了河北地域内的自然风貌及丰富的历史人文景观，在光影中畅游河北。

（八）扎实推进共享机制，区域协同发展日渐成效

2020年4月，河北省文化和旅游厅发布《2020年京津冀文化和旅游协同发展重点工作方案》，以筹办2022年冬奥会为契机，推动京张文化旅游产业协同发展。与北京、天津共同推动长城、大运河国家文化公园建设，培育打造一批以长城和大运河为主题的特色文旅产品和线路。以满足京津居民休闲、度假、康养等休闲旅游需求为导向，依托环京津优质的文化旅游资源、特色度假设施、乡村旅游片区，在京东休闲旅游示范区、京北生态（冰雪）旅游圈、京西南生态旅游带、京南休闲购物旅游区和滨海休闲旅游带建设上取得扎实成效。

2020年8月，启动京津冀房车巡游暨文化旅游精准扶贫交流活动，在保定市阜平县举办"房车赶大集 消费促扶贫"活动。2020年9月，"匠心

华韵　运河传承"流动的文化——大运河非遗大展暨第六届京津冀非遗联展在沧州市大运河生态修复展示区正式启幕。河北省市级旅游投资联盟成立,充分发挥省、市各地旅游集团优势,打造国内知名文旅品牌,引领全省旅游产业发展。

京津冀三地开启人才共享机制,在2020年冬奥冰雪产业人才交流大会上,中国北方人才市场与河北人力资源市场服务中心、张家口市人社局达成了冰雪产业人才供给的合作协议,天津市外国企业专家服务有限公司与崇礼山水旅游开发有限公司、张家口万龙滑雪场就人才供需咨询服务签约,实现两地人才互换、用工共享和协同发展。

(九)创新形式智慧引领,"旅发大会"带动效应明显

2020年第五届河北省旅游产业发展大会在张家口举办。大会期间,河北共有24个重点项目通过线上方式签约,内容涉及康养度假、特色小镇、智慧景区、文旅综合体等新业态,总投资480亿元。在新冠肺炎疫情防控常态化形势下,"旅发大会"充分利用互联网、数据云等信息技术,创新推出云直播、云观摩、云展馆、直播"带货"等新型宣传展示形式。

2020年,河北全省聚焦文旅融合、乡村振兴、新业态引领、公共服务设施建设等重点领域,依托第五届省旅发大会及13场市级旅发大会平台,谋划建设重点项目174个,总投资1684亿元,涉及景区类62个、新业态融合类28个、特色旅游小镇类22个、公共设施和环境改造类36个、新农村改造提升类15个、酒店与接待设施类11个。这些项目产业带动力强、集聚效应明显、核心竞争力突出,对推动河北省文旅产业转型升级、高质量发展具有示范性和引领性。

(十)抗击疫情线上直播,创新旅游人才培养模式

2020年2月,河北省文化和旅游厅组织文旅企业开展"抗击疫情　共助文旅"在线公益培训活动,面向全省文旅人员开展旅游景区创建提升、文旅融合发展、全域旅游验收指导、景区宣传营销等方面的专题培训,参加

培训人员达到 3500 人，为新冠肺炎疫情防控常态化阶段推动旅游业高质量发展夯实基础；5 月组织举办了"设计云学院——河北文创线上培训班"，8 期网络直播课程累计在线观看超过 9 万人次，互动评论数 8677 条。同时，依托中国非遗传承人群，组织了 6 期非遗传承人群研修研习培训班，为河北文创产业蓬勃发展注入新动能。

2020 年 10 月，张家口市举办以"人才助力冬奥　圆梦冰雪产业"为主题的冬奥冰雪产业人才交流大会，108 家单位现场参会、317 家单位线上参会，提供就业岗位 11000 余个。11 月，河北省创新搭建全省文旅人才在线招聘平台，实时反映新形势下文旅人才需求变化特点，为全省文化和旅游人才建设科学提供数据资源。

二　2020 年河北省旅游业发展主要特点

（一）受新冠肺炎疫情影响，旅游行业遭受冲击大

2020 年受新冠肺炎疫情影响，河北省旅游行业承受了巨大的冲击和面临了巨大的挑战。一是文旅行业复苏进程较慢。受新冠肺炎疫情影响，已复工的星级酒店普遍存在客流少、经营不景气的问题。2020 年上半年，多数文化娱乐场所未能正常营业，经营业主压力较大，思想状态不稳定。疫情期间对游客开放的景区，按照河北省文化和旅游厅印发的《关于 A 级旅游景区和公共文化场馆恢复开放的通知》要求，执行"景区和公共文化场馆接待量不得超过核定最大承载量的 30%"的政策，7 月 15 日以后，文旅部通知开放跨省旅游接待任务，景区接待量调整为核定最大承载量的 50%。2020 年上半年，石家庄市接待海内外游客 1624.63 万人次，旅游总收入 194.91 亿元，仅分别恢复到 2019 年同期的 25.6% 和 27.17%。二是资金周转困难。疫情发生后，河北省基本关闭了全部 A 级旅游景区，娱乐场所、剧场、旅行社及在线旅游企业暂停了团队旅游及"机票＋酒店"旅游产品，文旅产业园区、基地停工停产，文化旅游行业收入大幅下降，一些企业的资

金周转受到较大影响。三是就业稳岗形势受到严峻挑战，疫情期间，旅游企业暂停营业，出现了减员、裁员现象，或是通过暂停发放工资缓解企业现金流危机，使旅游行业从业人员的生活受到极大影响。

（二）挖掘培育新经济增长点，文旅融合进一步加深

1. 充分挖掘非物质文化遗产，发挥非遗旅游扶贫效应

依据《关于河北省传统工艺振兴的实施意见》《关于推进省级传统工艺工作站建设的方案》《关于推进非遗扶贫就业工坊建设的方案》，河北省积极推动非遗扶贫工作向纵深发展，探索出"传承人＋公司＋基地＋农户＋市场""公司＋农户＋贫困妇女"的扶贫模式。2020年，河北省共建成省级传统工艺工作站5个，非遗扶贫就业工坊359家，被省委、省政府授予全省脱贫攻坚先进集体奖；申请2021年国家非物质文化遗产保护补助资金2448万元；14个非遗项目首次亮相第三届中国国际进口博览会，现场签订协议订单达924万元，后续意向商户95家；围绕冬奥会，编制了《2022北京冬奥会张家口非遗手册》。"河北古老非遗融入现代生活"案例荣获2020博鳌国际旅游奖"年度非遗创新奖"。

2. 重视文创产业发展，进一步推动文旅融合

2020年，河北省多措并举，打造文创产业发展新亮点。建立健全文创产业质量标准与认证体系，制定文创产业发展示范基地评选标准，引领行业规范发展。全省重点培育30家文创设计中心，发展50家文创产品生产龙头企业，引进10家知名文创企业或机构，推动石家庄和廊坊两个国家文化消费试点城市建设，推进文创产品进景区等"十进"工程，支持111个乡村旅游重点村、50个特色小镇设立文创商品购物店，培育壮大文创产业市场主体。

2020年1月，开启"河北省博物馆红色文化进校园"、"非遗过大年文化进万家"、武强年画大礼包、博物院里过大年、"我在庄里"非遗年货展销体验等活动。2月，结合疫情防控要求，河北省文化和旅游厅以"互联网＋文旅"的形式，开设了"云游河北 平安过年"系列主题活动，与河北广播电视台联合推出"动听河北节目"，连线旅游达人，宣传河北文化旅

游的故事。10月，举办第九届河北省特色文化产品博览交易会，组织召开2020年全省旅游特色商品购物店和旅游休闲购物街区创建工作现场会，组织全省文创产品参加全省第五届旅游产业发展大会文创线上展示活动，北京文博会、深圳文博会线上展示活动等。联合省工信厅举办"中国马镇杯"第二届河北省文创和旅游商品创意设计大赛，共征集海内外参赛作品10000余件，推动"文创＋互联网""文创＋数字""文创＋设计""文创＋产业"等新模式，将文化内涵融入产品设计开发，推动文化创意与相关行业融合发展，形成文旅融合发展新优势。在2020年中国旅游商品大赛上河北省荣获1金、1银、3铜，获奖数量创该项大赛历史新高。

（三）数据驱动科技支撑，初建文旅数字生态体系

2020年，河北省持续深化"互联网＋旅游"，推动旅游业高质量发展，起草了《关于适应消费升级需求推进"互联网＋旅游"融合发展的意见》，继续构建"一部手机游河北"生态体系，为游客提供便捷、智能化服务。推出线上景区游览、美食分享、产品展示、咨询、在线预订等服务功能，推进旅游预约预订、销售、支付等各个环节与电子商务的深度融合，实现旅游服务过程全覆盖。积极运用5G、VR/AR、人工智能、全息投影等新技术，加大数字化、沉浸式文旅应用项目的设计和研发力度，推出线上DIY文创商品、"云游景区"、数字图书馆、数字博物馆、在线非遗等公共服务项目上线运行。2020年，河北省市各级旅发大会实现智慧化运营，打造呈现云展馆、云观摩、云相册等数字化产品，采取线上直播、扶贫带货、云上购物等新媒体营销方式，用科技手段让体验方式更加多元化、立体化。

2020年，河北省旅游创新发展中心与银联商务股份有限公司河北分公司开展了河北文旅消费大数据研究战略合作，共同助力实现河北文化和旅游的跨越升级和高质量发展。

（四）旅游助力脱贫攻坚，形成多种旅游扶贫模式

2020年是全面建成小康社会和"十三五"规划的收官之年，是脱贫攻

坚决战决胜之年，河北省坚持以举办旅发大会促扶贫、以景区带村促扶贫、以能人带户促扶贫、以"公司＋农户"促扶贫、以传承非遗促扶贫，通过多举措创新扶贫模式，强力助推乡村振兴。

河北省坚持因地制宜、突出特色，形成多种可推广、可复制的旅游扶贫模式并落地实施。涞水"双带四起来"旅游扶贫模式被列入中共中央政治局集体学习典型案例，正定、平山、涞水、阜平四县被列为国家旅游扶贫培训基地。

（五）品牌宣传融合创新，新媒体传播持续发力

在品牌宣传上，强化融合创新，打响新媒体宣传声势。2020年，河北省文化和旅游厅在全国率先开展"云游"系列文旅宣传，文旅厅官方微博在"云游河北"宣传中推出了"非遗河北""文旅生活""文旅夜读"等特色话题。第一季度日均阅读量100万＋，转赞评总数20万＋，粉丝数突破710万。在人民网等联合发布的2020年上半年政务微博影响力报告中，河北省文化和旅游厅官方微博获得了全国十大文旅微博第一名；联合抖音共同发起"疫去春来Dou赞河北"抖音挑战赛，相关视频播放量超过3.4亿次，举办"冀·有样儿"文旅品牌"带货"直播系列活动，推出"云赏花""宅家云旅游""国粹杂技看吴桥"等活动。在由人民网舆情数据中心发布的"政务微博影响力排行榜"中，河北省文化和旅游厅微博前三季度位列全国十大文旅微博首位，传播力、服务力、互动力和认同度指标综合成绩排名第一。在"文旅产业指数实验室"发布的新媒体传播力指数TOP10榜单中，河北文旅新媒体综合传播力指数、"河北旅游"微信公众号和抖音号传播力、"河北省文化和旅游厅"微博和头条账号传播力连续进入全国前十名。在文化和旅游部发布的《全国国内旅游宣传推广典型案例名单》中，河北省文化和旅游厅的"这么近 那么美 周末游河北"主题宣传活动位列其中。在年底举办的2020国内旅游宣传推广培训班上，河北省文化和旅游厅是唯一被文化和旅游部邀约的地方文旅部门。11月21日，在第五届博鳌国际旅游传播论坛上，河北省文化和旅游厅"云游河

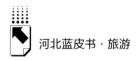

北"系列品牌营销活动案例荣获 2020 博鳌国际旅游奖（TC 奖）"年度整合营销案例奖"。

三 2021年河北省旅游业发展面临的形势分析与预测

（一）发展机遇

《中共中央关于制定国民经济和社会发展第十四个五年规划和二〇三五年远景目标的建议》提出，推动生活性服务业向高品质和多样化升级，加快发展旅游、健康、养老、文化、体育等服务业供给。推动文化和旅游融合发展，建设一批富有文化底蕴的世界级旅游景区和度假区，打造一批文化特色鲜明的国家级旅游休闲城市和街区，发展红色旅游和乡村旅游。

1. 旅游与新业态深度融合

一是乡村旅游项目成为投资热门。在农业供给侧结构性改革和全域旅游政策的双重作用下，乡村旅游投资内容已经从单一的观光农业投资转向综合业态投资。二是康养旅游由点逐渐向外围扩散。以石家庄、秦皇岛、保定安国等地的生态环境和中医药产业为基础，建设了以岭健康城、神威中医药健康城、安国现代中药工业园、安国数字中药都等集康疗恢复、医疗服务、慢病疗养等功能于一体的康养基地，将中医药产业、养生保健和休闲旅游进行深度融合。三是体育旅游不断崛起。在筹备 2022 年北京冬奥会的历史机遇下，河北省冰雪文化旅游产业发展迅猛，冰雪文化旅游产品相继推出，培育了赤城海坨冰雪小镇、涞源七山滑雪度假区、清凉山滑雪场、元宝山滑雪场等一系列冰雪体育文化运动基地。

2. 数字文旅产业方兴未艾

文化和旅游部近年来就数字文旅创新发展多次作出部署，提出狠抓线上发展，加快产业数字化、数字产业化，落实财政、税收、金融等政策，释放数字化对文化产业和旅游产业的放大、叠加、倍增作用，进一步扩大优化数字文旅产品和服务供给。2020 年 11 月，文化和旅游部发布《关于推动数字文化产业高质量发展的意见》，提出到2025年培育20家社会效益和经济效益突出、创新能力强、具有国际影响力的领军企业，打造5个具有区域影响力、引领数字文化产业发展的产业集群，建设200个具有示范带动作用的数字文化产业项目。

《河北省智慧旅游专项行动计划（2020—2022年）》指出，河北省将积极推进河北旅游大数据中心完善升级，实现横向与部门数据、纵向与各市数据的互联互通。不断丰富大数据中心资源，构建多个相对专业的数据资源库，完成文旅系统资源目录的梳理。到2021年底，河北旅游大数据中心形成系统分析能力，为文旅系统高质量发展提供更为精准的数据支撑和咨询服务。

3. 带薪休假扩大消费市场

《中共中央关于制定国民经济和社会发展第十四个五年规划和二〇三五远景目标的建议》提出要完善节假日制度，落实带薪休假制度，扩大节假日消费，培育国际消费中心城市，改善消费环境，促进消费向绿色、安全、健康方向发展，促进线上线下消费融合发展，开拓城乡消费市场。同时，以国内大循环为主体、国内国际双循环相互促进的新发展格局战略也为旅游产业快速和高质量发展提供了难得的机遇。

4. 深化京津冀协同发展

加快推进京津冀旅游试点示范区建设，三地将加快推进京东休闲旅游示范区、京北生态（冰雪）旅游圈、京西南生态旅游带、京南休闲购物旅游区、滨海休闲旅游区五大京津冀旅游试点示范区建设，培育示范区旅游品牌，实现合作项目共建共享。优化京津冀文化和旅游产品供给，扩大京津冀文化和旅游投融资渠道，完善京津冀旅游交通服务体系，建立健全京津冀旅游服务规范与质量标准体系，丰富过境免签旅游产品体系，提升京津冀旅游行业的服务管理水平。

5. 太行山旅游升至国家层面

国家发展和改革委员会、文化和旅游部联合印发《太行山旅游业发展规划（2020—2035年）》，河北省涿鹿县、阜平县、平山县等27个县（市、

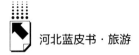

区）被纳入发展规划，规划提出大力传承弘扬太行精神，丰富特色旅游多元供给，培育现代旅游产业体系，完善公共服务和市场体系，助推乡村振兴和城市转型，严格保护各类资源和生态环境等方面的举措。

（二）面临的挑战

1. 新冠肺炎疫情影响持续，入境旅游市场发展受限

2020年新冠肺炎疫情期间，我国入境签证政策持续收紧，自3月28日起，我国暂时停止外国人持有效来华签证和居留许可入境，同时暂停各类优惠签证政策。我国于9月28日起，允许持有效中国工作类、私人事务类和团聚类居留许可的外国人入境，但这只适用于一部分常年居住在中国工作或学习、已经持有特定类别居留许可的外籍人士，并不包括持有旅游签证的广大外国入境游客，入境政策依然收紧，这客观上限制了我国入境旅游市场的发展。中国旅游研究院发布的《中国入境旅游发展报告2020》中"疫情影响背景下旅游目的地形象的重塑"指出，在全球疫情没有得到彻底控制之前，我国入境旅游将大概率延续2020年上半年出现的这种大幅下滑趋势。目前，全球新冠肺炎疫情尚未得到完全控制，疫情防控常态化形势下，我国入境旅游市场发展将继续受限。

2. 全球政治、经济环境不稳定因素冲击旅游业发展

当前世界经济深度衰退、国际贸易和投资大幅萎缩、国际金融市场动荡、国际交往受限、经济全球化遭遇逆流，一些国家保护主义和单边主义盛行，世界政治格局正在重新洗牌，局部地区不稳定因素逐渐增多，地缘政治风险增大，世界政治、经济都在经历百年未有之大变局。传统旅游发展的不确定性增大，尤其是出境和入境旅游将在较长一段时间受到全球不稳定性的极大冲击。

3. 消费低迷成为宏观经济循环的关键堵点

自新冠肺炎疫情暴发以来，居民收入下滑、企业效益下滑、不确定性因素增多以及因此造成的连锁反应加剧，导致消费需求复苏相对乏力，居民消费趋于谨慎，住宿业和餐饮业复苏滞后。2020年上半年受疫情影响，河北

省大型会议和商务接待减少或取消，限额以上住宿和餐饮业单位营业额为44.8亿元，同比下降36.7%，其中住宿业同比下降43.3%，餐饮业同比下降29.3%。当前消费需求低迷已经成为河北省企业复工达产和扩大再生产的最大制约因素，全省经济工作的重点应该从行政性复工复产向市场型深度复苏转换。①

（三）主要问题

1. 文旅产业科技创新不足

一是精品文旅项目建设缺乏。整体上看，文化创意产业占比偏低，文旅企业普遍实力偏弱，缺少叫得响的文化品牌、精品线路。二是旅游夜经济开发有限。为贯彻落实《国务院办公厅关于进一步激发文化和旅游消费潜力的意见》，河北省制定了《河北省文化和旅游产业恢复振兴指导意见》，指导和部署了夜间文旅经济发展的相关措施并取得了一些成效，但目前发展夜间经济还存在产品结构单一、文化内涵肤浅、地方特色不足等问题。三是充分运用数字科技推动高质量发展的创新能力不强，存在旅游业态转型升级较慢，旅游商品开发不够，产业结构总体还需优化等问题。

2. 乡村旅游产业有待提高

一是产品品质有待提高。河北省乡村旅游仍处于初级阶段。在乡村休闲要素、特色娱乐等方面开发不足，对乡村建筑、乡土民俗甚至乡野环境的利用不足，高附加值乡村旅游产品开发较少，缺乏品牌意识，导致乡村旅游整体影响力不足。有些地方发展乡村旅游存在"急功近利"的倾向，主要表现为"千村一面"，城市化、雷同化、低质化现象比较明显。二是产业链条有待延伸。现阶段大部分乡村旅游的发展重点主要聚焦景区建设以及对外竞争，而不注重与区内农业、服务业、运输业等相关产业链的构建和各行业企业之间的分工协作，导致互动不明显、融合性不强。三是乡村旅游管理落

---

① 李会霞：《2020年上半年河北省经济形势分析综述》，《经济论坛》2020年第9期，第5～10页。

后。乡村旅游受到体制机制限制，缺乏有效的核心管理运营主体，难以发挥对其他行业主体的统筹作用，造成产业分散、整体产业链不完善。大部分乡村旅游管理主体为村委会或本地家族，其缺乏乡村旅游行业的专业知识与实践经验，难以满足乡村旅游产业发展的专业性需求。

3. 资金困境引发多重矛盾

2020年，受新冠肺炎疫情影响，旅游企业资金面临诸多困难。一是旅游企业融资难度大。文旅企业经历长达几个月的关停，复业后入不敷出，资金链非常紧张，急需还贷和融资方面支持，但现有国家金融政策支持力度尚有不足，部分地方商业银行执行不到位。二是旅游产业项目投融资服务体系不健全。文旅企业大多以轻资产为主，缺少抵押物、担保，因此通过银行渠道融资程序多、门槛高、难度大。三是旅游企业现金流不足，就业稳岗形势严峻。文旅服务企业多属于劳动密集型行业，人员工资支出比例大，目前企业资金压力大增，就业稳岗形势不容乐观。

4. 高端复合型人才缺口明显

人才是支撑产业发展的核心力量和动力源泉。随着河北省旅游产业深入发展，核心技术人才以及高端人才缺口的问题逐渐显现，尤其在新基建、文旅创新人才、高管人才等方面十分紧缺。"新基建"与文旅产业的融合发展迫切需要涌现出一批集专业技术和旅游知识于一身的复合型人才。因此，加强人才培养、补齐人才短板成为当前河北省文旅产业高质量发展的当务之急。

5. 发展不平衡不充分问题突出

一是区域发展不均衡。石家庄、保定、张家口、秦皇岛在旅游项目投资、旅游接待人次和收入方面明显高于其他地区。二是旅游产业项目投资供给与市场需求对接不充分。综合全省的旅游产业项目来看，占比较高的仍是传统观光性旅游项目，更受市场欢迎的旅游新业态项目如工业旅游、康养旅游、冰雪旅游、房车自驾等，较之数量上仍有很大差距。整体旅游产品市场呈现质量低、结构性差的特征，亟待大力推进旅游产业结构性调整。

（四）发展预测

综合研判河北省旅游发展的机遇和挑战，2021年是"十四五"规划的开局之年，河北省旅游业将在国内新冠肺炎疫情有效控制下和国内外经济风险挑战下，旅游总收入和旅游总人次将较2020年呈现出明显的复苏与回暖。2021年，河北省旅游业将在区域协同发展、品牌影响、业态融合、产品质量、人才培养等方面获得较大的发展，具体来说，体现在以下6个方面。

1. 京津冀旅游协同发展将进一步拓展

2021年，冬奥会筹办、雄安新区建设、太行山旅游发展、大运河及长城国家文化公园的建设等重大战略的实施，势必将进一步深化京津冀在资金、资源、人才等方面的协同发展，进一步加强京津冀旅游产业的合作与交流。

2. 全域旅游示范省建设将会深度推进

2020年，河北省4个区县被文化和旅游部正式认定为第二批国家全域旅游示范区，13个市县被确定为省级全域旅游示范区，3个市县入选中国旅游百强县，2个县入选中国旅游潜力百强县。2021年，河北省将继续推进全域旅游示范区的创建工作，加快全域旅游示范省建设步伐。

3. 旅游高质量发展与优质服务将加速

2021年，河北省乡村旅游将持续发展，公共服务设施以及旅游从业人员素质将得到进一步改善，加速乡村旅游的高质量发展，提升游客的体验度和满意度。河北省旅游交通系统逐渐完善，改善"最后一公里"困境，健全"快进慢游"交通网络体系，确保游客"进得来、散得开"。

4. 旅游与相关行业的业态融合将提升

"互联网＋""旅游＋"深入发展，推动旅游与文化、体育、教育、科技、地产、金融等领域的深度融合，研学旅游、冰雪旅游、红色旅游、非遗旅游等旅游业态结构将进一步优化和提档升级，旅游产业的文化内涵、科技含量也将进一步提高。省内各市区的夜间旅游经济将加速发展，夜间经济的附加值将增加。

5. 旅游品牌建设和影响力将持续增强

2021~2022年雪季，河北省将以冬奥会为契机提升河北冬季冰雪旅游的品牌价值，同时借助新媒体、"互联网＋"，整合区域营销，加快发展智慧营销，不断创新营销传播模式，讲好河北旅游故事，"京畿福地 乐享河北"的旅游品牌更加深入人心，河北旅游品牌价值持续提升。

6. 文旅行业人才队伍建设将继续改善

2021年全省文旅部门仍然将文旅人才的培养作为重要工作内容之一，持续加大对文创、导游、乡村旅游等方面人才的培训力度，持续提高文旅行业人员的服务技能和业务水平，河北省文旅行业高端人才短缺的现象将得到缓解。

四 2021年河北省旅游业高质量发展的对策与建议

河北省旅游产业发展面临京津冀协同发展、雄安新区建设、京张筹办冬奥会等千载难逢的战略性机遇，应深入贯彻党的十九届五中全会精神，立足河北的优势和机遇，不断创新政策供给，采取超常规措施，抢占文旅产业发展制高点，以推动高质量发展为主题，以深化供给侧结构性改革为主线，以改革创新为根本动力，以满足人民日益增长的美好生活需要为根本目的，统筹发展和安全，推动建设河北省现代旅游经济体系，加快构建以国内大循环为主体、国内国际双循环相互促进的文旅发展新格局，推进旅游治理体系和治理能力现代化。具体来看，2021年河北旅游应做好以下10个方面工作。

（一）推进旅游顶层设计，确保发展制度支撑

一是高质量编制河北省文化旅游产业"十四五"规划。做好充分调研和前期研究，立足全省经济社会发展大局，对标国家重大战略，科学研判发展趋势与方向，创新规划理念、理清发展思路、明确目标和任务，确保规划的前瞻性、科学性、创新性。二是加快推进各行政区域的旅游规划工作，整

合地区优势资源，构建区域旅游发展新格局。三是充分借鉴先进经验。围绕推动文旅产业高质量发展，充分借鉴国内外先进经验，以国际视野和全国站位，高起点、专业化地做好顶层设计，确定具体发展目标和思路举措，切实把国内外先进经验本土化、具体化。四是建立高端智库和专家团队。吸收全国知名的文旅产业领域专家，整合省内科研力量，建立河北省文旅产业高端智库和专家团队，形成紧密合作机制，为政府决策、产业发展、企业壮大提供智力支持和精准服务。五是借力京津优势资源。抓住京津冀协同发展、雄安新区建设、冬奥会筹办的重大战略机遇，充分借助北京的优势资源，加强引进人才、资本、技术及重大项目，抓重点、补短板、强弱项，促进河北省文旅产业结构优化升级。

（二）持续加强疫情防控，提升危机管理能力

河北省文旅部门、文旅企业按照中央整体部署和要求，严控人员流动和聚集增加带来的疫情传播风险，继续抓紧、抓实、抓细疫情防控措施。一是尽快完善旅游产业运营和应急体系建设。建立绿色安全的运营体系，根据消费者疫情防控常态化阶段面临的新的生活方式，持续强化餐饮、环境等卫生安全工作，实现绿色消费。二是建立快速响应的应急机制，细化各类、各级应急预案和处置程序，做到未雨绸缪、防患未然。三是完善旅游治理体系。基于突发公共卫生事件，在消费群体、政府部门、经营企业之间建立信息发布、动态监控、联防联控、应急响应等机制。四是完善政策支持体系。对重大突发事件，适时启动金融支持、财政税收、劳动关系及产业优惠等政策，及时有效避免企业陷入困局，在国家政策指导下实现积极、平稳过渡。

同时，旅游企业应从这次危机中认真总结经验教训，主动作为、创新有为，在建立预警机制、应对危机和灾备减损等方面扎实做好工作。

（三）深化旅游供给侧改革，引导旅游消费需求

1. 加强文化产业示范园区建设，发挥示范带动作用

落实河北省政府提出的"加强文化产业示范园区和示范基地建设"要

求，将文化产业示范园区和示范基地建设纳入省财政资金、省文化产业发展引导资金、各类文化产业基金重点支持范围。一是继续抓好文化产业示范园区创建和示范基地评选工作。按照鼓励创新创业、带动高质量发展、实现两个效益相统一的原则，严格创建评选标准，建立动态管理和退出机制，提高文化产业园区和基地建设水平。二是组织开展文化产业园区公共服务平台建设工程。重点支持国家级文化产业示范园区、国家级文化产业试验园区、省级文化产业示范园区的建设，建成具有创业孵化、融资推介、信息交流、人才培养、市场推广、管理咨询、知识产权保护等综合功能的公共服务平台。三是实施文化产业示范基地"四个一"转型提升计划。重点筛选省级文化产业示范基地开展"四个一"提升工程，支持成立一个研发设计部门、与高校合作设立一个教学实践及成果转化基地、建设一个能够对外开放的文化体验区、发展一个线上线下对接融合的营销推广平台，增强文化产业示范基地内生发展动力。

2. 丰富文旅产品有效供给，实施文旅消费惠民工程

深入实施文化旅游消费和惠民工程，培育一批知名度高的龙头景区、度假区，打造一批文化和旅游精品项目、新业态、新产品，开发一批有特色的文创产品和旅游商品，以优质产品供给引领消费升级，切实让人民群众从发展中受益。加快国家全域旅游示范省的创建步伐，推动更多条件成熟的创建单位通过国家验收。

3. 创新红色旅游发展模式，构筑全产业链运营体系

契合建党 100 周年的历史机遇，整合河北省红色旅游优质资源，深入推进红色旅游提档升级，创新红色旅游营销方式，培育红色旅游经典品牌，建立红色旅游跨区域合作与协调体制机制，将红色旅游与脱贫攻坚和爱国主义教育相融合，进一步优化红色旅游讲解内容、形式、队伍和管理体制，形成特色突出、体验性强的展览体系，实现沉浸式体验。构造以西柏坡为核心的河北省红色教育培训体系，加强红色旅游的科技注入和数字化建设，构筑全产业链的红色旅游运营体系。

4. 加大研学旅游开发力度，打造高质量品牌

围绕国家和河北省的重大战略，打造红色记忆、冬奥精神、雄安质量、太行精神、科普教育等研学旅游品牌。通过市场化开发运营研学旅游产品，加强社会资本的参与，政府在政策和资金等方面给予倾斜。研学旅游产品的设计与开发要遵循市场规律，根据游客需求变化及时调整，同时加大宣传和创新营销力度，打造高质量研学旅游品牌。

5. 提升科技应用含量，培育科技旅游新增长点

依托科技激发传统旅游业态的新动能，提升大数据、人工智能、互联网、区块链等科技手段在文化旅游产业发展以及景区建设中应用的程度。运用技术手段深入推进历史情境和传说故事再现；加强科学技术与乡村旅游、非遗旅游、红色旅游等业态的融合，开发以科技为主要特色的旅游新业态；启动科技旅游示范园区建设，培育科技旅游新增长点；通过大数据和信息化提高旅游营销的针对性和有效性，在旅游公共服务中通过技术提升优化游客体验度，提高旅行活动的便利性。

（四）大力发展乡村旅游，巩固旅游扶贫成果

优选一批省级乡村旅游重点村，争创一批国家级乡村旅游重点村，抓好乡村旅游富民工程，巩固脱贫成果，为实现全面建成小康社会贡献力量。

1. 弘扬传统、培育新风，以乡村文化振兴塑乡村文化自信

一是乡村传统文化的传承、保护与利用并重。以乡村文物古迹、古建古居、传统非遗、乡村民俗等文化资源为依托，大力发展摄影写生、精品民宿、修学研学、非遗课堂等特色文化活动，实现由静态保护向活态传承的转变。以乡村旅游激活乡土文化复兴，重塑乡村文化自信。二是加强农村基本公共文化服务设施建设，提升公共文化服务能力和水平，增强农民群众的获得感、幸福感。

2. 深化融合、突出特色，拓展延伸乡村旅游产业链条

乡村旅游应该成为具有生产、生活、生态、生命和生意特性的"五生"产业。一是发展特色产业。充分发挥乡村生态环境良好、人文底蕴深厚的优

势，因地制宜发展精品民宿、休闲农业、房车营地、田园养生、艺术公社、养老度假、康养旅居、文化创意等新型业态，不断增加群众收入。二是发展乡村旅游体验经济。培育发展一批农业科普、乡村度假、农事体验、民俗工艺等体验经济项目，引导乡村旅游向观光、休闲、度假复合型转变，提升乡村旅游产品增值服务空间，拓展农业全产业链，实现单一农产品生产向多元化经营转型。

3. 提升环境、做精文创，推动乡村旅游产品迭代升级

一是坚持环境优先，保持乡村旅游的本质特色，大力发展生态观光、户外运动等生态旅游项目，走乡村旅游保护与开发并重的可持续发展道路。二是开发精品乡村文创品牌，建立乡村旅游创客交流平台，开发一批特色鲜明、设计精巧、品质优良、美观实用的乡村文创和旅游商品。三是加强乡村景区和度假区建设。支持资源禀赋好、基础设施完善、服务设施健全的乡村旅游点申报创建 A 级旅游景区，打造一批有吸引力、有影响力、有独特魅力的高品质乡村旅游景区和度假区，完善乡村旅游"软环境"，全面提升乡村旅游品质。

（五）加强旅游业态创新，推动体验经济发展

河北省旅游发展正在从"观光游"到"体验游"、从"景点游"到"全域游"转变，低密度无景点旅游和开放型景区日益受到青睐。旅行方式改变了旅游体验的市场需求，安全、健康、亲情将是未来旅游需求的新方向。2021 年应加大对景区景点、主题公园、园区街区、文化文物等单位开发体验式项目的支持力度，从游客的视角重新梳理目的地传统性资源，运用数字赋能，加强场景营造，创新开发沉浸式娱乐体验产品，发展全息互动投影、无人机表演、夜间光影秀等产品，开展数字展馆、虚拟景区等服务。

（六）依托旅发大会机制，继续激发投资热度

河北省在全国首创了省市县三级联动、统筹推进的"1 + 13 + X"旅发大会平台机制。截至 2020 年 10 月，河北省已连续成功举办 5 届省级旅发大

会和50多届市级旅发大会，涉及87个县（市、区）。2021年，河北省继续坚持以高标准办好省市旅发大会为目标，全面提升办会质量，进一步完善旅发大会平台机制，激发旅游投资热度。为进一步鼓励发展新型休闲农业、工业遗产旅游、康养旅游、商贸旅游、冰雪旅游、红色旅游等多业态旅游形式，满足旅游者及当地居民的夜间消费需求，政府层面应积极支持开发有价值的旅游项目，建设一批文旅融合发展的新样板。

（七）持续构筑营销系统，打造亮点旅游品牌

1. 提升河北文化和旅游品牌影响力

推进传统媒体和新媒体、新平台深度融合，构建河北文旅宣传大格局，加大对海内外重点客源市场的文化交流和旅游宣传力度，讲好河北故事，打响旅游品牌。

首先，"短视频＋旅游"孕育新产品与新模式，专业化的虚拟旅游空间将出现。其次，家庭化的虚拟旅游体验设施，将成为重要的旅游产品。2020年新冠肺炎疫情期间，短视频用户数量与活跃度迅速增长，宅家获取体验成为未来行业所趋，出现家庭模拟太空体验舱等新产品。再次，虚拟会展真正实现永不落幕的会展平台。互联网3D商务时代将颠覆传统B2B模式，突破会展对地域和资金的依赖和限制。最后，直播市场的繁荣催生了"旅游＋直播"的营销和观看模式，通过"网红"网络直播，满足游客体验需求。

2. 扩大河北乡村旅游品牌影响

一是打响河北乡村旅游品牌。进一步开发乡村精品民宿、文创产品、乡村美食、民俗活动及新业态体验式旅游项目，推动乡村旅游转型升级，构建乡村旅游品牌体系。二是积极创新营销方式。鼓励重点旅游村、乡村旅游景区，利用微信、微博、抖音等新媒体、自媒体，开展直播营销、热点聚焦营销、文创营销等，快速吸引聚集人气。三是科学制定乡村旅游营销方案。省内市场营销以活动营销、优惠营销等方式为主，重点推出乡村休闲一日游、二日游产品；省外市场营销以渠道营销、展会营销、网络营销、新媒体营销等方式为主，推出重点片区乡村度假产品。

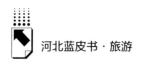

（八）加快旅游数字化建设，提高公共服务科技含量

一是加快新型基础设施建设。支持面向行业通用需求，建设数据中心、云平台等数字基础设施，完善"云、网、端"基础设施，打通"数字化采集—网络化传输—智能化计算"数字链条。支持5G、大数据、云计算、人工智能、物联网、区块链等在文旅产业领域的集成应用和创新。二是打造全省文旅产业互联网公共服务平台。推动文旅产业发展与互联网、大数据结合，建设河北省文旅产业大数据平台，为党委、政府和主管部门管理指导文旅产业和文旅企业决策经营提供数据信息服务。

（九）加大财政补贴力度，落实贷融优惠政策

充分发挥财政引导资金的重要作用，优化发展环境。一是加大财政统筹现有渠道对文旅企业的补贴力度，对新增贷款予以贴息，加大对旅行社、景区的补贴力度，落实稳岗就业补贴。二是建议由财政资金引导，采用免减形式，推动各地发放覆盖文旅行业的消费券，积极打造夜间文化和旅游消费集聚区，大力推动文创产品开发，持续激发消费潜力。三是建议由河北省金融办协调推动商业银行落实贷款融资优惠政策，将文旅行业纳入小微企业专项金融债券重点支持范围，加大专项债支持力度。四是切实减轻企业房租负担，建议对承租国有资产类经营用房、支付租金确有困难的中小微文旅企业，加大帮扶力度。

加快投融资体系建设。深化文化金融合作，搭建文化金融中介服务平台，开展政策引导、项目对接、信息服务、信用增进、资金支持、业务培训等服务，推出创新性文化金融产品，探索开展无形资产质押和收益权抵（质）押贷款等业务。

（十）创新人才发展体制，引进培养"双轮驱动"

一方面，从外部引进相关领域优秀人才，满足现有发展需求；另一方面，完善人才培育机制，完善省内院校相关学科体系建设，加强校企合作，

推动相关领域高层次人才队伍壮大，从源头上补齐人才短板。

采取"走出去与引进来、线上与线下、理论与实践、省内与省外"四个结合的方式，加强对乡村旅游干部、乡村导游队伍、乡村技艺传承人、乡村民宿服务人员进行专业辅导和系统培训，全面提升乡村旅游从业人员素质和水平。

消费调研篇

Consumption Research

B.2
2020年河北省旅游景区消费调研报告

梁军　李晨静*

摘　要： 本文通过调研，对河北旅游景区的门票销售渠道、游客消费需求、游客体验度等进行了分析，针对河北省旅游景区消费调查中存在的核心问题，按照景区高质量发展的要求，提出完善旅游供给体系，加强康养旅游产品供给，大力开发参与互动性旅游产品，激发景区智慧旅游潜能，营造安全消费环境，促进景区消费便捷化，转变景区经营模式，制定优惠政策措施带动旅游消费等发展对策。

关键词： 旅游景区　门票销售渠道　游客消费需求　游客体验度

* 梁军，石家庄学院教授，研究方向为旅游规划与设计；李晨静，石家庄学院讲师，研究方向为城乡空间规划。

一 2020年河北省旅游景区发展概况

2020年初的新冠疫肺炎情给河北旅游景区发展带来巨大冲击。面对疫情快速蔓延的严峻形势，河北省文化和旅游厅认真贯彻省委、省政府决策部署，全力做好全省文化和旅游系统疫情防控应对工作，于2020年1月24日下发《关于停止举办大型聚集性群众文化旅游活动的通知》，河北省424家A级景区关停，疫情防控期间暂停开放，河北省旅游景区处于停摆状态。随着疫情的有效控制，河北省文化和旅游厅于2020年5月18日下发《关于A级旅游景区和公共文化场馆恢复开放的通知》，河北省景区旅游逐渐恢复。

2020年，河北省新增承德市金山岭长城5A级景区1家，张家口市崇礼区太舞四季小镇等4A级景区23家。截至2020年底，河北省共有A级景区431家，其中5A级景区11家，4A级景区142家。

二 河北省旅游景区消费情况分析

（一）游客问卷调查设计

1. 景区门票销售渠道调查

河北景区门票销售渠道调查问卷设计从游客购买门票的渠道出发，包括游客的职业特征、购票方式、购票类型等问题。问卷调查以网络发放形式进行，调查时间为2020年11月27日至12月26日，共发放749份问卷，回收749份，问卷回收率100%，剔除无效问卷，实际有效问卷732份，有效问卷率97.73%。

2. 游客消费需求调查

河北景区游客消费需求调查问卷设计围绕游客旅游消费现状和消费需求预测两方面展开，包括游客旅游目的、旅游时长、消费现状、主要消费项目等问题。游客消费问卷调查以网络调查形式进行，调查时间为2020年12月8日至26日，共发放939份问卷，回收939份，问卷回收率100%，剔除无

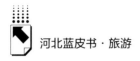

效问卷，实际有效问卷928份，有效问卷率98.83%。

3. 游客体验度调查

河北景区游客体验度调查问卷设计的主要目的是了解游客对河北景区服务的满意度情况，包括旅游的目的、频率、获取旅游信息的渠道、旅游的方式、游客最关注的问题及游客对景区各类设施的满意度等问题。游客体验度调查问卷以网络发放的形式进行。调查问卷时间为2020年11月27日至12月26日，共发放问卷761份，回收761份，问卷回收率100%，剔除无效问卷，实际有效问卷750份，有效问卷率98.55%。

（二）景区门票销售渠道调查结果

1. 游客购买景区门票的渠道选择

调查结果显示：分项来看，选择景区窗口购票的人数最多，其次是选择旅游网站购票的；总体来看，选择非窗口购票的游客远远多于选择窗口购票的（见图1）。从中可以看出，网络的发展给人们的旅游、出行带来了方便，也为河北景区门票销售的渠道选择带来了便利。

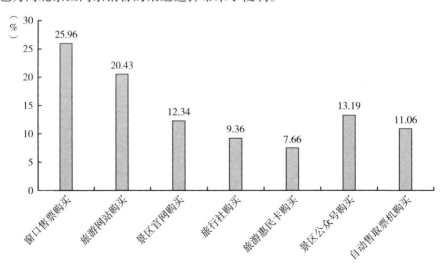

图1 游客购买景区门票的渠道

资料来源：调查问卷。

2. 游客购买景区门票的旅游网站选择

调查数据显示，选择旅游网站购票的游客，依次为：美团、携程、飞猪、途牛、驴妈妈及其他，游客对于旅游网站的选择取决于网站的实惠度和知名度，像美团、携程等这些全方面覆盖的网站，为人们的旅游活动提供了便利（见图2）。

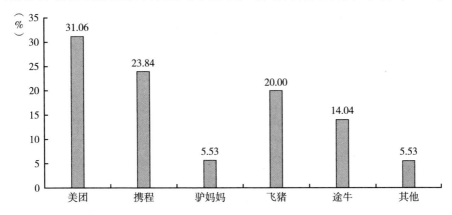

图2 游客购买景区门票的网站选择

资料来源：问卷调查。

3. 游客购买景区门票的类型选择

调查结果显示，游客在选择购票类型时，42.13%的游客选择一站式门票，40.85%的游客选择门票加娱乐项目（见图3）。一站式门票主要是指

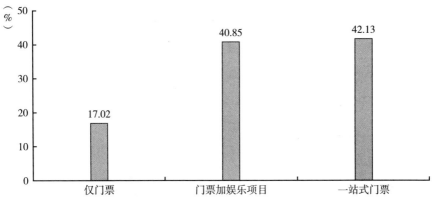

图3 游客购买景区门票的类型

资料来源：问卷调查。

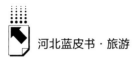

吃、喝、玩、住全包含的门票类型，一站式门票和门票加娱乐项目可以享受比较大的优惠，也减少了游客旅游中的非游乐时间。

4. 游客对景区门票销售渠道了解程度

调查结果显示，21.70%的游客对河北景区的门票销售渠道非常了解，52.34%的游客对河北景区的门票销售渠道一般了解，25.96%的游客对河北景区的门票销售渠道不太了解（见图4）。可见，河北景区在门票销售渠道方面的宣传力度有待增大。

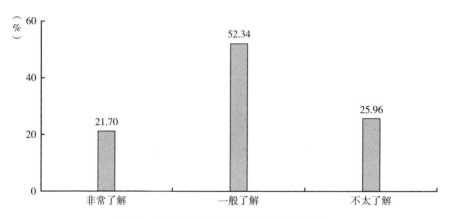

图4　游客对景区门票销售渠道了解程度

资料来源：问卷调查。

5. 游客对景区门票优惠政策的满意度

调查结果显示，39.57%的游客觉得河北景区门票优惠政策做得很好，52.34%的游客认为河北景区门票优惠政策做得一般，8.09%的游客认为河北景区门票优惠政策做得不好（见图5）。

（三）游客消费需求调查结果

1. 游客收入与单次旅游消费情况

调查结果显示，月收入6000元以内的游客单次旅游消费集中在500～1000元以下，月收入6000元以上人群单次旅游消费集中在1000～2000元（见图6）。

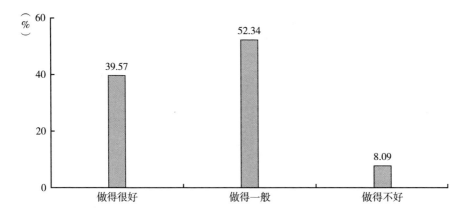

图5 游客对景区门票优惠政策的态度

资料来源：问卷调查。

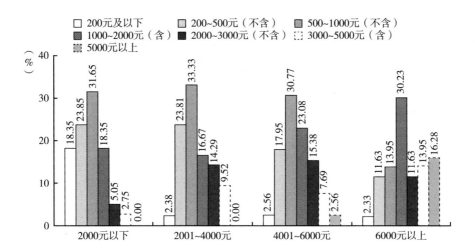

图6 游客收入与单次旅游消费情况

资料来源：问卷调查。

2. 游客收入与出游频率情况

调查结果显示，月收入影响游客的出游频率：随着收入增加，出游次数相应增加（见图7）。

3. 游客出游目的选择

调查结果显示，70%左右的游客在河北景区旅游目的选择观光游和休

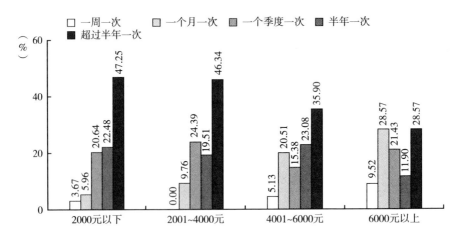

图7 游客收入与出游频率

资料来源：问卷调查。

闲度假游。观光游、休闲度假游成为2020年游客在河北景区旅游的主要选择（见图8）。

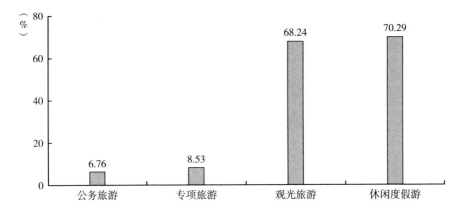

图8 游客出游目的

资料来源：问卷调查。

4. 游客对河北景区类型偏好分析

调查结果显示，地文景观、水域风光、遗址古迹是游客最喜欢的三大景区类型（见图9）。

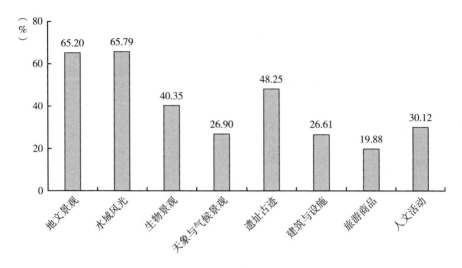

图9 游客对河北景区类型偏好

资料来源：问卷调查。

5. 游客旅游消费构成

调查结果显示，游客在河北景区旅游消费构成依次为：食（31.33%）、景点门票（18.98%）、住（17.77%）、游（12.65%）、娱（10.54%）、行（4.82%）、购（3.92%）（见图10）。

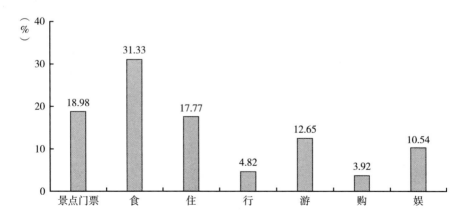

图10 游客旅游消费构成

资料来源：问卷调查。

6. 疫情对游客消费结构的影响

调查结果显示，疫情对旅游六要素的消费影响依次为：行（66.27%）、食（59.04%）、游（58.43%）、住（55.72%）、娱（33.43%）、购（26.20%）（见图11）。

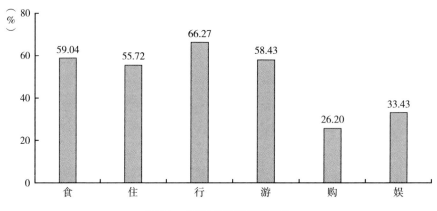

图11 疫情对游客消费影响

资料来源：问卷调查。

7. 后疫情时代康养旅游项目重要性

调查结果显示，73.83%的游客认为后疫情时代康养旅游项目很重要，21.48%的游客认为无所谓，4.69%的游客认为不重要（见图12）。

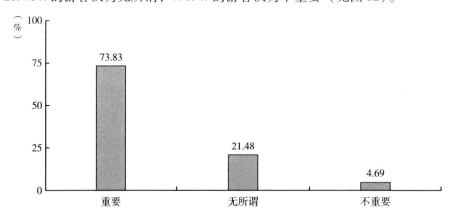

图12 康养旅游项目重要性

资料来源：问卷调查。

8. 游客对景区特色文创产品的兴趣度

调查结果显示，86.75%的游客倾向购买景区特色文创产品，13.25%的游客倾向购买景区其他产品（见图13）。

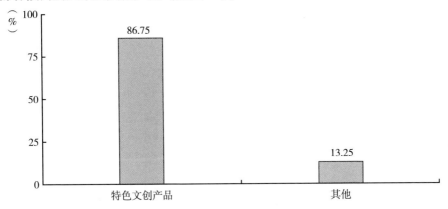

图13　游客对景区特色文创产品兴趣度

资料来源：问卷调查。

9. 游客选择景区文创产品的原因

调查结果显示，游客选择购买河北景区文创旅游产品的主要原因包括：有纪念意义和收藏价值（53.01%）、外观设计有吸引力（50.90%）、表现地方特色和文化底蕴（48.19%）、有实际用途（47.89%）、价格合适（45.18%）等（见图14）。

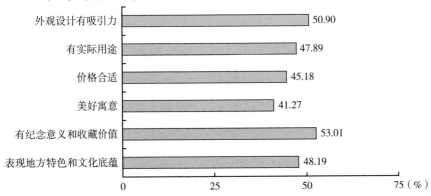

图14　游客选择景区文创产品原因

资料来源：问卷调查。

10. 游客在旅行中智慧旅游的方式选择

调查结果显示，近81.90%的游客在旅行中选择使用个性化的地图导航，58.46%的游客选择网上行程（预订酒店、餐饮等），68.96%的游客选择使用移动支付，智慧旅游渗透到吃、住、行、游、购、娱的旅游全过程（见图15）。

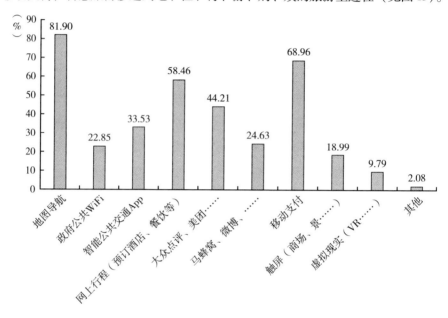

图15 游客在旅行中使用智慧旅游方式

资料来源：问卷调查。

（四）游客体验度调查结果

1. 游客对景区旅游六要素的体验度

调查结果显示，游客对河北景区旅游六要素的体验满意度依次为：游（59.34%）、食（57.23%）、行（43.98%）、住（34.64%）、娱（26.81%）、购（16.57%）（见图16）。

2. 游客在景区游览中关注的问题

调查结果显示，近90%的游客在旅行过程中最关注景区安全问题，其次是景区卫生、价格、服务（见图17）。

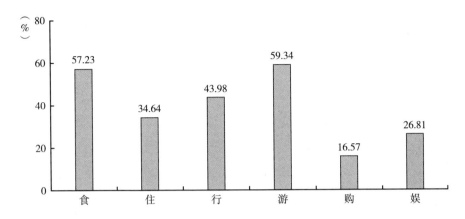

图16　游客对景区旅游六要素的体验满意度

资料来源：问卷调查。

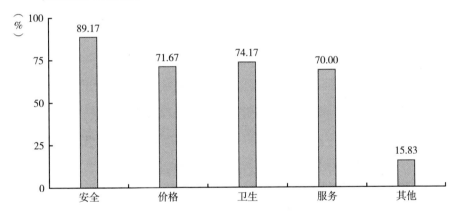

图17　游客对景区关注的问题

资料来源：问卷调查。

3. 景区服务水平对游客的影响

调查结果显示，60.83%的游客认为景区服务水平对游客影响很大，提高景区的服务水平是提高游客体验度的重要手段（见图18）。

4. 游客对智慧旅游程序使用体验度

调查结果显示，智慧旅游在景区信息选择来源、准确目的地信息、旅游交通信息、游客实时容量、景区导览信息、旅游项目体验等方面均有约70%的游客给出肯定（见图19）。

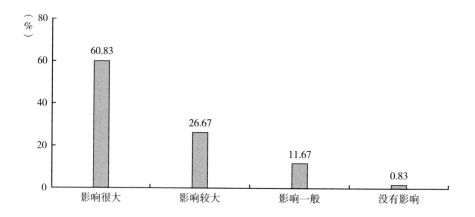

图18　景区服务水平对游客的影响程度

资料来源：问卷调查。

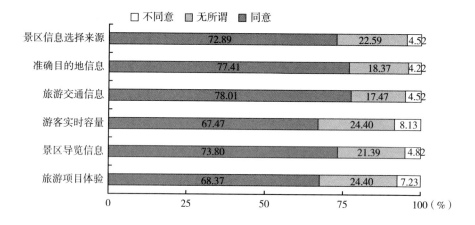

图19　游客对智慧旅游程序使用的体验度

资料来源：问卷调查。

5. 游客对河北景区整体评价

调查结果显示，游客对河北景区整体评价依次为：38.33%表示比较满意，35.83%表示基本满意，23.33%表示非常满意，2.5%表示不满意（见图20）。

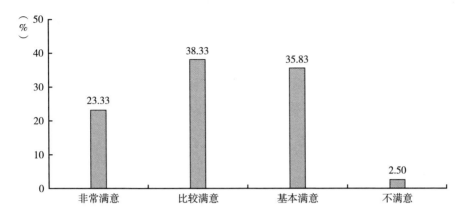

图20 游客对河北景区的整体评价

资料来源：问卷调查。

三 河北省旅游景区消费的主要问题

河北省景区旅游消费结构正在由以传统观光游为主向休闲度假游、专项旅游等多种类型发展，旅游消费结构逐步升级，但人均旅游消费水平相对较低，仍有很大的发展空间。

（一）基本旅游消费比重过大

旅游消费结构分为基本旅游消费和非基本旅游消费。基本旅游消费包括旅游门票、餐饮、住宿、交通等消费，非基本旅游消费包括游览、购物、娱乐等消费。调查数据显示，游客用于景区门票、餐饮、住宿、交通的消费合计占总消费的72.9%，用于游览、购物、娱乐等方面的消费合计仅占总消费的27.1%。在旅游发达的国家和地区，非基本旅游消费占比高达近2/3。非基本旅游消费占比偏低，不利于旅游经济效益的全面提升，因为基本旅游消费是有限的，其消费需求弹性较小，而非基本旅游消费需求弹性较大，具有较大的增长潜力。

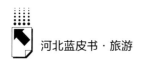

（二）旅游产品供给不足且结构不合理

随着河北省经济形势的变化和后疫情时代的到来，游客的旅游倾向和消费需求都发生了一定变化，更多元化、个性化的旅游消费方式出现了。近年来，河北省文旅厅大力推进旅游业供给侧结构性改革，全省坚持发展全域旅游，通过实施"旅游＋"战略，加大旅游新业态产品开发力度，培育形成了文化体验、乡村民俗、休闲度假、研学教育、康养旅游、体育旅游等旅游产品。调查结果显示，游客在河北景区出游目的选择中，近70%的游客选择观光游和休闲度假游，只有8.53%的游客选择专项旅游，表明河北景区的旅游产品供给在内容、档次、时间和空间分布等方面，与现实和潜在的游客需求不匹配，产品结构不能灵活地适应多样、多变的旅游消费需求。

（三）景区特色文创商品供给不足

发展旅游购物是提高景区旅游收益的重要途径，游客选择购买景区文创旅游商品的主要原因包括有纪念意义和收藏价值、外观设计有吸引力、表现地方特色和文化底蕴、有实际用途、价格合适等。调查结果显示，约87%的游客倾向购买景区特色文创商品。但是，游客在河北景区旅游消费中，购物消费占比最小，仅占旅游总消费的3.92%，景区特色文创商品供给严重不足，具有极大的提升空间。

四　旅游消费影响因素分析

（一）旅游者收入水平

收入水平决定旅游消费水平与消费需求层次，从而决定旅游消费结构。

1. 游客收入影响游客消费

调查结果显示，游客月收入与旅游消费成正比，月收入6000元以内的游客单次旅游消费集中在 500～1000 元，月收入 6000 元以上的游客单次旅游消费集中在 1000～2000 元。

2. 游客收入影响出游频率

调查结果显示，游客收入影响出游频率：随着收入增加，出游次数相应增加。

（二）旅游产品结构

旅游产品结构直接影响旅游消费。目前，游客需求已经从物质需求上升到精神需要，从功能型消费升级为情感型消费。在休闲度假时代，传统旅游的业态、产品和服务都已经不能适应游客需求。调查数据显示，在游客对河北景区类型偏好选择中，65.66% 的游客选择地文景观，65.36% 的游客选择水域风光，48.19% 的游客选择遗址古迹，40.36% 的游客选择生物景观，选择建筑与设施、旅游商品、人文活动和天象与气候景观的游客较少。表明，河北景区旅游产品结构不合理，文化内涵和地域特色挖掘不够深入，参与型、体验型、休闲型、娱乐型、康养型项目还不能满足游客消费需求，部分景区经营项目单一，收入来源主要依靠门票，旅游产品附加值低。

（三）旅游产品质量及服务水平

游客体验度是旅游景区生存和发展的主要问题，提高景区的产品质量及服务水平对提高游客体验度非常重要。部分景区转型升级速度滞后，缺乏适应消费者需求变化、消费能力提升的优质旅游产品供给。游客体验度调查结果显示，60.83% 的游客认为景区质量及服务水平对游客影响很大。游客对河北景区整体评价依次为：38.33% 比较满意、35.83% 基本满意、23.33% 非常满意、2.5% 不满意。提高景区产品质量及服务水平，使旅游者得到物质上和精神上的充分满足，激发旅游者多停留、多消费，提高旅游者的"重游率"，既可以使旅游消费总量增加，又可以使旅游消费结构更趋合理化。

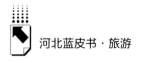

（四）疫情因素的影响

疫情对河北景区游客消费产生较大影响。调查数据显示，疫情对河北景区旅游六要素的消费影响依次为：行、食、游、住、娱、购。疫情推动景区旅游智慧化发展，"无人服务""虚拟现实""智能导览""数据监测"成为河北各旅游景区智慧旅游建设的基本要求。从消费行为看，常态化疫情防控、实名预约等成为游客的新习惯，"无接触度假""预约游览"成为游客新的选择。

五　河北省景区旅游消费潜力分析

（一）景区门票购买渠道多元化

随着网络时代的来临，信息技术的高速发展，"互联网＋旅游"成为关注热点，景区电子门票销售应运而生，这不仅将景区门票的销售方式由线下延伸到了线上，更为游客了解和选择景区提供了便捷性。目前游客购买河北景区门票渠道包括景区窗口售票、旅游网站、景区公众号、自动售取票机、旅行社、旅游惠民卡等。调查数据显示，只有25.96%的游客选择在景区窗口售票，74.04%的游客选择在网上或其他方式购买门票。选择旅游网站购票的游客，更青睐于网站的实惠度和知名度。游客在门票类型的选择上，更倾向于优惠力度较大、更方便的一站式门票和门票加娱乐项目类型。

（二）旅游主题多极化发展

随着消费需求、消费喜好的变化，游客对旅游消费认知不断提高。游客除了旅游观光外，还想通过参与性高和互动性强的旅游活动获得科学文化知识，提高自身素质。"民俗旅游""生态旅游""体育旅游""摄影旅游""研学旅游""考察旅游"等特种旅游正越来越受到游客青睐。旅游主题在多极化发展的同时，旅游需求也更趋向于多元化。优化景区旅游产品结构，旅游主题多极化发展将激发更大的旅游消费潜力。

（三）旅游购物的有力开发

旅游购物本身就是旅游吸引物，提供高质量和丰富的旅游购物资源，满足游客的购物消费体验需求，已成为旅游景区最具旅游吸引力的内容之一。为了吸引更多游客，促进游客消费，旅游景区必须开发新的旅游资源，形成新的旅游吸引力，而旅游购物恰好迎合了这一需求。调查数据显示，游客在河北景区旅游的消费构成中旅游购物仅占到3.92%，是河北景区旅游"六要素"消费中最薄弱的环节，景区旅游购物开发蕴藏着巨大的消费潜能。

（四）旅游娱乐业迅速发展

旅游娱乐业已成为现代旅游业的主要内容，各旅游景区都在充分利用自身的文化优势，挖掘当地特有的历史文化内涵，在此基础上打造具备地区文化特色的景区配套文化娱乐设施，使其成为景区旅游收入的新增长点，并以此带动大众广泛参与。调查数据显示，游客在河北景区旅游消费构成中娱乐消费仅占总消费的10.54%，景区旅游娱乐消费潜力巨大。

（五）康养旅游商机无限

旅游消费升级的大趋势不会因疫情而改变，但疫情会提振相关旅游产品的市场需求。调查发现，疫情过后，康养旅游迎来发展机遇期。后疫情时代人们更加注重康体养生，康养产业将迎来爆发式增长，蕴含着大量商机。人们对健康越来越重视，由此带来了旅游观念的不断转变，而康养旅游正顺应了大众的这种转变趋势，康养度假成为河北景区最重要的旅游类型和模式。这种旅游和传统的观光旅游有很大的区别，是深度旅游的优质旅游产品，以康养度假为核心的景区开发模式，是未来河北景区旅游消费的主导方向之一。

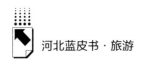

六 河北省景区旅游消费提升对策

（一）完善旅游供给体系，满足游客多元消费需求

针对游客对景区旅游品质和审美越来越高的要求，河北省应提升景区品质，丰富旅游产品供给，延长产业链条，增加产品附加值，形成多层次、多元化供给体系，提升景区旅游消费水平。一是重点突破。提升5A级、4A级景区品质，以高A景区为提质增效核心增长极，大幅增加旅游消费点。二是丰富景区业态。打造美景、美食、美宿、美玩、美物的全方位业态；深度挖掘地方特色饮食文化，开发风味小吃、原生态美食、养生饮食等地方餐饮；鼓励发展景区周边民宿客栈等住宿方式。三是产品创新。推动景区旅游产品创新开发，推进景区文化演艺，丰富文化旅游活动；积极开发研学旅行，户外拓展、励志教育、野营训练等主题旅游研学产品，打造研学旅行目的地和示范基地；开发设计主题鲜明的旅游线路，延长游客在景区的停留时间。

（二）加强康养旅游产品供给，助力康养旅游消费

一是各景区要整合康养旅游资源和康体旅游产品，发展特色医疗、疗养康复、美容保健等，满足游客的康养旅游需求。二是各景区要大力开发养生度假旅游产品，配合"慢游、静修、颐养"的主题来设计一系列旅游产品，形成专业化的康养旅游服务品牌。

（三）大力开发互动性旅游产品，满足游客新体验

开发的旅游产品应从满足游客需求、为游客服务的角度出发，与游客追求美好事物的需求相贴合，使游客在吃、住、行、游、购、娱的过程中获得新享受新体验。一是开发互动性强的旅游产品，增强游客与当地居民及其他游客之间互动，让游客通过亲身参与活动，满足精神、心理和求知需求，提

升消费兴趣与品位。二是加快旅游产品转型升级，提升旅游产品的文化内涵、技术含量和生态元素，打造可参与性强和互动性强的旅游体验产品。

（四）激发景区智慧旅游潜能，提升消费智能化水平

一场疫情，迫使河北景区彻底转变发展理念。一是在旅游景区陆续开展形式多样的云旅游，激发智慧旅游潜能。二是各景区要抓住5G时代的机遇，加速智能化、网络化建设，利用技术创新助推旅游高质量发展。三是提升旅游消费智能化、便捷化水平。到2022年，全省4A级以上景区应全部建成智慧景区，极大地提升旅游综合效益。

（五）抓好景区疫情防控，营造安全消费环境

抓好疫情防控与市场监管，营造安全的旅游消费环境。在后疫情时期，一是要鼓励旅游景区推出"云导游"服务，游客通过景区的讲解设备可随时在线获得语音讲解，亦可通过个人手机和耳机收听，感受安全、无接触的旅游体验。二是继续在部分景区推行预约制度，引导游客间隔入园、错峰旅游，将游客流量管控的闸口前置，变被动的现场分流为主动的行前预约，避免游客集中出行。

（六）完善服务配套设施，促进景区消费便捷化

实现配套服务便捷化、旅游服务人性化、管理服务智能化。一是大力推广更多形式的景区门票网上预约购票，鼓励景区对通过网上平台实名预约购票的游客给予门票优惠。二是以河北省经济社会、旅游、交通发展现状为基础，构建覆盖广泛、互通便捷的陆海空三维立体的旅游交通网络，继续完善河北省自驾游、自助游的交通服务体系和重点区域旅游交通体系，完善旅游交通设施建设，打造"快进出、慢旅游"的旅游交通服务网络，降低游客旅游交通成本。三是以游客需求为导向，完善景区基础设施和配套服务设施，构筑全域旅游公共服务体系。

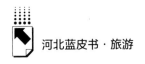
（七）转变景区经营模式，促进效益提升

景区不能过分依靠门票经济创收，也不能热衷于通过增加游客量来增加景区收入，必须从提升产品质量和服务、提高产品附加值上来对接消费升级需求，争取更多消费。一是在新的旅游消费趋势下，实现景区从规模化发展向集约化发展的转型，实现景区从粗放式发展向精细化发展的提升。二是各景区要实施旅游商品品牌建设工程，培育体现景区特色的旅游商品品牌，打造创意和品质双佳的景区文创产品，优化增值服务，吸引游客在景区消费。三是注重景区 IP 设计，强化景区策划宣传和运营管理，加大景区旅游品牌推广力度，着力打造精品景区，持续提升景区旅游品牌的市场吸引力。四是创新景区经营机制与模式，加大旅游产品创意开发力度，提高人才综合能力。

（八）制定优惠政策措施，带动旅游消费

为在常态化疫情防控条件下带动河北景区旅游消费，一是各景区可结合实际出台门票减免等优惠政策，推出系列优惠政策措施大力发展全季旅游，全面落实冬春季旅游优惠政策，采取分季节、分区域旅游优惠措施，如实行景区惠民卡、门票全免、门票 5 折优惠、高速通行半价优惠等具体政策。二是降低国有景区门票及相关服务价格，推动景区根据市场调节门票和相关服务价格。三是按规定对违反价格行为规则及价质不符的景区进行约谈、处罚，督促其降低门票价格，提高景区服务质量。

参考文献

《中华人民共和国旅游法》。
《旅游景区质量等级的划分与评定》（GB/T 17775 – 2003）。
《旅游景区质量等级管理办法》。
《河北省旅游高质量发展规划（2018—2025 年）》。
《中国旅游研究院：中国旅游景区发展报告（2020）》。

B.3
2020年河北省旅行社业消费调研报告

孙中伟　梁军*

摘　要： 本报告通过问卷调查，分析新冠肺炎疫情影响下河北省旅行
社业的接待和消费问题。研究表明目前河北省存在国内旅游
组织和接待量逐渐恢复，出入境旅游基本停滞；游客的出游
习惯与次数、旅游目的地、消费支出、支付方式等都发生了
较大改变；经营举步维艰、游客不愿在旅行社消费和消费满
意度不高等问题。在此基础上本报告提出完善应急预案、靠
产品与服务取胜、提升服务水平、开发多元化产品和建设智
慧旅行社等应对策略。

关键词： 旅行社业　消费　接待状况

2020年，新冠肺炎疫情对"人聚人"的旅游业产生了史无前例的影响。
其中，旅行社业受到了最直接、最严重的冲击。旅行社经营非常困难，特别
是上半年团队游业务基本停止，跨省跨境旅游尚未恢复，加之门店房屋租金
压力较大，关闭门店现象日益增多。下半年旅行社基本复工，出入境旅游因
受国外新冠肺炎疫情的影响，国内旅游在缓慢恢复，但同时也面临着疫情反
复和公民尽可能不外出旅游的窘况。

---

* 孙中伟，石家庄学院资源与环境科学学院教授、副院长，研究方向为旅游开发与规划、信息
与通信地理学；梁军，石家庄学院资源与环境科学学院教授，研究方向为旅游规划与设计。

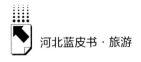

一　全国旅行社发展及接待状况

（一）全国旅行社发展状况

根据文化和旅游部 2020 年第一季度全国旅行社统计调查报告显示，截至 2020 年 3 月 31 日，我国大陆地区旅行社总数为 39187 家。其中，广东和北京超过了 3000 家，江苏、浙江和山东超过了 2000 家，上海、辽宁、河北、安徽、湖北、四川、福建、湖南、河南、内蒙古和云南超过了 1000 家，山西、江西、陕西、广西、黑龙江、甘肃、吉林、重庆、贵州、新疆、青海和天津超过 500 家，海南超过 400 家，西藏超过 300 家，宁夏超过 100 家。广东以 3301 家高居首位，宁夏仅有 172 家，排名最后（见图 1），另外新疆生产建设兵团有旅行社 156 家。

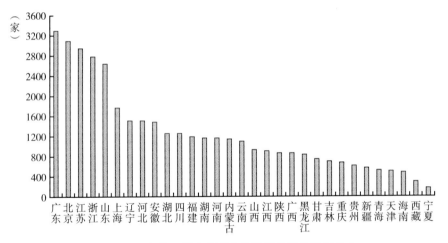

图 1　2020 年第一季度我国大陆地区旅行社数量分布

资料来源：《文化和旅游部 2020 年第一季度全国旅行社统计调查报告》。

（二）2020 年前三季度全国旅行社接待统计

2020 年第一季度全国旅行社入境旅游外联 35.90 万人次、139.02 万人天,同比分别下降87.15%、84.83%;接待49.66万人次、185.95万人天,同比分别下降86.52%、82.79%。全国旅行社出境旅游组织331.10万人次、1625.70万人天,同比分别下降77.74%、78.25%。全国旅行社国内旅游组织497.80万人次、1540.72万人天,同比分别下降84.08%、84.05%;接待566.09万人次、1372.52万人天,同比分别下降81.65%、81.88%。

由于受国外新冠肺炎疫情控制不力的影响,2020年第二季度全国旅行社没有组织和接待入境旅游,也没有组织出境旅游。组织国内旅游779.01万人次、1431.18万人天,同比分别下降83.23%、89.10%;接待国内旅游1012.16万人次、1724.50万人天,同比分别下降78.59%、84.53%。

由于我国疫情控制得力,第三季度的国内旅游较前两个季度呈现明显回升。全国旅行社国内旅游组织1971.32万人次、4979.63万人天,同比分别下降60.01%、68.40%;接待2629.68万人次、5664.49万人天,同比分别下降52.93%、58.10%。

二 河北省旅行社发展及接待状况

(一)河北省上半年旅行社发展状况

截至2020年3月31日,河北旅行社共有1509家,居全国第8位,占全国总数的3.85%。上半年河北省共停业、注销旅行社17家,其中河北康辉在石家庄有9家门店,关闭了6家。面对巨大的困难,全省文旅系统勇于担当,积极应对,在做好疫情防控的前提下,聚集"六稳""六保"工作,制定出台《关于有效应对疫情支持全省文旅企业发展的十条政策措施》《关于进一步做好疫情防控、促进文旅产业持续健康发展的通知》《河北省文化和旅游产业恢复振兴指导意见》等专项政策,积极引导企业苦练内功,帮助企业走出困境,推动企业安全有序复工复产。截至6月底,已有1256家旅行社复工,占旅行社总量的80%多;共退还1034家旅行社质保金16889.94万元。

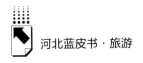
（二）2020年第一季度河北省旅行社接待统计

文化和旅游部 2020 年第一季度全国旅行社统计调查报告显示，河北省旅行社无论是入境旅游、出境旅游还是国内旅游的排名都位居中下游，最高的仅为第 19 位，最低的则为第 26 位。其中，外联入境旅游人次和接待入境旅游人次分别居第 19 位和第 27 位，2019 年同季度排名为第 21 位和第 26 位；外联入境旅游人天和接待入境旅游人天分别居第 22 位和第 25 位，2019 年同季度排名分别为第 19 位和第 26 位；组织出境旅游人次和人天分别居第 24 位和第 23 位，2019 年同季度排名都为第 21 位；组织国内旅游人次和人天分别居第 21 位和第 19 位，2019 年同季度排名为第 18 位和第 19 位；接待国内旅游人次和人天分别居第 25 位和第 26 位，2019 年同季度排名为第 24 位和第 27 位。从组织和接待国内旅游人数来看，组织人次数、接待人次数、组织人天数和接待人天数分别为 49231、15739、165828 和 28636，与 2019 年同季度相比下降分别为 88.36%、84.84%、85.96% 和 85.68%（见表 1）。

表 1 2019 年和 2020 年第一季度河北省旅行社组织接待游客对比

年份	入境旅游				出境旅游		国内旅游			
	组织接待（人次）		组织接待（人天）		组织接待(人次)	组织接待(人天)	组织接待（人次）		组织接待（人天）	
	外联	接待	外联	接待	组织	组织	组织	接待	组织	接待
2020	—	—	—	—	—	—	49231	15739	165828	28636
2019	—	—	—	—	—	—	423124	103806	1181079	200016
	排名	排名	排名	排名	排名	排名	排名	排名	排名	排名
2020	19	27	22	25	24	23	21	25	19	26
2019	21	26	19	26	21	21	18	24	19	27

资料来源：《文化和旅游部 2019 年第一季度全国旅行社统计调查报告》《文化和旅游部 2020 年第一季度全国旅行社统计调查报告》。

（三）2020年第二季度河北省旅行社接待统计

文化和旅游部 2020 年第二季度全国旅行社统计调查报告显示，河北省

旅行社无论是组织还是接待国内旅游的排名都位居下游，集中在第22～25
位；入境旅游和出境旅游的组织与接待均空白。其中，组织国内旅游人次数
和人天数分别居第25位和第22位，2019年同季度排名为第17位和第18
位；接待国内旅游人次数和人天数分别居第23位和第24位，与2019年同
季度排名相同。从组织和接待国内旅游人数来看，组织人次数、接待人次
数、组织人天数和接待人天数分别为44792、35107、91326和55014，同比
分别下降为94.49%、89.79%、95.41%和92.67%（见表2）。

表2 2019年和2020年第二季度河北省旅行社组织接待国内游客对比

年份	组织接待（人次）		组织接待（人天）	
	组织	接待	组织	接待
2020	44792	35107	91326	55014
2019	813446	343793	1991293	750916
	排名	排名	排名	排名
2020	25	23	22	24
2019	17	23	18	24

资料来源：《文化和旅游部2019年第二季度全国旅行社统计调查报告》《文化和旅游部2020年
第二季度全国旅行社统计调查报告》。

（四）2020年第三季度河北省旅行社接待统计

文化和旅游部2020年第三季度全国旅行社统计调查报告显示，河北省
旅行社无论是组织还是接待国内旅游的位序仍排在下游；虽有一定程度恢
复，但不如全国显著，同比减少80%左右。其中，组织国内旅游人次数和
人天数分别居第23位和第22位，2019年同季度排名为第15位和第17
位；接待国内旅游人次数和人天数分别居第21位和第25位，2019年同季
度排名分别为第20位和第22位。从组织和接待国内旅游人数来看，组织
人次数、接待人次数、组织人天数和接待人天数分别为196314、240502、
462862和466314，与2019年同季度相比分别下降80.22%、70.91%、
82.18%和77.61%（见表3）。

表3　2019 年和 2020 年第三季度河北省旅行社组织接待国内游客对比

年份	组织接待（人次）		组织接待（人天）	
	组织	接待	组织	接待
2020	196314	240502	462862	466314
2019	992651	826752	2596876	2082487
	排名	排名	排名	排名
2020	23	21	22	25
2019	15	20	17	22

资料来源：《文化和旅游部 2019 年第三季度全国旅行社统计调查报告》《文化和旅游部 2020 年第三季度全国旅行社统计调查报告》。

三　新冠肺炎疫情影响下的河北省旅行社业消费特征

（一）问卷设计及调查说明

为了更好地了解新冠肺炎疫情影响下的河北省旅行社业消费情况，我们设计了 "2020 年河北省旅行社业消费调查问卷"。问卷由 12 个单选题和 8 个多选题，共 20 个选择题构成，涉及群体特征、联系旅行社的渠道与选择标准、组织方式及产品选择、消费支出情况、满意度和意见等方面。

通过问卷星，在 11 月 15 日至 12 月 4 日对 2020 年河北省游客进行了抽样调查。为了保证旅行社业消费研究的科学性，调查过程中重点关注了两个问题：一是在问卷填写前的说明中明确指出，只有 2020 年参加过旅行社组织旅游的游客才具有填写问卷资格，这样就剔除了其他未经过旅行社的游客；二是通过各地拥有旅游管理专业的高校，让他们的专业教师帮忙联系在旅行社工作的毕业生，再让这些毕业生请游客协助填写问卷。这样就保证了河北省各地级市都有游客参与调查。同时，为了提高游客填写问卷的积极性，设置了高中奖率的微信红包。最后收回问卷 947 份，其中有效问卷 925 份，有效率为 97.68%。虽然问卷数量偏少，但考虑到 2020 年新冠肺炎疫情反复和旅行社组织游客数量过少，此次问卷调查也基本能够反映旅行社业消费情况。需要特别说明的是新冠肺炎疫情导致 2020 年包括河北在内的旅行社业消费极度异常，特别是出入境旅游几乎停止，即使有部分游客选择旅行社出游，其线路需求和消费层次也与正常年份差别很大。因此，本年度数据具有特殊性，与正常年份不具有可比性。

（二）河北省旅行社业消费者出游特征

1. 消费者出游倾向

随着私家车拥有量的增加、公共交通越来越便捷和互联网出游攻略等旅游信息获取的便利，越来越多的游客选择随心所欲、自由自在的自助游方式出行。从消费者出游的倾向来看，即使 2020 年参加过旅行社组织出游的消费者也有 40% 选择自助游，剩余的 60% 则倾向于旅行社（见图 2）。2020 年没有参加过旅行社组织出游的消费者选择自助游的比例则更高（以下数据如无特殊说明，均来自问卷调查统计分析）。

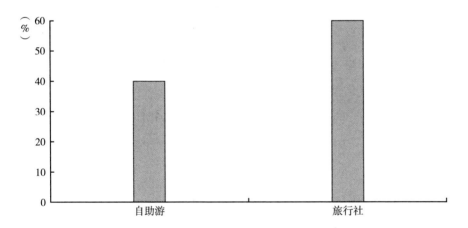

图2　2020 年河北省旅行社业消费者出游倾向

2. 消费者出游次数

从消费者 2020 年参加过旅行社组织出游的次数来看，1 次的以 42.70% 占比最高，5 次以上的占 20.54%，3 次的占 17.84%，2 次的占 16.22%，4 次的则仅有 2.70%。从消费次数规律来看，仍以 1~2 次占主体，接近 3/5，远低于 2019 年全国国内旅游人均的 4.3 次；5 次以上排在第 2 位，超过了 1/5（见图 3）。

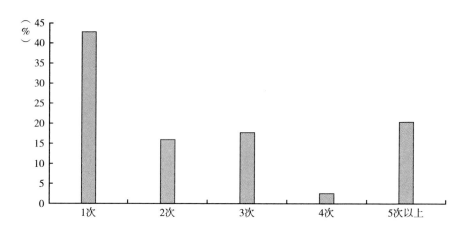

图3　2020 年参加河北省旅行社业组织出游次数

3. 消费者出游目的地

从 2020 年参加过旅行社组织出游的消费者出游目的地来看，选择河北周边省市的比例最高，占 44.86%；选择河北省内其他地区的占比为 40.54%；选择国内较远省份的占比为 38.92%；选择石家庄的占比为 27.57%；选择国外的占 8.11%。从消费目的地规律来看，消费者选择旅行社出游更偏向于去比较远的目的地；出境游集中在年初，后来受国外疫情影响而全面禁止（见图 4）。

（三）河北省旅行社业消费者群体特征

1. 消费者年龄特征

从 2020 年河北省旅行社业消费者年龄特征来看，31～40 岁占比最高，比例为 35.68%；其次是 41～50 岁，占 20.54%；第 3 位是 21～30 岁，占 19.46%；第 4 位是 20 岁以下，占 18.92%，最后是 51～60 岁和 61 岁以上，均为 2.70%（见图 5）。

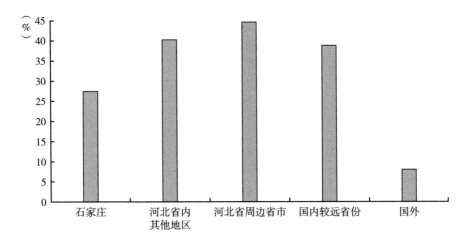

图4　2020年河北省旅行社业消费者出游目的地

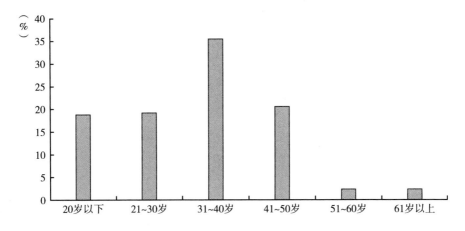

图5　2020年河北省旅行社业消费者年龄特征

2. 消费者职业特征

从2020年河北省旅行社业消费者职业特征来看，民营或私企员工、个体从业者、待业人员三者的占比均为27.03%；其次是事业单位员工，占10.27%；再次是国企员工，占6.49%；最后是公务员，仅占2.16%。从职业特征来看，民营或私企员工、个体从业者、待业人员三者合计占比超过4/5，是绝对的消费者主体；事业单位员工约占1/10；国企员工和公务员合计占不足1/10（见图6）。

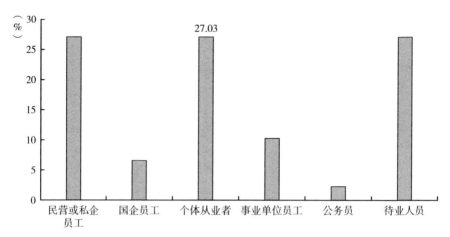

图6 2020年河北省旅行社业消费者职业特征

3. 消费者关系特征

从2020年河北省旅行社业消费者关系特征来看，朋友占比最高，达63.78%，家庭成员占40.54%，陌生人占34.59%，同事、亲属和同学分别占33.51%、30.27%和22.70%，最后是户外运动俱乐部成员，占7.03%。从关系特征来看，旅游团团员关系越来越倾向于家庭成员、亲朋好友、同事和同学等熟人，陌生人占比在不断下降，同时户外运动俱乐部成员也是不容忽视的一部分（见图7）。

（四）河北省游客选择旅行社原因及标准

1. 河北省游客选择旅行社出行原因

河北省游客选择旅行社出行的原因比较复杂。按照选择比例由高到低的顺序是选择旅行社省心、旅行社安全有保障、旅行社服务专业、自己经验少、旅行社报价低省钱、无私家车、团队出游无决策权，占比分别为67.57%、50.81%、41.08%、40.54%、37.84%、8.11%、6.49%（见图8）。从选择原因来看，可以将其归为旅行社因素、个人因素和团队因素三个方面。其中，旅行社因素是影响游客是否选择旅行社出行的决定性因素，特别是省心、安全有保障和服务专业，价格因素的作用在减弱；个

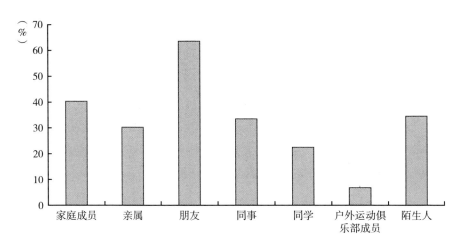

图7 2020年河北省旅行社业消费者关系特征

人因素特别是经验少和没有私家车也有重要影响；单位或户外运动俱乐部等团队组织通过旅行社出游也占一定比例，这种情况下普通成员没有决策权。

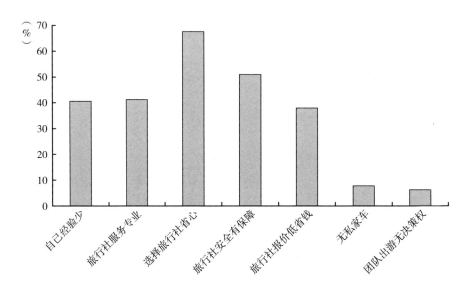

图8 河北省游客选择旅行社出行原因

2. 河北省游客的目的地选择

河北省游客去不同的旅游目的地选择旅行社倾向程度不同。由高到低的选择顺序是国内远距离旅行、出国游、河北周边省市、省内其他地区和本市交通不便景区，对应的比例分别为64.32%、41.62%、37.84%、25.95%和9.73%。相对而言，旅游目的地越远选择旅行社出行的比例一般越高，越近越熟悉则占比越低。由于2020年出境游基本停滞，出国游选择旅行社的比例应远低于正常值（见图9）。

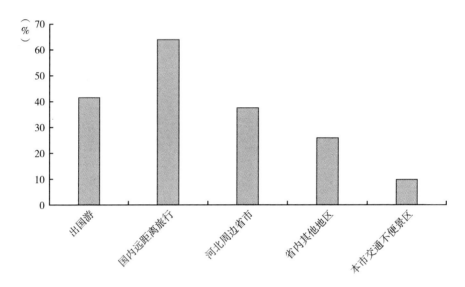

图9　河北省游客去哪些目的地选择旅行社的倾向

3. 河北省游客联系旅行社渠道

河北省游客获知并联系旅行社的途径呈多元化趋势。选择比例由高到低的次序是亲朋好友介绍、之前享受过旅行社服务、旅行社网站、微信等手机信息推送、旅行社线下宣传、见过旅行社有印象直接去门店，对应比例分别为32.97%、19.46%、14.59%、12.43%、11.89%、8.65%。结果显示，与旅行社老顾客有关的亲朋好友介绍和之前享受过旅行社服务的占1/2以上，旅行社网站和微信等手机信息推送合计占1/4以上，旅行社线下宣传和见过旅行社有印象直接去门店约占1/5（见图10）。

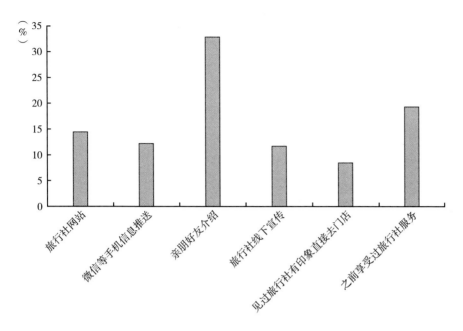

图 10　河北省游客联系旅行社的渠道

4. 河北省游客选择旅行社标准

河北省游客选择旅行社的标准较为多元化。重点关注的因素是旅行社导游等服务质量、旅游产品吸引力、旅行社资质、线上和线下旅行社口碑、产品价格，占比分别为 52.43%、47.57%、46.49%、45.95%、45.95%，基本在 50% 左右，差距较小；旅行社规模和能否提供定制化服务占比相对偏低，分别为 29.19% 和 16.76%；朋友介绍占到了 23.24%。由此可见，消费者还是更为关注服务、产品、资质、口碑和价格等体现旅行社资质和业务水平的因素（见图 11）。

（五）河北省旅行社业消费者的组织方式及产品选择

1. 河北省旅行社业消费者的组织方式

从组织方式来看，河北省旅行社业消费者多数选择 10 人及以上的团体，该比例为 61.62%，另有 38.38% 的消费者选择 9 人以下的散客。从

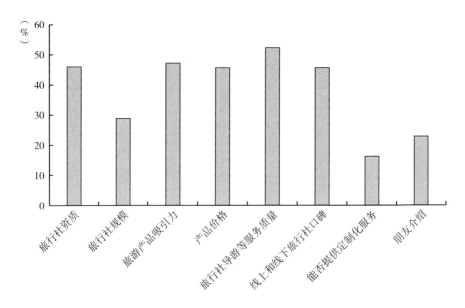

图11 河北省游客选择旅行社的标准

成员组成来看，河北省旅行社业消费者选择旅行社拼团和自组团的比例分别为60％和40％。传统的团体和旅行社拼团组织方式虽然仍占据主导地位，但选择散客和自组团的比例呈现不断增长的趋势（见图12、图13）。

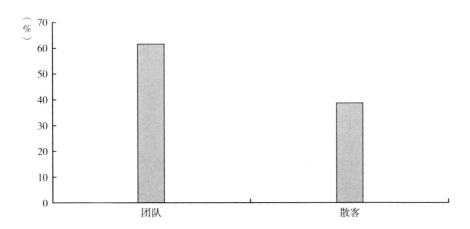

图12 河北省旅行社业消费者选择的组织方式

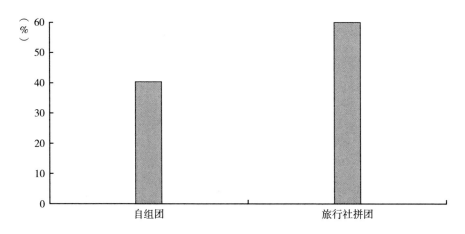

图 13　河北省旅行社业消费者旅行社出游成员组成

2. 河北省旅行社业消费者的产品选择

对河北省旅行社业消费者而言，选择直接购买旅行社设计好的标准化旅游产品和选择根据顾客需要定制化旅游产品的比例为 67.57% 和 32.43%，前者约为后者的 2 倍。在选择旅游产品类型方面，传统的观光旅游产品（自然风光、名胜古迹、城市风光等）占比最高，为 47.03%，其次是综合旅游产品（包括上两类以上）为 25.95%，再次是度假旅游产品（海滨、山地、温泉、乡村、野营等）为 22.70%，专项旅游产品（文化、商务、体育健身、业务等）和生态旅游产品仅分别占 2.70% 和 1.62%（见图 14、图 15）。

（六）河北省旅行社业消费者消费特征

1. 河北省旅行社业消费者愿意购买的项目

河北省旅行社业消费者愿意购买的旅行社服务项目涉及多方面，占比为 20%～70%。由高到低的排序是景区门票、住宿、交通、餐饮、娱乐项目、导游和旅游商品，对应比例分别为 65.95%、59.46%、55.68%、41.62%、37.30%、36.76% 和 21.08%（见图 16）。

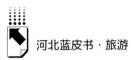

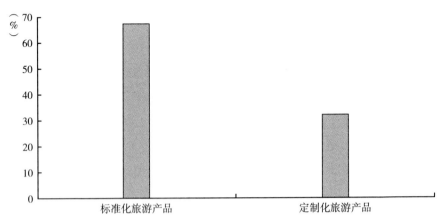

图14　河北省旅行社业消费者对标准化和定制产品的选择

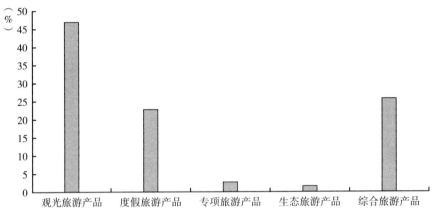

图15　河北省旅行社业消费者对旅游产品类型的选择

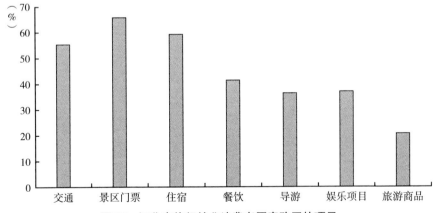

图16　河北省旅行社业消费者愿意购买的项目

2. 河北省旅行社业消费者消费支出

由于受疫情影响,2020 年河北省旅行社业消费者总消费额偏低。其中,1000 元以下的占比最高,为 30.27%;其次是 2001~3000 元(占 17.84%)和 3001~5000 元(占 16.22%);再次是 1001~2000 元和 5001~7000 元,各占 10.27%;7001~10000 元、10001~20000 元、20001~50000 元、50000 元以上分别占 8.65%、3.78%、1.08%、1.62%,均在 10% 以下。总体来看,5000 元以下的消费额占比为 74.6%,5000 元以上的仅为 25.4%(见图 17)。

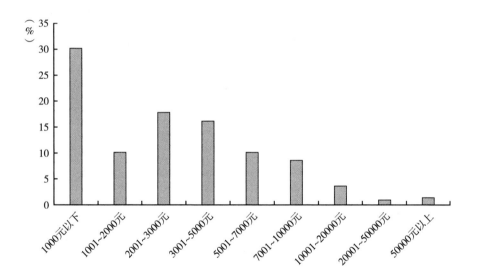

图 17 2020 年河北省旅行社业消费者总消费额

河北省旅行社业消费者 2020 年在旅行社的单次平均消费额由高到低呈降序排列。1000 元以下、1001~2000 元、2001~3000 元、3001~5000 元、5001~7000 元、7001~10000 元和 10000 元以上的比例分别为 38.38%、23.24%、16.76%、9.73%、4.32%、4.32% 和 3.24%。其中,每次消费额在 2000 元以下的占主导,比例超过 60%,5000 元以下则占到近 90%(见图 18)。

3. 河北省旅行社业消费者首选支付方式

河北省旅行社业消费者 2020 年在旅行社购买旅游产品的首选支付方式

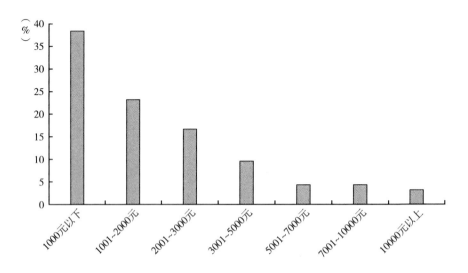

图18 2020年河北省旅行社业消费者单次平均消费额

日趋电子化，而传统支付方式日趋式微。其中，微信和支付宝分别占56.76%、15.14%，占据前两位，合计高达71.90%；现金支付占11.89%；刷普通银行卡和信用卡付款分别占7.57%和7.03%；对公转账、积分兑换旅游和储值兑换旅游皆占0.54%；支票支付为0（见图19）。

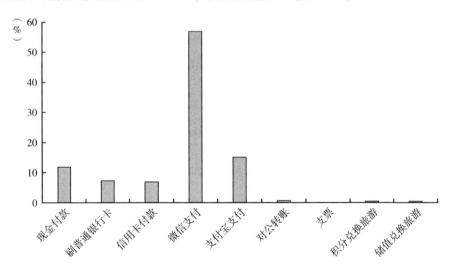

图19 河北省旅行社业消费者首选支付方式

四　河北省旅行社业消费存在的主要问题

（一）新冠肺炎疫情持续影响下旅行社业举步维艰

新冠肺炎疫情持续时间之长、波及国家范围之广、感染人数之多、对旅游业影响之大都是大家始料未及的，旅行社业在新冠肺炎疫情持续影响下经营举步维艰。从河北省旅行社业组织和接待游客数量上看，受国外疫情影响，从第二季度开始入境游和出境游处于停滞状态；虽然国内疫情控制较好，并制定了行之有效的预防措施，但仍存在一定感染风险，特别是大家响应尽可能不聚集和到人员密集区的号召，导致国内旅游人数骤降。第一季度和第二季度组织旅游人次同比分别下降88.36%和94.49%，接待人次分别下降84.84%和89.79%，第三季度、第四季度降幅也在80%左右。即使组织和接待的游客，其出游距离、时长和消费额度也较往年大幅减少。虽然旅行社都已复工，但各旅行社面临的首要问题是生存，而不是盈利，特别是以出入境旅游为核心业务的旅行社。

（二）游客规模庞大但多数不选择旅行社消费

根据国家统计局发布数据显示，2019年我国国内旅游人数达到了60.06亿人次，但全国旅行社国内旅游仅组织1.67亿人次、接待1.85亿人次。这意味着虽然游客规模庞大且增长快，但选择旅行社消费的甚微。河北的情况也是如此，游客数量众多但不愿意在旅行社消费是河北省乃至全国的旅行社业面临的窘况。

（三）河北省旅行社业消费满意度不高

河北省旅行社业消费者2020年对旅行社服务满意度评价不高，各类服务满意度占比均未超过60%，最低仅有25%。旅行社各方面服务满意度占比由高到低的排序是导游讲解服务、安排的住宿环境、旅游产品设计、旅游交通服务、门店咨询服务、安排的餐饮质量、旅行游览中的联系服务、旅游售后服务，满意占比分别为 57.30%、51.35%、47.57%、47.03%、44.32%、32.43%、29.19%、25.41%。其中，导游讲解服务和安排的住宿环境 2 项超过了 50%，旅游产品设计、旅游交通服务和门店咨询服务 3 项超过了 40%。旅行社在各类服务方面均有较大提升空间，特别是餐饮质量、游览中的联系服务和售后服务（见图20）。

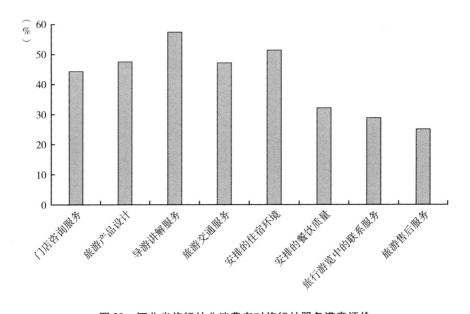

图20 河北省旅行社业消费者对旅行社服务满意评价

五 河北省旅行社业消费应对策略

（一）完善持续性突发事件影响应急预案

河北省内正规旅行社基本上参照《旅游突发公共事件应急预案》《中国公民出境旅游突发事件应急预案》制定了突发事件应急预案。主要针对常规的自然灾害、事故灾难、突发公共卫生事件和突发社会安全事件，具有持续时间短、影响范围较小的特点。虽然旅游突发公共事件可能会影响到个别旅行社的生死存亡，但对整个行业并不构成致命威胁。近年来全球出现的多次疫情为旅行社业发展敲响了警钟。根据世界卫生组织数据，世界上每周平均有 2 起紧急疫情暴发。另据国际航空运输协会统计，2017 年全球一年有 3680 万次航班，每天有 10 万次飞行，巨大而快速的人口流动让任何疾病都能在 24 小时内输入世界任何地方。2003 年的 SARS 疫情和 2020 年的新冠肺炎疫情具有持续时间长、影响范围广、危害严重的特性。其对旅行社业具有突发性、作用时间长、业务停滞彻底的影响，针对新形势下的需求，制订和完善持续性突发事件影响应急预案，是旅行社业持续健康发展的客观要求。

（二）创新提升产品竞争力，以质量换效益

对河北省旅行社而言，要想获得消费者的认可，就要回归旅行社的本业，即依托专业、高素质的旅游团队，设计出吸引游客的产品，并提供优质、贴心的服务。首先，培育和组建高素质的专业旅游设计与服务团队，通过现有员工培训进修、人才引进等方式，不断学习和吸取国内外旅行社的成功经验，提高团队的整体业务水平和综合竞争力。其次，加强对游客的调研和了解，准确掌握游客的期望和需求，设计出让游客"眼前一亮"的旅游线路。在此过程中，要充分认清现在游客的新变化，包括出游次数多、眼界开阔、旅游经验较丰富、信息获取渠道多、维权意识强等。为此，旅行社的产品设计要以创意和质量取胜，以质量换效益。最后，除了产品设计吸引游客外，旅游全程及售前售后提供让游客贴心、暖心、满意的优质服务，是旅游线路成功售出的坚实保障，同时也是吸引回头客及其亲朋好友的重要环节。

（三）全方位提升旅行社服务水平

河北省旅行社业消费者认为旅行社各方面服务都有待提高。旅行社服务提升需求由高到低依次为：安排的餐饮质量、微信公众号等手机平台建设、

安排的住宿环境、旅行社网站建设、旅游产品设计、导游讲解服务、门店咨询服务、旅游售后服务、旅游交通服务和旅行游览中的联系服务，占比分别为43.24%、42.70%、37.30%、35.68%、34.59%、24.86%、23.78%、22.70%、16.76%和15.68%。其中，安排的餐饮质量和微信公众号等手机平台建设超过了40%，其余在40%以下。旅行社可参考该调查结果制定相应的服务提升任务（见图21）。

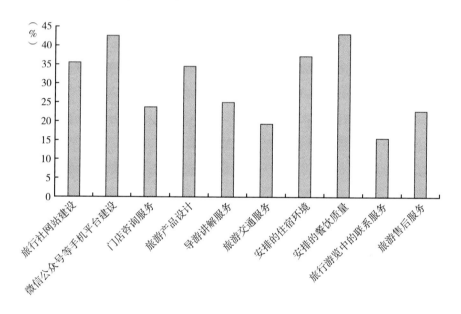

图21　河北省旅行社业消费者认为旅行社服务待提升的方面

（四）开发多元化的旅游产品

河北省内旅行社应根据游客需求，在标准化和定制化两方面开发多元化的旅游产品。在标准化线路设计方面，注意近、中、远距离产品的错位开发。一般而言，由于远距离旅行自驾游不便、目的地不熟悉、时间长且情况复杂，中远距离特别是远距离出行游客选择旅行社的概率更高，而近距离则相对偏低。对近距离旅游而言，主要针对没有私家车或不会开车的游客，他们有的想出游没有自己的交通工具，有的是户外运动俱乐部等组织成员，有的是学校的学生，年龄以 22 岁以下青少年和 50 岁以上中老年人为主。其中，面向中小学生的研学旅行，以及到附近景区的低价团最受欢迎。2020 年河北省部分旅行社针对游客不愿意远行情况，推出了非常受欢迎的 99 元团。对中远距离旅游而言，一方面是国内游继续推出经典旅游线路，特别是那些具有国家和国际知名度且游客自由行不便的高级别景区；另一方面是有实力的旅行社重点发展出境游，其出于语言不通、完全陌生等原因，游客绝大多数会选择旅行社提供服务。在定制化线路方面，由于标准化产品往往只能满足客户 60% 以上的诉求，旅行社要在自身产品供应链基础上按照客人需要予以优化组合，积极主动地推出游客满意的产品。需要注意的是，这里的定制化并非传统意义上的高端产品，而是既包括面向极少数高净值人群的高端定制游，也包括面向更广大中产用户及定制自由行客户的大众定制游。

（五）积极推进智慧旅行社建设

与智慧旅游建设同步，河北省旅行社需积极推进智慧旅行社建设，提高工作效率和服务质量，拉近与游客距离并提供让其更满意的服务。①旅行社网站是旅行社展示资质、产品、实力与形象的重要窗口，同时也是消费者获知与联系旅行社的媒介。其功能板块可包括旅游资源展示、旅行社公告、同业分销、在线客服、在线预订等。如其功能设置合理、内容丰富、呈现形式多样，可以更好地吸引消费者的关注并影响其决策，最终选择旅行社提供服务。②在旅行社内部管理层面，可通过内部办公、客户管理、供应商管理、出团管理等功能板块设置实现旅行社内部管理的网络化和自动化。③手机客户端的应用价值高，可通过导游助手，为导游带团提供方便。主要功能包括线路行程、游客清单、短信群发、行程修改、景区签入、导游和旅行社之间的互动等。④QQ 群和微信群等在线交流工具可以协助工作人员在售前、旅行过程中、售后联系游客，维系并加深双方关系，以便他们再次消费或向亲朋好友推荐本旅行社。⑤微信和支付宝已成为河北省旅行社业 70% 以上消费者的支付方式，还有接近 15% 的刷卡支付，因此要高度重视电子支付。

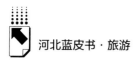
参考文献

《文化和旅游部 2020 年第一季度全国旅行社统计调查报告》。

《文化和旅游部 2020 年第二季度全国旅行社统计调查报告》。

《文化和旅游部 2020 年第三季度全国旅行社统计调查报告》。

《文化和旅游部 2019 年第一季度全国旅行社统计调查报告》。

《文化和旅游部 2019 年第二季度全国旅行社统计调查报告》。

《文化和旅游部 2019 年第三季度全国旅行社统计调查报告》。

《中华人民共和国 2019 年国民经济和社会发展统计公报》。

B.4
2020年度河北省旅游
饭店消费调查报告

马育倩 左晓丽 马 飒*

摘 要： 突如其来的新冠肺炎疫情对河北省旅游饭店行业和消费市场
产生了巨大的影响。报告首先分析了2020年国内总体消费环
境、河北省旅游饭店消费总体情况和星级饭店规模变化情
况。在对全国星级饭店统计管理系统数据、美团在线数据和
消费者问卷抽样调查数据进行分析的基础上，报告总结了全
省旅游饭店消费结构、消费特点和消费倾向，提出扩大全省
旅游饭店消费的对策建议。

关键词： 旅游饭店行业 消费结构 消费特点 河北

一 2020年国内总体消费环境分析

（一）经济运行恢复向好

在新冠肺炎疫情等特殊因素的影响下，我国经济增长表现有所波动。随
着疫情得到有效控制，经济运行开始持续稳定恢复，增速由降转升。国家统

---

* 马育倩，石家庄学院经济管理学院教授，主要研究方向为旅游目的地管理；左晓丽，石家庄
学院经济管理学院讲师，主要研究方向为旅游饭店管理；马飒，石家庄学院经济管理学院讲
师，主要研究方向为旅游文化研究。

计局发布数据显示，2020年前三季度国内生产总值722786亿元，同比增长0.7%。河北省统计局发布数据显示，2020年前三季度，河北省经济运行加快恢复向好，经济增长由负转正，全省实现生产总值25804.4亿元，同比增长1.5%。

（二）居民收入实现增长

国家统计局发布数据显示，2020年前三季度，全国居民人均可支配收入23781元，其中，城镇居民人均可支配收入32821元，农村居民人均可支配收入12297元，各项指标同比均有不同程度的增长。河北省统计局发布数据显示，前三季度，全省居民人均可支配收入19797元，同比增长4.9%，增速比上半年高2.1个百分点。其中，城镇居民人均可支配收入27203元，同比增长3.8%；农村居民人均可支配收入12286元，同比增长5.5%。全省居民人均可支配收入整体虽略低于全国平均水平，但增长趋势未变。

（三）政府推出提振消费措施

2020年2月28日，国家发展改革委等23个部门联合印发《关于促进消费扩容提质加快形成强大国内市场的实施意见》（发改就业〔2020〕293号），对提振内需、促进消费提出了全方位的政策支持，为疫情防控常态化经济企稳复苏、消费行业发展投资奠定主基调。继国家层面的政策和意见出台后，河北省积极响应，陆续下发《河北省2020年扩大消费十大专项行动实施方案》《河北省促进商业消费2020年度行动计划》等文件，多措并举保障和促进居民消费。

（四）服务消费市场逐步恢复

国家统计局发布数据显示，2020年前三季度社会消费品零售总额273324亿元，同比下降7.2%，降幅比上半年收窄4.2个百分点。其中，第三季度社会消费品零售总额同比增长0.9%，季度增速年内首次转正。以住宿餐饮业为代表的服务消费市场，呈现恢复态势。9月餐饮收入下降2.9%，降幅连续几个月收窄，已接近正常水平。河北省统计局发布数据显示，2020年前三季度，全省社会消费品零售总额8639.1亿元，同比下降3.7%，降幅比上半年收窄1.9个百分点。城乡市场同步复苏，城镇市场消费品零售额6949.6亿元，同比下降1.7%，降幅比上半年收窄2.9个百分点；乡村市场消费品零售额1689.4亿元，下降11.2%。

（五）居民线上消费习惯形成

2020年前三季度，我国实物商品网上零售额同比增长15.3%，高出社会消费品零售总额22.5个百分点，限额以上餐饮企业外卖送餐服务收入增长2.4倍。线上消费保持快速增长，我国居民已经形成线上消费习惯。

二　2020年河北省旅游饭店消费总体情况

2020年前三季度，旅游饭店市场面临复杂的环境变化，积极因素与面临挑战并存。

（一）受疫情影响，第一季度饭店消费断崖式下降

新冠肺炎疫情发生以来，河北省旅游饭店企业按照党中央、国务院和省委省政府的工作部署，全面抗击疫情，践行企业责任使命，确保宾客和员工的身体健康和安全。受疫情影响，人员聚集性、流动性的经营活动难以开展，市场需求受到抑制，以餐饮、住宿为主营业务的旅游星级饭店在疫情期间受到严峻挑战。2020年第一季度，全省旅游星级饭店客房出租率、平均房价出现大幅双下滑，客房平均入住率仅为19.97%[①]，同比降幅为45.67%。80%的受访旅游饭店表示经营活动受到较大影响，普遍存在营收

[①] 数据来源于2020年全国星级饭店统计管理系统。以下关于河北省旅游星级饭店的相关统计数据均来源于该系统，不再另行标注。

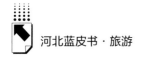

减少、流动资金紧张、房租压力大、无法及时尝还贷款及缴纳税费等现实问题，企业经营面临着前所未有的风险和危机，不得不通过减少员工数量、降低或迟发工资薪酬、减停部分业务等方式勉强维持。

（二）政策推动下，第二、三季度饭店消费市场逐步回暖

为帮助解决文旅企业因应对疫情带来的生产经营困难和问题，实现持续健康发展，河北省文化和旅游厅印发《关于有效应对疫情支持全省文旅企业发展的十条政策措施》，通过加大资金扶持力度、实施减税降费、强化金融政策支持、降低企业运营成本、积极促进稳岗就业、支持完善基础设施和公共服务体系、促进重点文旅项目加快建设、支持文旅企业提质升级和产品创新、加大政府购买公共服务支持力度、加强旅游市场宣传营销等措施，帮助企业缓解经营成本压力，改善现金流状况。

从2020年第二季度开始，疫情防控形势持续向好，中央提出"要坚持在常态化疫情防控中加快推进生产生活秩序全面恢复"的建议，民众生活生产逐步回到正轨。为进一步提振民众消费信心，激活受疫情影响的消费需求，加快恢复消费市场的活跃度，各地出台各项促进消费的措施，刺激消费者的出行意愿，国内旅游市场逐渐复苏。旅游饭店行业好转趋势明显，第二、三季度全省客房平均出租率分别为32.84%和48.7%，但与上年同期相比，降幅仍然比较明显，同比降幅分别为36.02%和7.91%。

（三）市场消费习惯改变，业态转型升级加快

河北省旅游饭店企业有序复工复产后，在保持传统业务的基础上，积极开拓新业务，拓展营销渠道，加快产品和服务流程再造。突发的新冠肺炎疫情成为餐企布局线上业务的助推器，疫情期间，由于绝大多数消费者行动范围受限，依托线上消费的宅经济急速增长，无接触式的线上电商成为居民首选的消费渠道。针对消费从线下转移到线上的趋势，旅游饭店企业加快布局线上业务，纷纷将餐饮销售渠道推向外卖赛道，加速"接地气"化，实现了线上线下混合经营，推动了餐饮消费复苏。外卖重塑了新的消费习惯和商

业模式，对于饭店回笼部分流动资金、保持品牌热度、维护品牌形象、保持市场黏性发挥了重要作用。

三　河北省旅游饭店规模变化情况

（一）全省旅游饭店总体数量下降

全国星级饭店统计管理系统显示，截至2020年第三季度，河北省旅游星级饭店共计378家。各等级星级饭店数量分布如下：一星级饭店1家、二星级饭店62家、三星级饭店162家、四星级饭店128家、五星级饭店25家。与2019年同期的424家相比，总体规模有所下降。各星级饭店规模变化情况如下：四星级饭店规模稳定，数量没有变化；五星级饭店规模小幅增加，由21家增加为25家；二星级、三星级饭店规模降幅明显，其中，二星级酒店减少了18家，三星级饭店减少了31家（见图1、图2）。

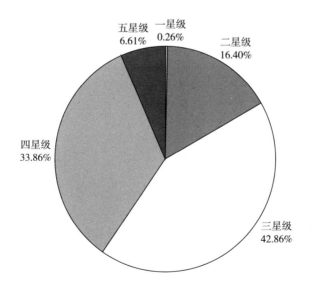

图1　2020年河北省星级饭店规模占比情况

资料来源：2020年全国星级饭店统计管理系统。

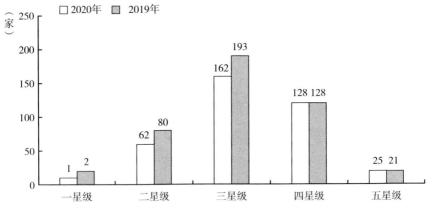

图 2　2019～2020 年河北省饭店规模变化

资料来源：2019 年、2020 年全国星级饭店统计管理系统。

（二）张家口市旅游饭店数量呈现增长

截至 2020 年第三季度，张家口市旅游星级饭店数量最多，为 75 家，占全省旅游星级饭店总量的 19.84%；其次是石家庄，旅游星级饭店 63 家，全省占比为 16.67%；衡水和廊坊两地星级饭店数量最少，均为 16 家，全省占比为 4.23%（见表 1）。相比上年同期，仅张家口市星级饭店数量增长了 5 家，石家庄市数量持平，其他地市均有减少。张家口市星级饭店数量呈现增长，与冬奥会筹备有直接关系。

表 1　2020 年河北省旅游饭店分地区规模

单位：家，%

地区	总数		五星	四星	三星	二星	一星
	数量	占比					
全省	378	100	25	128	162	62	1
石家庄	63	16.67	6	26	25	6	0
承德	27	7.14	1	15	11	0	0
张家口	75	19.84	3	20	27	25	0
秦皇岛	38	10.05	1	10	22	5	0
唐山	39	10.32	2	11	18	8	0
廊坊	16	4.23	3	6	6	1	0

续表

地区	总数		五星	四星	三星	二星	一星
	数量	占比					
保定	42	11.11	4	12	19	7	0
沧州	19	5.03	3	9	6	1	0
衡水	16	4.23	0	1	12	3	0
邢台	20	5.29	1	8	9	1	1
邯郸	23	6.08	1	10	7	5	0

资料来源：2020年全国星级饭店统计管理系统。

四 河北省旅游星级饭店主要消费指标分析

（一）总体消费结构分析

　　旅游星级饭店营业收入的构成在一定程度上反映的是消费者消费结构。从河北省旅游饭店2020年前三季度营业收入的数据可以看出，饭店营业收入由餐饮收入、客房收入和其他收入三部分构成。顾客在旅游饭店的消费主要集中在餐饮和住宿类，其他服务方面的消费较少（见表2）。

表2　河北省旅游饭店营业收入结构

类别	第一季度	第二季度	第三季度
数量（家）	301.00	263.00	293.00
营业收入（亿元）	5.58	6.60	12.76
餐饮收入占比（%）	49.10	44.32	47.81
客房收入占比（%）	35.53	40.12	39.44
其他收入占比（%）	15.37	15.56	12.75

资料来源：2020年全国星级饭店统计管理系统。

（二）住宿消费情况分析

　　如表3、图3所示，全省旅游星级饭店前三季度总体平均房价为275.28

元/间夜、平均出租率为 33.67%、每间可供出租客房收入为 92.86 元/间夜、
每间客房平摊营业收入为 17648.40 元。与 2019 年同期相比，2020 年前三季度
各项经营指标均有不同程度下滑（除第一季度平均房价高于上年同期水平外）。

从第三季度开始，各项经营指标均高于前两季度总体平均指标，与前两
季度相比，第三季度下滑幅度明显减小，说明随着疫情防控常态化，民众旅
游消费开始回暖，进一步拉动了旅游饭店消费。

表 3　2020 年前三季度消费指标总体情况

指标	第一季度	第二季度	第三季度	总体指标	与上年同期相比（%）
平均房价（元/间夜）	281.05	261.86	282.94	275.28	−8.76
平均出租率（%）	19.97	32.33	48.70	33.67	−29.87
每间可供出租客房收入（元/间夜）	56.14	84.65	137.78	92.86	−27.75
每间客房平摊营业收入（元）	11711.90	15800.89	25432.41	17648.40	−38.86

资料来源：2020 年全国星级饭店统计管理系统。

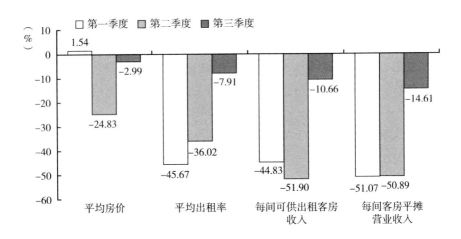

图 3　2020 年前三季度主要指标与 2019 年同期比较

资料来源：2020 年全国星级饭店统计管理系统。

1. 高星级饭店住宿消费相对恢复较快

2020 年前三季度平均出租率（按星级分析）如图 4 所示。受疫情影响，

传统春季期间的消费热潮受到压制，旅游星级饭店游客消费意愿低迷，2020年第一季度出租率大幅下降，为2020年前三季度的最低。除一星级饭店外，2020年第二、三季度各等级星级饭店的平均出租率均有不同程度的增长。其中，第三季度消费反弹明显，平均出租率增速大幅上涨，二星级、三星级、四星级、五星级的平均出租率分别达到44.04%、43.95%、49.13%和59.54%。

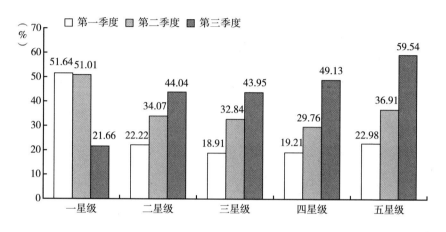

图4　2020年前三季度平均出租率（按星级分析）

资料来源：2020年全国星级饭店统计管理系统。

2. 冀中南区域住宿消费相对恢复较快

从不同区域星级饭店平均出租率情况看，石家庄市前三季度总体平均出租率最高，为41.76%。平均出租率最低的为承德和秦皇岛两市，分别为22.19%和21.49%（见图5）。至第三季度，星级饭店平均出租率恢复到50%以上的有石家庄市、邯郸市、保定市、辛集市、定州市和雄安新区，集中在冀中南区域。

3. 各星级饭店住宿消费水平呈现不同特点

与2019年同期相比，2020年上半年河北省各星级旅游饭店平均房价呈现出不同的变化特点。其中，五星级和三星级饭店平均房价降幅明显，五星级平均房价由599.73元降至445.99元，下降了25.6%；三星级饭店由230.46元降至175.10元，下降了24%；四星级饭店的平均房价则略有增

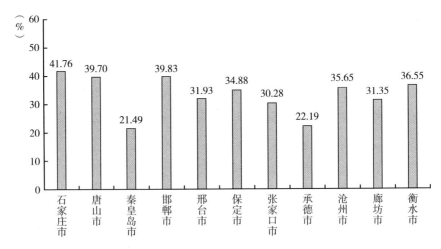

图5 2020年前三季度平均出租率（按地区）

资料来源：2020年全国星级饭店统计管理系统。

长，二星级饭店平均房价则上涨49.2%。平均房价的变化在一定程度上反映了住宿消费水平的变化（见图6）。

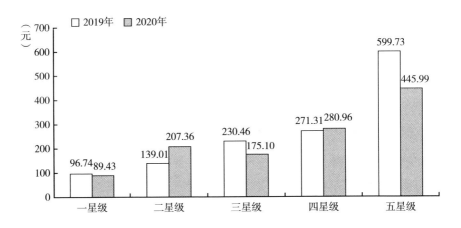

图6 2020年上半年与2019年同期平均房价波动

资料来源：2020年全国星级饭店统计管理系统。

4. 保定市平均住宿消费水平最高

2020年前三季度河北省旅游饭店总体平均房价为275.28元，就各地区来看，保定市、张家口市、石家庄市、廊坊市、秦皇岛市五市的平均房价均高于全省平均值，其中，保定市的平均房价最高，为343.88元（见图7）。

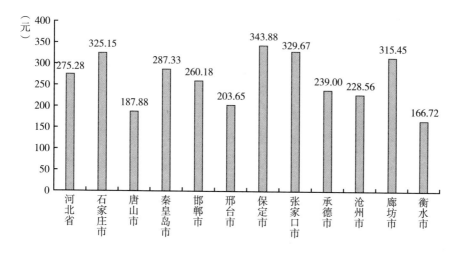

图7　2020年前三季度平均房价（按地区）

资料来源：2020年全国星级饭店统计管理系统。

（三）餐饮消费特点分析

进入疫情防控常态化阶段后，河北省各地市餐饮企业复商复市步伐普遍加快，特别是在扩大内需、促进消费等多项政策推动下，居民消费持续改善，餐饮消费逐渐复苏。

1. 数据抽样调查过程

为调查全省旅游饭店餐饮消费水平，本报告采用网络文本分析法，以2020年全国星级饭店统计管理系统中的河北省378家饭店为调查对象，采用抽样调查的方式，以美团平台中旅游星级饭店餐饮最低消费为数据源，对全省不同地区、不同星级旅游饭店的人均餐饮消费进行分析，这在一定程度上能够反映全省星级旅游饭店餐饮消费情况。

在对星级旅游饭店进行抽样时，本文采用分层抽样方法，将星级旅游饭店分为五个层次：一星级饭店、二星级饭店、三星级饭店、四星级饭店、五星级饭店，坚持低档、中档和高档住宿设施兼顾的原则，保证各级旅游饭店均占一定的比例。按照美团提供的数据，本报告共抽取 70 家星级饭店进行分析。样本具体数量分配情况如表 4 所示。

表 4　美团平台抽样调查样本数量分配

城市	五星级	四星级	三星级	二星级	一星级	合计
石家庄	5	5	3			13
承德	1	3	1			5
张家口	3	4	3	1		11
秦皇岛	1	2	1			4
唐山	2	2	3			7
廊坊	3	1				4
保定	4	3	1			8
沧州	1	1	1			3
衡水			1			1
邢台	1	2	1		1	5
邯郸	1	3	1	4		9
合计	22	26	16	5	1	70

资料来源：2020 年全国星级饭店统计管理系统。

2. 餐饮消费特点

（1）餐饮消费水平呈现大众消费的特点

根据抽样调查的方式测得 2020 年度河北省旅游饭店各类型星级饭店餐饮人均消费数额（见图 8）：一星级至五星级饭店餐饮人均消费分别为 23 元、45 元、54 元、70.3 元和 97.6 元。全省人均餐饮消费水平呈现大众消费的特点，各星级饭店之间差距均衡，高星级旅游饭店人均餐饮消费水平不高。

（2）不同地区高星级饭店人均餐饮消费水平差距较大

河北省旅游星级饭店人均餐饮消费在不同地区之间存在较大差距，以四星级、五星级旅游饭店为例，根据抽样测得，河北省五星级旅游饭店人均餐饮消费平均为 97.6 元。石家庄、张家口、秦皇岛、廊坊和承德 5 个城市的餐饮人均消费均高于全省平均值，分别为 115 元、108 元、108 元、99 元和

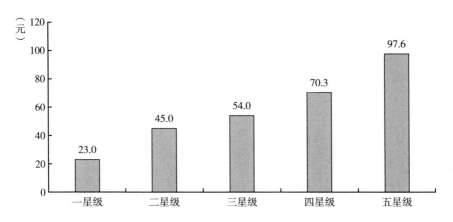

图8 2020年各星级饭店餐饮人均消费

资料来源：2020年全国星级饭店统计管理系统。

98元。张家口市因抽样的2家五星级饭店均位于滑雪度假地，总体定位较高，餐饮人均消费较高。邯郸市仅有的一家五星级饭店位于武安市，县级市的整体消费水平低于地级市，其餐饮人均消费额为同等级饭店最低，为78元。其他地市人均餐饮最低消费为90~95元（见图9）。

河北省四星级旅游饭店人均餐饮消费为70.3元，唐山、石家庄、沧州、张家口和廊坊五市四星级饭店的人均餐饮消费高于全省平均水平，其中，唐

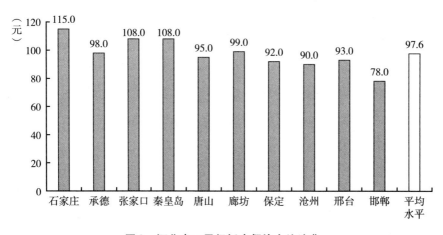

图9 河北省五星级饭店餐饮人均消费

资料来源：2020年全国星级饭店统计管理系统。

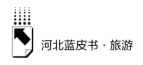

山市最高，为103.5元。邢台、邯郸、承德三地的餐饮人均消费较低，分别为52元、50元和45.3元，远远低于70.3元的全省平均水平（见图10）。

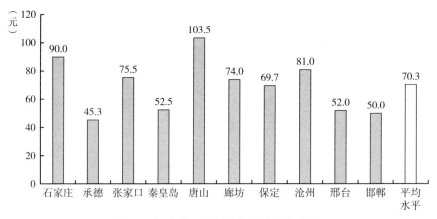

图10　河北省四星级饭店人均餐饮消费

资料来源：2020年全国星级饭店统计管理系统。

五　河北省旅游饭店市场消费倾向分析

为了解住店客人消费习惯、消费结构以及影响客人消费决策的各项要素，设计河北省旅游星级饭店消费意愿问卷，对入住河北省旅游星级饭店的顾客进行随机抽样调查。本次调查共发放问卷357份，调查对象来自河北、江苏、四川、内蒙古、浙江、黑龙江、北京等17个省、直辖市。通过数据分析，获得旅游饭店消费者消费结构、消费倾向及影响其决策的关键因素。

（一）消费需求趋于理性，中端饭店需求旺盛

1. 消费者对酒店促销方式的选择趋于理性

受访者对饭店采取的各类促销活动的关注度较高的前三类方式分别为房价打折（68.07%）、赠早餐（57.14%）和房间升级（54.62%）（见图11）。

2. 中端饭店消费需求旺盛

随着经济形势的变化，消费者的需求也逐渐向理性消费方向转变，如图

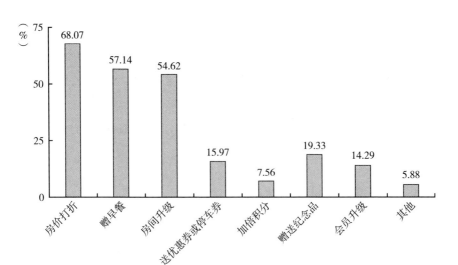

图11 饭店营销方式对消费者的吸引力

资料来源：2020 年全国星级饭店统计管理系统。

12 所示，被调查对象中，选择房价为 200 ~ 400 元的消费者比例为 60.51%。这一消费区间为河北省三星级、四星级饭店的平均房价，中端饭店消费需求旺盛。

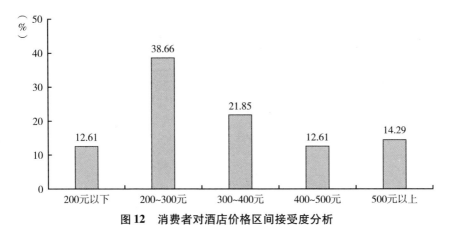

图12 消费者对酒店价格区间接受度分析

资料来源：2020 年全国星级饭店统计管理系统。

（二）卫生状况是消费者最核心的消费诉求

疫情给消费者带来的最大影响之一，便是更加关注饭店卫生清洁状况。

"客房能否按规定消杀""店内空气质量如何""床品清洗状况如何"等问题是消费者普遍关注的焦点。93.27%的受访消费者表示，房间卫生质量良好是其住店期间的核心消费诉求。疫情常态化加之饭店卫生清洁负面信息的影响，消费者对入住饭店期间的卫生状况仍有担忧，49.7%消费者表示有点担心；26.6%消费者表示不担心，饭店会做好清洁；但有21.7%消费者表示还是比较担心，会自带床单、枕头等用品。

（三）消费升级推动消费决策的新变化

随着国民旅游消费需求不断提升，顾客消费决策的关注点从价格转向体验。饭店服务项目和设施的特色化成为消费者关注的重要元素。70.59%的受访者表示饭店的特色化产品和服务是其选择饭店的关注点。以体验为主的中档饭店或个性化饭店，将是消费者选择的重点（见图13）。

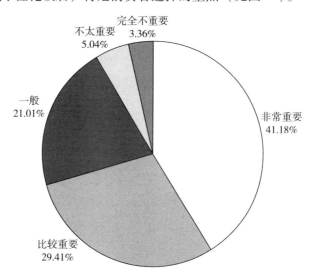

图13　旅游饭店特色化产品和服务的重要性分析

（四）消费者消费行为对网络依赖加剧

1. 网络口碑信息影响顾客预订决策

本次抽样调查显示，62.18%的消费者认为网上在线评价会影响其预订决策。

基于消费者自身体验而形成的网络口碑对潜在顾客的购买决策的影响越来越重要（见图14）。

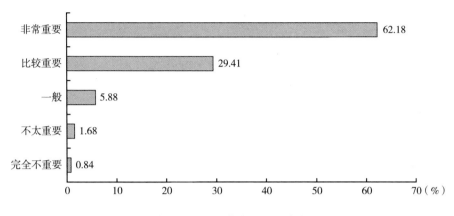

图14 网上在线评价对消费者预订决策的重要性分析

2. 以 OTA 为代表的线上预订成为主流

88.23%的受访者认为饭店能否提供网络预订服务对于他们的预订决策具有非常重要的影响。线上预订已经成为消费者预订饭店的主要方式，仅有18.49%的客人表示近期曾使用电话的方式预订客房。在线上预订的各类方式中，利用携程、艺龙等 OTA 平台预订的比例最大，占比为77.31%；其次为官网预订和饭店微信公众号预订。

3. 互联网移动终端的互动体验成为消费热点

新一代消费者已经习惯了基于互联网移动终端的互动体验，加之疫情对顾客消费习惯的影响，53.78%的受访者认为饭店非常有必要采用无接触式服务方式，56.3%的受访者希望饭店能借助科技手段提供 VR 线上选房活动。疫情防控的常态化影响了顾客消费习惯，加速了饭店创新服务方式的进度。

（五）经营项目吸引力不足，消费结构亟待优化

1. 餐饮消费对店内客人吸引力不够

对店内客人餐饮消费调查中，选择不在入住饭店就餐的人数占比为

13.45%。77.31%的客人表示，会选择在饭店进食早餐，说明早餐是住店客人餐饮消费的主餐。选择在饭店进行正餐消费的人群总和不足10%，正餐的消费对象更多的是当地居民。

2. 消费结构亟待优化

针对住店客人店内消费项目的调查结果可以看出，有30.25%的客人表示从未在除客房及餐饮场所之外的其他场所消费，35.29%和26.05%的客人分别表示使用过酒店温泉或SPA和购买过饭店购物场所的特色产品。由此可以看出，客人使用饭店其他购物场所消费的比例较低，反映出客人消费结构较为单一。但客人对温泉、SPA及特色购物场所消费较为感兴趣，也提示饭店应该开发康养等多元化且具有地域特色的消费项目，以满足顾客消费需求（见图15）。

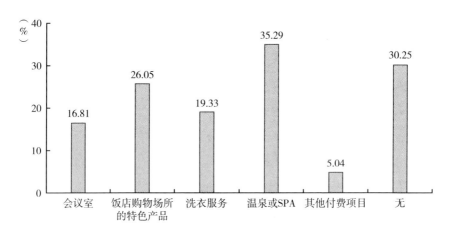

图15 住店客人店内消费项目分析

六 扩大旅游饭店消费的对策建议

（一）围绕消费需求，探索多元化的运营模式

消费升级下的细分客群需求，已经成为主导行业发展的趋势。随着消

费升级，消费者不满足于单一的出行住店需求，渴望多层次的消费体验。河北省可以通过尝试跨界、整合、升级、换代等多种形式，对不同消费客群的产品进行重组和新建，在"场景化消费"的概念下，推动"酒店＋新零售"模式的创新，这有利于改变饭店传统供给配置，优化星级饭店现有消费结构。

（二）打造差异化产品，满足差旅和本地客群

星级饭店应设计更多能拓展客户和针对核心客户的服务产品和消费模式（如健康餐饮食品菜单、居家式酒店服务等）。在传统业绩收入的基础上，饭店的餐饮除了宴会、会议、酒店客人之外，周边居民的聚餐、外卖等则是其新的增长点，可以通过餐饮的线上运营渠道，拓宽对周边及本地的市场。此外，饭店的洗衣服务、保洁服务、健身康乐服务等都可以在满足差旅客户的同时延伸至本地消费者的日常生活之中。

（三）升级卫生标准，推动酒店智能化发展

酒店要从运营规范上升级卫生标准，加大对客房及公共区域的清洁频率及卫生质量监控力度。针对当下市场需求及潜在消费导向，推动星级饭店智能化设备使用，如无接触的自助办理入住或退房一体机、机器人送物到房、客房智能控制系统等。在疫情期间推出的"无接触服务"加强了科技在饭店业的使用，未来也可以在一定程度上降低人工成本。

（四）创新文旅融合，打造酒店文化消费热点

随着时代的发展，在满足基本需求的基础上，越来越多的消费者希望获得个性化的体验和服务。消费者希望既能体验当地的文化和特色，又能从中获得知识和美好的回忆。随着文旅融合的加强，饭店经营者应抛开星级饭店单纯提供餐饮、住宿的传统经营思想，依托在地文化，深挖住宿文化内涵，为饭店产品赋予文化内涵，重视"文化＋酒店"的创新性产品研发。

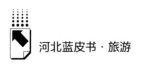

参考文献

宋瑞主编《2019~2020年中国旅游发展分析与预测》，社会科学文献出版社，2020。

祖长生：《后疫情时期的酒店增收策略》，《中国旅游报》2020年8月。

国家统计局：《前三季度经济增长由负转正》，http：//www. gov. cn/xinwen/2020 - 10/19/content_ 5552334. htm。

国家统计局：《2020年前三季度居民收入和消费支出情况》，http：//www. stats. gov. cn/tjsj/zxfb/202010/t20201019_ 1794598. html。

河北省统计局：《前三季度经济增长由负转正，经济运行加快恢复向好》，http：// tjj. hebei. gov. cn/hetj/xwfb/101601170034906. html。

河北省统计局：《2020年前三季度全省社会消费品零售总额下降3. 7%》，http：// tjj. hebei. gov. cn/hetj/tjxx/101601170034883. html。

中国旅游研究院：《中国旅游经济蓝皮书（No. 12）》，2020年2月。

商务部研究院：《2020年中国消费市场发展报告》，2020年12月。

B.5
2020年河北省旅游
新业态消费调研报告

王聚贤 汪臻浩 李月 单艺玮 孙海宽 张雨轩*

摘 要：2020年河北省旅游新业态消费呈现 W 形恢复振兴态势,基于跟踪与调研，本报告从疫情倒逼消费模式迭代、多重政策叠加刺激消费红利、产业深度融合延伸消费链条、线上线下联动消费场景、旅发大会创新消费业态和全域旅游优化消费环境等角度，深入分析2020年全省旅游新业态消费的发展现状、特点及存在的问题，并从"十四五"开局年引领新发展、疫情防控常态化引领新模式、三个重大战略引领新领域等方面，对2021年河北省旅游新业态消费发展进行了展望。

关键词： 河北 旅游新业态 消费特点 消费环境

一 2020年河北省旅游新业态消费的特点

（一）新冠肺炎疫情倒逼消费模式迭代

受新冠肺炎疫情的冲击， 2020 年上半年河北省旅游新业态景气指数出

---

* 王聚贤，河北旅投文化旅游发展有限公司副总经理、河北旅投旅游规划咨询有限公司总经理，研究方向为旅游规划、旅游新业态和智慧旅游；汪臻浩，河北旅投旅游规划咨询有限公司规划设计所所长，研究方向为旅游规划和产业运营；李月，河北旅投旅游规划咨询有限公司策划咨询所所长，研究方向为土地规划和经济社会发展；单艺玮，河北旅投旅游规划咨询有限公司主创规划师，研究方向为旅游景观设计和生态规划；孙海宽，河北旅投旅游规划咨询有限公司主创规划师，研究方向为国土空间规划和旅游项目规划；张雨轩，河北旅投旅游规划咨询有限公司实习生，研究方向为旅游管理。

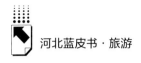

现断崖式下滑，较上年同期暴跌 100 多个指数点，达历史最低。以北京为代表的主要旅游客源地受限于严格的疫情防护措施，对河北旅游消费的客源贡献量大幅缩水。2020 年下半年，随着全国疫情防控进入常态化阶段，河北省旅游市场逐渐回暖，旅游消费逐步恢复，产业基本面日趋向好，旅游业经济稳中向好的态势持续稳固。疫情倒逼旅游业全面升档，一些质量不高、内涵不深、吸引力不足、支撑力不够、实力较弱的旅游产品逐步被整合、淘汰，短途近郊游、无接触度假、预约游览、旅游直播、夜游经济成为关键词，旅游产品趋向小而精、小而美。

（二）多重政策叠加刺激消费红利

随着我国疫情防控转入常态化阶段，河北省开始陆续推出消费政策以刺激内需，整体消费市场逐步得到复苏。2020 年 4 月，河北省文化和旅游厅印发《河北省文化和旅游产业恢复振兴指导意见》，针对全省文旅产品有效供给不足、增值效益不高、人均消费水平偏低等问题，结合疫后群众健康、绿色、休闲新需求，全面推进文旅消费扩容提质。2020 年 9 月，国务院办公厅印发《国务院办公厅关于以新业态新模式引领新型消费加快发展的意见》（国办发〔2020〕32 号），鼓励进一步培育壮大各类消费新业态新模式，推动线上线下融合消费双向提速，鼓励企业依托新型消费拓展国际市场，加大新型消费政策支持力度。2020 年 11 月，河北省人民政府结合本省实际，制定印发《河北省人民政府办公厅关于以新业态新模式引领新型消费加快发展的实施意见》（冀政办字〔2020〕198 号），明确提出推动线上线下消费有机融合、加快新型消费基础设施和服务保障能力建设、着力优化发展环境、加大政策支持力度共四个方面 15 项政策措施，加快发展新型消费，持续激发消费活力。

（三）产业深度融合延伸消费链条

2020 年，河北省大力推动"旅游 +"及" + 旅游"融合发展，使旅游与文化、农业、工业、生态、体育、健康、养老等产业深度融合，延伸旅游产业链条，提高旅游产品附加值，例如：为推动体育、旅游产业深度融合，打造具有河北特点的冰雪体育旅游品牌，由河北省体育局、河北省文化和旅游厅共同主办并评选出"2020河北省冰雪体育旅游十佳精品线路"，包括崇礼冬奥胜地冰雪体育旅游线路、崇礼北欧风情冰雪体育旅游线路、承德皇家冰雪体育旅游线路、石家庄西部长青四季冰雪体育旅游线路、涞源筑梦冬奥京西冰雪体育旅游线路、石家庄极限运动冰雪体育旅游线路、邯郸太极养生四季冰雪体育旅游线路、邢台太行风情冰雪体育旅游线路、保定红色足迹欢乐冰雪体育旅游线路、秦皇岛长城雪乡冰雪体育旅游线路，涵盖了滑雪戏雪、运动竞技、休闲度假等多种项目；坚持宜融则融、能融尽融，以景区为载体推动文化和旅游产业深度融合，深入推进非遗文化、文艺演出、文创商品等"八进"景区工作，正定县、蔚县入围"2020年度文旅融合发展名县（区）"。河北省工业旅游呈现全业态发展趋势，石家庄君乐宝乳业工业旅游区年接待游客近百万人次，唐山市工业旅游已成为当地旅游主打品牌，邯郸市峰峰矿区已是绿水青山，既有工业体验游，又有工业历史遗迹游，既寓教于游，又各具特色。面对疫情影响，各景区积极调整思路来应对变化，君乐宝奶业小镇开启"云旅游"模式，并启动君乐宝线上研学，开滦博物馆推出线上展览"矿山小百灵讲文物"系列节目，借助新技术赋能，增加文化内涵和游赏方式，打造了工业旅游"升级版"。为推动全省乡村旅游疫后振兴和高质量发展，举办2020河北乡村旅游乐享季推广系列活动，发布《河北乡村旅游精品线路宝典》，上线河北乡村旅游产品网络推广平台等，为河北省内广大乡村景区高质量发展注入新的活力。

（四）线上线下联动赋能消费场景

2020年，"河北旅游云"建设初见成效，"一个中心，三个平台，N个应用"已基本完成。"一部手机游河北"生态系统基本构建，与试点城市实现省、市、县（区）三级平台资源无缝链接；成立河北文旅5G大数据创新实验室；"乐享冀""畅游冀"完成上线，全省431家景区接入分时预约平台，232 家文博场馆实现预约功能。同时，全省各地统一部署，线上、线下联动，开展了多场各具特色的购物节活动。其中，由河北省文化和旅游厅、河北广电信息网络集团以"非遗传承 健康生活"为主题，共同主办"非遗购物节"，活动通过线上、线下对非遗产品进行展示、销售等，推动非遗更好地融入当代生活，让民众在非遗购物体验中，共同参与非遗保护、共享非遗保护成果，营造传承和弘扬中华优秀传统文化的良好社会氛围，购物节共涉及非遗产品4810 种，非遗传承人及相关企业充分运用淘宝、京东、拼多多、东家、河北广电优品商城等平台进行产品展示、销售，线上店铺销售127.84 万元，线下店铺销售 522.24 万元，总计 650.08 万元。举办"2020河北网购狂欢节"，吸引了 1200 余家传统商贸企业、电商企业和电商平台共同参与，以线上、线下相结合的方式，开展了形式多样的系列促销活动，邢台、廊坊、张家口等市政府主管领导，巨鹿、宁晋、沙河、深泽等县负责同志，化身"网红"，推介本地特色产品，为地方优势产业和企业站台。活动期间，全省大型直播"带货"活动达2056场次，成交3820 万单，带货总值达 11.86 亿元，线上线下促销总额达66.8 亿元。

（五）旅发大会平台创新消费业态

2020 年，河北省各地举办了旅发大会 10 余场，涉及 33 个县市区，通过精准选择会议举办地，创建旅发大会平台机制，聚合资源激发当地发展潜力，辐射带动相关产业发展，形成一套以旅发大会为契机，打造新业态、提升老景区、撬动社会资本、促进营销、激发消费的成熟机制。借势举办旅发大会，持续推进旅游产业高质量发展，充分发挥了旅发大会项目集聚和示范带动作用。第五届河北省旅游产业发展大会在张家口市崇礼区举办，大会以"京张休闲带，活力奥运城"为主题，充分利用互联网、数据云等信息技术，围绕信息化、智慧化、市场化，线上线下同步举办，创新推出"云游河北"、网红直播"带货"等新形式，打造了"京张体育文化旅游休闲带"，海坨山谷的房车营地、五色天路上的咖啡厅和图书室、太舞滑雪小镇等成为全国尤其是京津冀地区游客的打卡地。大会期间，河北省旅游产业展览交易会"云上展馆"同步上线，以云上办展替代实体展，通过3D、VR虚拟展厅带游客足不出户领略燕赵之美，匠心独具链接河北"游"礼，海量商品云上展馆齐亮相。以"直播＋文旅"的方式，采用"主播＋声优大咖＋文史专家＋非遗传承人"跨界组合的形式，宣传河北5A级景区旅游资源与扶贫旅游产品等，2天3场直播观看量累计突破500万人次，展销平台成交量6万余单，总成交金额超300万元。"云上展馆"将常年设立，成为河北景区门票和旅游商品等的"一站式"网上销售平台。

（六）全域旅游格局优化消费环境

河北是国家全域旅游示范省创建单位，2020年全省继续以推进旅游供给侧结构性改革为主线，牢牢把握全域旅游发展的总体要求，优化全域旅游发展空间格局，着力健全旅游质量标准体系，大力推动"旅游＋"融合发展，努力塑造旅游品牌形象，持续增加更有质量的旅游产品供给。2020年8月，河北省文化和旅游厅下发《第二批河北省全域旅游示范区名单》，石家庄市正定县、石家庄市鹿泉区、承德市滦平县、张家口市怀来县、秦皇岛市山海关区、秦皇岛市北戴河新区、唐山市遵化市、唐山市迁西县、廊坊市香河县、保定市涞源县、邢台市信都区、邯郸市武安市、邯郸市峰峰矿区等13个区县入选。2020年11月，文化和旅游部发布《关于公示第二批国家全域旅游示范区名单的公告》，邯郸市武安市、石家庄市平山县、秦皇岛市山海关区、唐山市迁西县等4个区县入选。截至目前，河北省共有7个区县入选国家级全域旅游示范区名单，21个区县入选省级全域旅游示范区名单。河北省各全域旅游示范区创建单位正积极通过全域化目的地建设、旅游供给品质提升、体制机制改革创新、全民参与共建共享等举措，推动全域旅游示范区创建和旅游新业态发展。积极培育了一批旅游新业态，构建了新的发展载体，推进旅游特色村、特色民宿、乡村度假区、旅游园区、田园综合体、旅游小镇、旅游风景道、旅游度假区、特色旅游基地、旅游产业集聚区、研学旅游基地、养老旅游基地等新兴旅游业态和产品建设，取得了重大成果。大力培育了"旅游＋新生活方式"的新业态，包括"旅游＋交通"、"旅

游 + 研学教育"、"旅游 + 休闲度假"、"旅游 + 康养"、"旅游 + 运动体育"
和 "旅游 + 购物休闲"。实现了从门票经济到产业经济的跨越、从一日游到
多日游的转变、从景点游到全域游的突破，全面带动了一二三产业融合发展
和经济社会高质量发展。

二 2020年河北省旅游新业态消费的问题

（一）旅游新业态服务质量不稳定

2020 年初以来，受疫情影响，河北省旅游业催生出许多新业态、新模
式，但由于发展时间尚短，其在服务质量方面逐渐暴露出一些新的问题与
挑战。首先，旅游新业态所需要的旅游基础服务品质还有待提高，全省尚
未形成完善的旅游基础服务设施体系，例如一些基础的旅游服务设施设备
还需进一步增设。部分景区在旅游直播及短视频制作方面，受限于拍摄位
置、技术支撑、多变环境、专业人员等因素，播出效果远不如预期，信号
卡顿、丢失、画质模糊等 "事故" 频发，难以激发游客出行及购买欲望。
部分传统景区在预约参观、语音讲解、数字导览等智慧旅游应用方面发展
缓慢，旅游公共信息传达不快捷，难以满足常态化疫情防控要求及智慧旅
游管理。部分景区的夜游亮化工程暴露出套路化、形式化等问题，缺乏特
色，夜间公共卫生和治安管理难以保障。部分红色旅游景区通信、住宿、
餐饮等条件尚未达到国内现代化旅游的标准，且随着红色旅游逐渐年轻
化，缺乏符合顾客个性化需求的服务。同时还存在民宿行业服务标准不
一、卫生问题频发、配套设施简陋；汽车露营地、汽车旅馆等住宿新业态
的服务水平参差不齐；室内游乐项目安全防范不足、研学旅游形式单一、
康养旅游服务专业化水平较低等问题。游客满意度是评价旅游新业态服务
质量的关键，除了要不断完善硬件服务，做足 "功课"、打牢根基之外，
柔性服务、公共服务品质也需要不断提升，推动新业态发展步履矫健、行
稳致远。

（二）旅游新业态产品质量有待提升

目前，全省旅游新业态产品相对匮乏，其在发展速度、数量和质量、效益等方面仍存在较多问题。旅游新业态产品开发层次低，产品体验性、创意性欠佳，文化内涵缺乏，同质化严重，规模较小，资源整合存在障碍，综合竞争力不强，在全国难以形成集聚品牌效应。旅游新业态链条有待进一步延伸，VR虚拟旅游、工业遗产游、云端智慧游等新科技应用旅游产品缺乏，工艺文创设计产品、旅游衍生品、旅游商品等开发严重不足。受疫情影响，群众消费习惯发生改变，居家线上娱乐消费增多，现场消费需求减弱，相较于团体型、聚集型旅游新业态项目，群众更偏好于定制型、散客型、小团型、在线型的电竞酒店、K歌餐厅等新业态产品项目，传统旅游新业态产品面临巨大挑战。旅游新业态产品供给与消费结构升级的矛盾依然比较突出，休闲度假产品供给严重不足，人均消费水平不高，产业附加值有待提升；康养度假旅游产品、夜游产品、冬季旅游产品和假日高峰期高品质产品供给短缺，与大众旅游时代旅游消费规模持续增长和旅游消费加快升级演变的趋势不相适应。总体来看，旅游新业态对全省国民经济的贡献度还不够高，全省旅游新业态产品在内涵、创新创意、营销渠道、市场细分、业态引爆等方面都有待提升。旅游基础设施和公共服务等还不能与快速迭代和蓬勃发展的新业态体系有机配套，存在一定的滞后。

（三）旅游新业态适应性有待加强

相较全国其他旅游发达地区，河北省旅游新业态产品市场适应性仍有一定的提升空间。全省旅游新业态的蓬勃发展反映了消费升级带来的消费需求变化。后疫情时代，人们对优质服务、优质旅游产品的评判标准并没有变，反而提出更高需求，质量过硬的产品和服务都越来越被消费者需要，这就对旅游新业态的快速发展提出了更高的标准和更严的要求。当前比较突出的矛盾依然是旅游新业态产品供给与消费升级的矛盾，全省的旅游客源主要是本地和周边，旅游新业态产品质量不够高、吸引力不够强、竞争力不够硬，游

客停留时间短，休闲康养度假旅游产品、冬季旅游产品、夜游产品和假日高峰期高品质产品等供给严重不足，人均消费水平不高的问题依然存在，旅游产业附加值亟待提升以便适应大众旅游时代旅游消费规模持续增长和旅游消费加快升级演变的趋势。

（四）旅游新业态经营模式有待创新

近年来，旅游消费需求端的变化已传导至上游供给端。随着中产阶层规模的扩大，新的消费群体推动了旅游业新消费业态的出现，掀起了一轮旅游供给侧结构性改革。从文旅需求端来看，游客需求已经从单一化转向个性化、多样化和细分化。当前，"90后"、"00后"乃至"10后"作为新消费主体的登场，正自下而上地加速着供应链的迭代，消费移动化、需求个性化、目的地IP化、产品细分化的趋势日益明显。产业融合发展过程中缺乏发展互动，导致新业态产品出现不均衡的多产业特征。另外，在融入文旅产品时，缺乏对文化内涵的深入挖掘，也无法为文旅产品创新提供持续的价值。综上，旅游新业态的经营模式仍有待创新升级。例如，不断注入创新内涵，并应用各种高科技设备，由此打造文化与旅游产业融合发展的升级版本。可以通过打造沉浸式体验的文化主题旅游项目，打造出"文化＋旅游＋科技"的发展特色，使人们在旅游景点能够更加直接地对文化故事以及文化产品进行体验，优化观赏体验。还可以打造城市文化体验中心，挖掘城市优秀的传统文化故事，并将衍生品植入其中，搭建现场体验场景，并借助互联网平台传播故事，线上、线下相互结合，形成"IP＋体验＋互联网传播＋衍生品"的发展格局。打造新文创综合体，通过更加完善的服务模式吸引游客，并为地区发展提供经济支撑，发挥出文化与旅游产业的经济促进作用。

（五）产业融合深度广度有待加强

河北省文化旅游发展环境前景较好，但在产业融合的大趋势下，河北省"旅游＋"和"＋旅游"的产业融合发展存在不充分、不平衡，融合深度不够、层次不高等问题，制约了文旅融合进一步的发展；多元化投融资渠道不畅和旅游金融产品创新不足，市场主体决定性作用发挥不足，产业链条偏短，产业融合程度不足，产业融合基础需加强，对其他产业辐射力比较弱，发展质量、效益需进一步提高。

其他产业的发展水平直接影响与旅游产业之间的耦合协调度，造成了旅游与其他产业在融合过程中，产业支撑不足，造成融合层次浅，很难出现引爆点。产业属性和强弱差异导致旅游产业融合目标多样化。产业融合本身重视程度不够，短期内新业态盈利较差产业的属性不同，在进行产业融合过程中的目标也不尽相同。文化产业兼具经济和社会属性，决定了"文化＋旅游"产业融合的部分产品具有很强的公益性，产业发展强弱不同，也会影响产业融合过程中的目标。由于文化产业相对落后于旅游产业，文化资源的挖掘深度与开发广度不够，文化资源保护与利用深度不够，因此文化资源无法有效转化为旅游产业发展所需的融合性资源，最终旅游产业展现出的利益化能力也比较低，导致目前盈利不足。

河北省工业发展水平高于旅游产业，工业发展旅游的目的在于市场品牌形象塑造和国家政策支持。提高工业产品的品牌价值是产业融合的初衷，"工业＋旅游"的直接盈利与否不是企业关注的重点。农业发展水平低于旅游业，相比"农业＋旅游"产业融合的本身发展，众多投资商更看重"农业＋旅游"优惠政策，更注重由此而带来的土地、财政、金融等政策红利。

（六）旅游新业态品牌形象有待塑造

"十三五"时期，河北省推出"京畿福地·乐享河北"旅游品牌，全省旅游市场迎来了快速发展时期。近年来，随着国民经济持续平稳发展，旅游新业态不断涌现，游客需求不断提高，全省在自驾游、康养游、乡村游、文创游、购物游、运动游、海洋游、工业游、研学游、低空游等旅游新业态品牌形象塑造方面，表现出品牌形象不够鲜明、品牌定位缺乏特色、品牌影响力和号召力不强等一系列问题。在旅游市场同质化、竞争白热化的趋势下，实施品牌化战略已成为旅游业发展的主要趋势之一，是新时期、新常态、新思维、新阶段下旅游发展战略的再创新、再定位和再突破，也是一场全新认识、全新推动、全新打响未来旅游目的地攻坚战，具有深远特殊意义。结合当下旅游新业态的特色热点领域，深入挖掘河北文化旅游资源，把握品牌文化底蕴，深度融合文化创意，扩大特色文化旅游的品牌格局，增强"京畿福地·乐享河北"的品牌核心竞争力、吸引力和影响力，全力提升河北旅游的总体品位和旅游新业态的品牌形象。

（七）旅游新业态区域协同有待加强

河北省坐拥京津冀1.2亿人口的核心旅游市场，旅游区位优势显著，旅游需求旺盛，消费潜力巨大，加之京津冀地区由于地缘相亲，文化和历史相近，资源和产业基础相接，其拥有互相融合、协同发展的基础。但在京津冀旅游协同发展方面，三地旅游依然存在诸多问题，尚无法做到高效协同发展，旅游市场一体化程度较低，旅游错位发展不足。特别是与北京相比，河北文化旅游资源在丰度、优度、聚集度上处于劣势，旅游新业态特色不够鲜明，旅游者感知价值偏低，造成了旅游地形象被屏蔽的现象。河北环首都区域旅游资源开发程度不高，基础设施建设有待完善，承接首都旅游接待辐射功能不足，亟须从旅游过境地向区域组合型旅游目的地转变。

因此，利用旅游产业空间流动性消费、综合性强、关联度大、带动性广等特征，河北省在区域协同发展中发挥先行先试、互联互通、先融先合的优势，率先打破行政、行业、产业和市场壁垒，优先促进协同发展的先天优势。做好河北省区域旅游协同发展，打造一个"京津冀带状的旅游区"，打破行政区域，建立利益的平衡机制，在资本、技术、市场、交通、资源等层面达到协同共建共享。打造共建共治共享的旅游环境，让全民共享旅游发展成果。

（八）旅游新业态支撑保障有待强化

在疫情防控进入常态化的条件下，居民文化和旅游消费支出水平在短时间内难以恢复至疫前水平。相较于团体型、聚集型文化旅游项目，居民更偏好一些定制型、散客型、小团型、在线型的文化旅游项目，且对文旅项目的应急响应机制、卫生安全、危机处理能力等给予了更多关注。这些都给既有的文化旅游产业链、供应链带来了冲击与挑战。

对标周边旅游发达地区，河北省旅游新业态发展在资本、人才、科技、大数据、土地、信息等生产要素资源上均存在很大不足，制约着旅游新业态的可持续发展。旅游新业态扶持政策措施力度不够，推动旅游新业态高质量发展的政策支撑体系尚未形成。另外，技术支撑体系自主性较弱，惯性思维、路径依赖、传统办法严重束缚旅游资源开发脚步，对外开放总体水平不高，市场在资源配置中的决定性作用未能充分发挥，部分资源富集的重点旅游新业态项目管理体制尚未理顺；依托互联网、大数据、云计算等现代技术的云端智慧游、3D 实景游、VR 漫游、工业遗产游等科技含量较高的文化和旅游新业态发展不足。

旅游新业态市场体系、政策法规体系和监管体系欠优。文化和旅游产业"合而不融"的状态及各类要素资源在城乡之间难以自由流动的问题尚存；文化和旅游政策法规体系、管理体制与文化旅游新业态的特性尚有诸多不相适应之处。投融资机制不活，产业间接融资、直接融资发展不充分，多元化融资渠道和旅游金融产品创新不足。旅游新业态发展人力资源培育供给不足、引才引智机制还不健全，针对旅游新业态的职业教育和高等教育水平还不高，旅游新业态策划、创意、规划、设计、经营、管理等高层次人才和紧缺人才严重不足，导致文旅融合发展内生力不够，全省旅游新业态高质量发展智力支撑不足。旅游基础设施和旅游公共服务环节补短板任务艰巨。旅游业智能化、信息化的发展远远滞后于旅游新业态的整体发展需要。

三　2021年河北省旅游新业态消费的展望

（一）"十四五"开局年引领新发展

2021 年，是"十四五"规划的开局之年，河北省文化和旅游业将进入新发展阶段。以高质量发展为主线，文化和旅游产品、服务供给更加丰富，消费规模持续扩大，基础设施更加完善，生态文明建设迈上新台阶，为旅游业发展创造良好条件，推进全省旅游业全面复苏和高质量发展正当其时、大有可为。休闲度假已成大势所趋，休闲度假作为人民群众美好生活的重要组成部分，将成为"十四五"期间旅游业转型升级的"引爆点"和"先行者"，并将在未来中国以国内大循环为主体、国内国际双循环相互促进的新发展格局中发挥更大的作用。康养旅游处于大爆发状态，逐渐成为"十四五"期间大众旅游的常态模式之一。乡村旅游因为适应了上班族和城市家庭短期度假的需求，已经成为我国旅游经济一个非常重要的增长点，并正在成为旅游业态发展的一种新趋势。"十四五"期间，全球将迎来新一轮科技革命和产业革命，为旅游业高速增长、融合发展、高质量增长提供了全新的动能，在科技进步和消费升级的双重驱动下，文旅产业或将迎来高速发展的黄金时代。

（二）疫情常态防控引领新模式

2021年，我国将全面进入疫情常态防控新阶段，旅行玩乐方式也有了新风向，这些变化将长久地影响着游客心智，进而给产业带来深远的影响。人们对出游的安全考虑占据了主导地位，近郊游、生态微度假小团队、私家团、定制团等成为主流旅游模式，市场潜力大。预约旅游开启新模式，越来越多的人正在习惯提前规划，做好预约，利用闲暇自由时间出游，提高效率，节省时间。景区直播、线上云游等"智慧旅游"模式作为一种新的旅游方式给人们带来了丰富的文旅体验，同时，越来越多的自媒体在向文旅电商转化，在线上销售地方特产和一些个性化的产品，拉动了消费增长。公共文化空间旅游模式，博物馆、书店、图书馆逐步形成一个新式旅游产业链，让寂静的书店、书馆、博物展览成为旅游资源。2021年，随着疫情防控的常态化，旅游新业态新模式将不断涌现，Volg短视频、旅游直播、夜游经济等创新模式将会带动旅游业的发展和新的消费增长。

（三）"三个重大战略"引领新领域

随着河北省"三个重大战略"的实施，旅游新业态将取得重大进步，2021年是贯彻落实《河北雄安新区旅游发展专项规划（2019—2035年）》的重要阶段，是雄安新区旅游新业态蓬勃发展的重要时刻。随着以清洁化能源游船为代表的生态旅游新业态的出现，白洋淀的生态环境将得到巨大改观。乡村旅游、森林旅游、农业休闲游等新业态将开创全国旅游新标杆。在2022年冬奥会旅游新业态的背景下，第五届河北省旅发大会已成功在张家口市召开，充分发挥冰雪资源特色，倾力打造世界级冰雪旅游目的地，打造国际品质的冰雪运动休闲旅游度假区。2021年是京津冀协同发展进入深化阶段的关键年，河北省将大力发展山水休闲避暑、乡村居住度假、养生养老置业、商务会议会展、体育运动健身等新业态旅游产品，满足京津居民旅游休闲的需求。大力推动冰雪型、文化型、滨海型、温泉型、山地型、草原型、乡村型等旅游度假开发。着力提升旅游小镇、旅游度假区、休闲农庄等新业态景区的品质，以满足京津自驾游、周末游的巨大市场需求。针对京津冀巨大的"老龄化"养老刚需，优先在环首都地区发展一批旅居养老社区、大健康产业园和旅游养老基地。针对京津亚健康人群和大众健康养生需求，建设一批中医药、大健康、温泉、草原、森林氧吧、湿地度假养生区。

（四）消费结构升级引领新需求

2021年，随着我国疫情防控常态化措施的贯彻以及民众恐慌心理的缓解，人民群众追求美好生活的愿望依然强烈，旅游消费将快速实现反弹，消费结构升级趋势将愈发明显，文化和旅游消费更趋日常化，引导了消费者消费结构的升级，也推动了旅游消费的进步。《国务院办公厅关于以新业态新模式引领新型消费加快发展的意见》的颁布实施，对推动旅游业消费起到非常重要的作用，以休闲度假为代表的旅游新业态会在疫情之下释放更大的发展潜力，获得更多的发展空间。疫情导致海外度假受到抑制，国内精品度假将成为出境旅游消费的替代产品,一些瞄准中高收入群体的精品度假项目迎来井喷式发展。疫情过后,由于路径依赖,更多高端旅游休闲度假消费将会留在国内,这将成为我国休闲度假产业升级换代的窗口期。2021 年,人们的旅游需求逐步由注重观光向兼顾观光与休闲体验转变,需求渴望得到进一步释放,对旅游产品的个性化要求越来越高,文化旅游、度假旅游、健康旅游、医疗旅游、体育旅游、休闲农业、山地旅游、乡村旅游等旅游业态将成为持续的消费热点,并与养生、养老、亲子、游学等有机结合,加快催生新产品、新业态、新服务、新模式和新道路。

(五)双循环格局引领新蓝海

党的十九届五中全会提出,要加快构建以国内大循环为主体,国际、国内双循环相互促进的新发展格局,要推动生活型服务业向高品质和多样化升级,加快发展文化旅游等服务业。要坚持扩大内需这个战略基点,加快培育完整的内需体系。旅游业是典型的综合性产业,涉及面广、带动性强、开放度高,具有一业兴、百业旺的乘数效应,是促进国民经济增长的重要引擎,在促进经济高质量发展、构建新发展格局方面,应该也能够发挥更大的作用,做出更大的贡献。在以国内循环为主体的格局下,国内旅游消费活力进一步释放,旅游产业自我循环能力不断加强,畅通国内大循环意味着区域之间的旅游合作进一步增强。河北作为文化旅游大省,具有良好的发展基础和突出的区位优势,应该做好整合、提升和创新三大文章,牵好旅游发展"牛鼻子",充分把握新的发展机遇,利用国内超大规模市场优势,为河北融入双循环发展格局占领先机。通过有效整合要素资源实现优质发展,梳理全省"一盘棋"的发展理念,提升发展境界,促进机制整合、产业融合、城乡联合、人才聚合,引导区域经济社会综合发展,将文化和旅游与乡村振兴、精神文明建设等有机结合,推进旅游整合的顶层设计。通过商业模式的创新,优化产品传播渠道,整合先进技术与资源,实现运营和服务效率的提升,推进共享经济模式、俱乐部模式、众筹模式、个性定制模式和分时分权一体化等新商业模式引领下的文旅融合。推进文旅产品创新,通过挖掘区域文化的特色与亮点，引导市场重点打造一批符合消费需求的研学旅行、中医药健康旅游、体育旅游线路。

（六）新型科技应用引领新业态

2021年，在科技不断进步的背景下，人民对美好生活的向往将更加彰显，文旅新业态将不断产生。新冠肺炎疫情下，"直播"带动高星酒店，自由行将成为新亮点；"景区预约"将成为新习惯，智慧景区得到进一步普及；"租车自驾"将成为年轻人的旅行生活方式；以"沉浸式体验"为代表的文旅项目将成为创新活力强劲、表现形式丰富的新业态之一。通过疫情倒逼，全省将加速实现数字化、网络化、智能化升级，持续打造"云游河北"系列主题活动，以游客的需求为中心，结合当地发展优势开发智能酒店、夜游体验、美食私家团、低空飞行、AR导览、AI伴游、博物馆文创等旅游新业态、新产品。5G、大数据等技术创新将为旅游业装上高质量发展的"智慧芯"，实现数字化转型，激发出更多新思维、新动能和新模式，成为全省旅游业加强抗风险能力、提升后疫情时代市场竞争力的重要手段。

（七）文旅深度融合引领新产品

2021年将成为河北省文旅融合的重点突破期，文化和旅游向纵深融合，将成为支撑河北文旅产业转型升级、带动新型业态释放活力的重要引擎，也是全省旅游业战胜危机、加快发展的有力推手。后疫情时代，享受型旅游消费需求将稳步增长，消费分层加剧，旅游消费大众化与结构分化并存，休闲与观光需求将长期并存，小众旅游市场高速增长，邮轮旅游、房车旅游、户外探险、博物旅行、极地旅游、婚尚旅游、体育旅游、电竞旅游、研学旅游、影视旅游、定制旅游等小众旅游市场遍地开花，长尾效应明显。与此同时，文旅产业消费人群迭代，"90后"及"00后"成为文旅消费主力军，新产品、新业态、新玩法、新模式将层出不穷，"旅游+"和"+旅游"将引发大范围、大规模、深程度的融合，旅游+文创、旅游+直播、旅游+健康、旅游+养老、旅游+地产、旅游+体育、旅游+演艺、旅游+医疗、旅

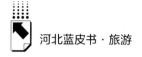

游+农业、旅游+工业、旅游+购物、旅游+教育、旅游+金融将开辟新空间、新路径、新模式。

四 推动旅游新业态消费升级的对策与建议

在经历了2020年新冠肺炎疫情严重冲击的情况下，旅游业经历了前所未有的大考验，与此同时，一系列旅游新动能、新需求、新供给正在逐步形成，满足人民群众的旅游新消费理念、新消费需求，成为推动全省旅游新业态消费升级的关键。

（一）在智慧旅游上下功夫

新冠肺炎疫情期间，5G、人工智能、大数据等"新基建"服务民生，带动消费，得到了最佳检验，"云旅游""云逛店""景区直播"等旅游新业态、新模式发展迅猛，逆势上扬，让旅游目的地从线下走上云端，极大地丰富了居民日常旅游休闲活动，满足了广大游客对内容创造和场景营造的现实需求。通过"新基建"的大力加持，文旅产业将注入科技动力元素，为旅游业向数字化、网络化、智能化发展提供了新的机遇，科技创新正在为旅游业装上高质量发展的"智慧芯"。

疫情进入常态化防控新阶段，"预约旅游""线上游览""智慧景区"也将成为2021年旅游新常态。加快提升全省各类旅游重点区域5G网络覆盖水平，加快5G网络、数据中心、移动物联网覆盖等新型基础设施建设进度，制定出台智慧旅游景区建设指南和相关要求，推动停车场、旅游集散与咨询中心、游客服务中心、旅游专用道路及景区内部引导标识系统等数字化与智能化改造升级，引导旅游景区开发数字化体验产品并普及景区电子地图、线路推荐、语音导览等智慧化服务。推进物联网感知设施建设，加强对旅游资源、设施设备和相关人力资源的实时监测与管理，推动无人化、非接触式基础设施普及与应用。推进乡村旅游资源和产品数字化建设，打造一批全省智慧旅游示范村镇。

（二）在品质提升上下功夫

坚持新发展理念，以高质量发展为主题，以深化文旅供给侧结构性改革为主线，以改革创新为动力，坚持需求导向，聚焦文旅新项目建设、新产品开发和新业态培育，结合旅游新消费需求更趋品质化、多元化和主题化，积极打造更有温度、有品质、有创意的假日文旅消费新产品、新场景。着力深耕"专精特新"细分市场，引领需求升级新动向，加快打造本土高端制造品牌，挖掘"老字号"品牌等传统文化资源价值，加快标准体系建设，引导支持企业持续提升技术和工艺水平，重在培育形成"人无我有、人有我优"的竞争优势，引领旅游产品品质提升。鼓励依托各地方特色优势产业，建设一批特色文化创意产业园区、特色艺术街区，试点打造文化旅游消费集中区。鼓励文创产品研发、工艺美术产品开发，形成文创商店、特色书店、小剧场、文化娱乐场所等多种业态的旅游新业态消费集聚地，不断丰富旅游市场供给，逐步完善吃、住、行、游、购、娱要素齐全的旅游业态。充分利用夜间景观、区位空间、商业设施、特色餐饮、文创产品、非遗展示等优势要素，构建旅游消费产业矩阵，打造夜间旅游经济高地。深入推动"旅游+""+旅游"发展新模式，大力开发培育红色研学旅游、康养度假旅游、冰雪运动旅游、低空飞行旅游、山地户外旅游等旅游新业态，加快打造生态康养基地、自驾营地、通用航空基地等新型旅游龙头项目，全力打造全域全业全民旅游消费新体系。

（三）在消费体验上下功夫

全省各地区要进一步拓宽旅游公共服务信息采集渠道，有效整合文化和旅游、公安、交通、气象等部门的相关数据信息，综合运用大数据、云计算等技术，在平台上及时发布旅游景区实时游客量、道路出行、气象预警等信息，引导旅游资源优化配置。依法依规推动政府与企业间相关数据资源共享。统筹线上、线下旅游资源，强化品牌引领，实施河北旅游宣传推广精品建设工程，鼓励旅游景区、旅游饭店、博物馆等与互联网服务平台合作建设网上旗舰店，实现门票在线预订、旅游信息展示、会员管理、优惠券团购、文化和旅游创意产品销售等方面的功能；鼓励各电商平台拓展"旅游＋地理标志产品＋互联网＋现代物流"功能，扩大线上销售规模；鼓励各地区采用网络直播、网站专题专栏、小程序等线上营销方式，推介乡村旅游重点村镇、中国美丽休闲乡村和乡村休闲旅游精品景点线路。推进旅游厕所数字化建设，实现信息查询、路线导航、意见反馈等功能。完善游客移动支付方案，为旅游消费提供便利。在为老年人等特殊群体保留线下服务的基础上，支持旅游公共服务平台开发专门应用程序和界面，优化使用体验。

（四）在保障措施上下功夫

贯彻落实国家关于促进文化和旅游消费的政策，统筹用好文旅行业应对疫情推动复苏的各项政策。用好各类专项资金、投资基金等，重点对消费试点等予以支持，增加优质消费供给。强化金融服务体系创新，用好多元化、多层次的投融资服务体系，拓宽新消费领域融资渠道，引导新经济天使基金、新经济产业投资基金向旅游新业态消费领域倾斜，设立消费金融专营机构，促进消费信贷模式创新等，为初创型、成长型、成熟型新消费企业提供个性化投融资服务。

降低旅游新业态消费领域市场准入门槛，持续优化行政审批流程，完善市场信用监管体系，营造公平竞争的市场环境，打造创新生态，创优营商环境。同时构建新消费企业梯度孵化体系，施行分层分级、精准施策，广泛吸引国内外行业龙头企业、机构、人才等，对符合河北省旅游新业态消费发展方向的瞪羚企业、小巨人企业给予资金扶持，进一步提振企业信心，让新消费企业更加有获得感。将符合条件的企业纳入新经济梯度培育企业库，加强招引培育新消费企业，并支持新消费产品供给、模式创新、技术支持等平台型企业的发展。

建立健全衔接事前、事中、事后全监管环节的新型监管机制。运用旅游监管服务平台、文化市场技术监督与服务平台、大数据技术实现精准监管。健全部门联合执法检查工作机制，严厉打击违法违规经营行为。加强对列入文化市场、旅游市场"黑名单"的市场主体和从业人员实施联合惩戒，不断提升游客满意度。

参考文献

郭娜等：《中国国内旅游发展报告2020》，中国旅游研究院，2020年9月14日。

《2020年上半年中国国内旅游市场景气报告》。

《2020年下半年中国国内旅游市场景气报告》。

《河北省旅游高质量发展规划（2018—2025年）》。

《〈关于河北省文化和旅游产业恢复振兴指导意见〉的补充通知》。

《河北省人民政府办公厅关于以新业态新模式引领新型消费加快发展的实施意见》（冀政办字〔2020〕198号）。

杨元珍：《"双循环"发展格局探讨之走出旅游发展困局的有效途径》，《中国旅游报》2020年9月25日。

李嘉倩：《疫情常态化之下旅游业发生了哪些变化?》，《海报新闻》2020年11月21日。

牛天娇：《河北省民宿行业发展现状及策略研究》，《旅游纵览（下半月）》2017年第5期。

付璐：《体验导向型红色旅游开发问题探讨》，《社会科学家》，2020。

刘文萍等：《我国夜间旅游发展的问题和对策分析》，《内蒙古财经大学学报》，2020。

郑自立：《直面不足切实发展文化旅游新业态》，《光明日报》2020年10月12日。

赵媛媛：《产业融合视角下河北省旅游产业转型升级发展研究》，《农村经济与科技》2017年第8期。

彭灵芝：《湖南乡村旅游供给侧改革对策研究》，2017。

消费环境篇

Comsumption Environment

B.6
河北省旅游现代治理能力提升对策研究

蒋清文 *

摘　要： 区域旅游高质量发展离不开旅游现代治理能力的支撑，持续推动旅游现代治理能力提升，影响深远，意义重大。旅游治理能力建设要坚持问题导向和目标导向，围绕高质量发展、旅游营商环境建设等关键领域持续发力，以满足人民的美好旅游生活为目标，充分调动政府、市场主体、社会组织、公众等的能动作用和积极性，推动河北省旅游现代治理能力不断取得新突破。

关键词： 旅游治理能力　高质量发展　旅游营商环境

---

* 蒋清文，中共河北省委党校（河北行政学院）副教授，主要研究方向为旅游开发与管理、区域发展。

一 治理能力现代化与旅游现代治理能力

（一）治理能力现代化的内涵

推动国家治理能力现代化是全面深化改革的总目标，是应对国内外新形势、新变化的内在要求。治理能力现代化的提出体现了鲜明的问题导向和实践特征。"治理"与"管理"相差一字，内涵却有显著区别。"治理"是特定范围内各类权力部门、公共部门、社会组织以及公众等相关主体的平等参与和协商互动。治理能力现代化的目标是实现良好的治理秩序和治理结果，这就需要较高的政府和社会治理效能。"治理"着眼于提升社会参与度，强调各类主体充分发挥各自的作用，突出各类组织平等参与的机会。"治理"落脚于提升人民幸福感，尤其强调公众的民生权益和福祉。"治理"着力于激发社会参与热情，建立共治平台和机制，调动社会广泛参与的积极性。

（二）旅游现代治理能力的内涵

提升旅游治理能力需要在更宽领域、更深层次上持续提升政府、市场主体、行业组织、游客等的参与度和治理效果。一是推进旅游管理职能改革创新。旅游业兼有事业属性和产业属性，政府在旅游业发展中发挥着主导作用。根据文旅融合和"双循环"新发展格局要求，加快转变旅游管理部门职能，建立与时俱进、职责明确、运行高效的旅游治理体系。深入开展旅游领域简政放权，统筹协调好"放"与"管"的关系，跟上发展步伐，加快补齐制约新产业、新业态成长的政策短板。培育良好的市场秩序，推动旅游营商环境持续改善。探索建立权责清单制度，努力实现权责统一、权责对等，提高工作效率，改进工作效果。二是充分调动市场主体的积极性。改革开放四十多年的经验证明，高效活跃的市场主体是经济持续发展的重要基础，竞争力强的市场主体是产业高质量发展的重要支撑。旅游业具有综合性强的特点，涉及产业领域广、企业数量多，在当前加快形成强大的国内市场的背景下，旅游消费被寄予厚望，旅游投资成为热点领域，市场主体在旅游产业发展中的分量也更重了。旅游服务质量是旅游业的生命线，市场主体的运营管理水平是决定服务质量的关键因素，市场主体的质量、活跃度和品牌影响力等因素是衡量旅游治理能力的重要标准。三是强化行业组织的服务功能。行业组织是行业的代表，是行业发展的先锋，是沟通政府与市场的媒介与桥梁，具有不可替代的独特作用。行业组织有明确的行业服务功能和工作重心，服务是行业组织存在的意义和价值，发挥好行业组织的功能，关键在于加强行业服务能力建设。四是游客的旅游文明程度显著提高。游客的旅游文明是一面镜子，不仅是个人素养的直接体现，也是反映社会文明程度的一个重要标志，关系到国家与民族的尊严和形象。提高旅游文明程度是精神文明建设的重要组成，应把文明旅游融入公民道德建设和文明创建工程等工作中，深入开展"四史"教育，尊重历史，敬畏自然，培育文明旅游风尚。文明旅游既要强调自身素养的提高，也要强调文明规范的约束力，借鉴新加坡等国家的成功经验和做法，加大对不良旅游行为的惩罚力度，培树良好旅游风尚。

二 提升旅游现代治理能力的重要意义

提升旅游现代治理能力对于推动旅游业高质量发展具有重要意义。一是优化旅游营商环境，激发市场主体新活力。强化市场意识，树立市场观念，规范市场秩序，有利于健全旅游要素产业体系，培育壮大上下游产业链，提高旅游产业对社会资本的吸引力，推动优质企业成长，使企业素质更强、产业效益更佳、服务质量更高。二是释放旅游消费潜力，助力形成"双循环"新格局。提升旅游治理能力有利于加快民宿、文创、度假等新业态发展，促进旅游餐饮特色化发展，培育特色美食街、特色小吃等新业态产品，健全旅游商品供给体系，为游客提供种类更加丰富、质量更高、更具文化内涵的旅游商品，增强旅游消费动能。三是统筹区域旅游发展，提升全域旅游片区质量。统筹区域旅游发展有利于整合区域品牌项目，打造精品线路，凝聚区域发展优势，从"鸡犬相闻却不相往来"到"抱团取暖共谋发展"，在合作中彰显自身亮点，培育自身强项，实现"各美其美，美美与共"的区域旅游整体发展格局。四是深化市场监管改革，优化旅游供需环境。有力的市场监管和良好的市场秩序，是规范市场发展、提升游客满意度的基础保障，也是依法治旅的内在要求。加大对"低价游、零负团费"等违法违规市场行为的检查与惩处力度，有利于推动旅游产品和服务质量提升。加强安全隐患排查，强化安全意识，开展安全培训与警示教育，有助于消除潜在安全风险，创造安全旅游环境。

三 旅游治理能力提升的启示与经验

（一）城市营商环境与旅游收入的高相关度

营商环境与旅游发展存在高度的正相关关系。通过对比 2019 年全国营商环境与旅游收入排前 10 名的城市，发现重合率达 70%，双双入选前 10 名的有北京、重庆、上海、成都、广州、杭州和南京 7 个城市，另外两个入选旅游收入前 10 名的城市武汉和西安，其营商环境分别列第 12 位和第 14 位，营商环境排名也较靠前，旅游收入排前 10 名的城市中，只有贵阳的营商环境列第 26 位。北京等城市重点围绕企业需求促改革、规范市场强服务、智慧政务提效率、减税降费注活力、全球视野高标准等方面大力度改善营商环境，营造了良好的市场氛围，旅游产业作为市场化程度高、综合性强的产业，受益颇丰，取得骄人的发展成绩。贵阳近年来围绕世界旅游名城建设，在行政审批、行业指导等方面大力改革，实现了旅游营商环境明显改善，另外，还创新开展"痛客行"活动，针对市场突出问题，主动出击，积极净化市场环境。通过一系列大刀阔斧的营商环境改革举措，贵阳旅游发展成功实现"逆袭"，一举挺进全国城市旅游收入前 10 名。从上述城市的发展经验可知，良好的营商环境是旅游产业高质量发展的必要条件，也是高水平治理能力的直接体现。这些好经验、好做法不仅可以为河北省持续优化旅游营商环境提供借鉴，还可以带给我们更多的思考和启发。

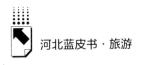

（二）正定古城旅游公共服务改革创新

正定古城旅游公共服务改革创新充分体现了当地政府勇于解放思想促改革，敢于突破常规谋发展的高超治理能力和治理智慧。正定县借助旅发大会和古城风貌恢复提升工程，积极推进停车场和旅游厕所等旅游公共服务改革创新，为古城旅游实现跨越发展提供了有力的公共服务保障。正定将古城内所有停车场和政府机关单位内的停车位免费向游客和当地居民开放，解决了停车难的突出问题，同时对路边停车位进行人性化改造，抹平路肩，以方便居民和游客路边停车。除了停车问题，正定古城还深入推进旅游厕所革命，在古城内重要的游客集散节点，新建了一批设施完备的旅游厕所，并免费向公众开放，将城区内所有机关、社会团体的内部厕所也纳入厕所开放共享体系。正定古城围绕停车场、旅游厕所等方面大力度地改革创新，破解了旅游发展的痛点，一流的旅游公共服务成为正定古城旅游的金字招牌。这一系列改革创新让当地居民和游客有了实实在在的获得感和幸福感，充分体现了以人为本的治理理念。

（三）陕西袁家村通过发展乡村旅游实现乡村振兴

袁家村乡村旅游的巨大成功得益于其对地方特色文化恰当的保护传承和利用，得益于其遵循了乡村旅游发展和乡村振兴的客观规律，这一切源于袁家村有力、科学而高效的乡村治理能力。袁家村位于陕西关中平原，通过乡村旅游发展，实现了乡村振兴，成为各地争相学习和模仿的对象。袁家村乡村旅游取得的巨大成功主要得益于其科学的乡村治理模式和高水平的治理能力。袁家村拥有较强领导力和凝聚力的党支部队伍，建立了"公司＋合作社"的市场化运营方式，通过村民全体入股、交叉入股合作社，让村民成为发展主体，合作社成为创业的共享平台，充分调动农民干事创业的积极性。袁家村不仅是一个旅游目的地，更是一个真实的生活场景，它十分注重对关中文化原汁原味的传承和展示，游客在这里可以体验到生活气息浓郁的乡村旅游。袁家村能够保持发展定力，久久为功地聚焦产业发展和品质提升，既让广大村民全面参与、充发分享发展红利，也十分注重集体经济建设，持续壮大内生力量，以乡村旅游为切入点，以农民为主体，推动"三农"工作不断取得新成就。

（四）河南修武"美学经济"引领产业升级

"美学经济"使河南省修武县城乡发展环境和项目建设有了质的飞跃，使修武旅游发展的比较优势更加突出，成为县域治理创新的生动实践。修武县位于河南省太行山南麓，是传统的山区县，科技产业基础薄弱、禀赋不足，不具备走科技驱动产业升级发展的优势，但拥有悠久而深厚的历史文化积淀、优质的山地景观和良好的自然生态环境。知名景区云台山位于境内，是修武旅游业发展的龙头，但云台山又不足以支撑和主导全县经济转型升级。在发展探索过程中，修武逐渐找到驱动全县产业升级的动力——"美学经济"，并将美学向党建、文旅、农业等领域延伸，打造了一批类型多样、遍布城乡、形式新颖、效益突出的"美学经济"项目。修武以"美学经济"为核心动能，让全县软硬实力得到明显提升，为县域经济特色化发展探索出新的道路和方向，全域旅游发展也实现新跨越，年接待游客量超千万人次，两日以上游客超半数，旅游消费拉动效果明显，全县25%的贫困人口通过旅游发展实现了脱贫。"美学经济"加快了修武产业升级，改善了修武发展环境，推动修武跻身河南省县域经济发展"第一方阵"。

四 河北省旅游治理现状分析和能力评价

建设旅游强省需要现代化的旅游治理能力作为前提和保障。近年来，河北省旅游治理能力和效果取得较大程度提升，这也是旅游业得以迅速发展的重要原因。随着旅游治理体系逐步完善，旅游治理结构日趋优化，旅游治理能力也得到明显提升。当前，全域旅游和大众旅游时代已经到来，旅游需求呈现出多样化、个性化特征，进入新时代，旅游业面临的内外形势和时代所赋予的使命担当都是前所未有的，各种复杂因素交织叠加在一起，对河北省旅游治理也提出了新要求、新挑战。河北省能够根据新形势、新任务、新要

求适时加强旅游治理能力建设，在旅发大会、全域旅游创建、旅游营销等方面取得了有目共睹的发展成就，赢得了广泛认可。但改革创新无止境，尤其是在旅游营商环境建设、激发市场主体活力、释放旅游消费潜力等方面还需向发达省市看齐，加强相应治理能力建设，以更大的改革开放力度，推动治理能力跟上时代步伐，为旅游强省建设提供更有力的治理保障。

五　河北省旅游治理存在的问题与挑战

一是旅游发展理念和意识需要进一步深化。各地政府十分重视旅游业在经济社会发展中的作用，但对旅游业的认识还需进一步提高，应对旅游发展的可持续性和就业拉动作用给予更多关注，更加重视项目的社会效益和生态效益。针对个别地方存在的过于追求短期成效、忽视旅游业固有特点等认识偏差，应及时纠正，避免潜在风险。二是旅游高质量供给体系还不完善。旅游供给规范化、标准化整体水平还不高，品牌化建设不足。旅游供给结构有待优化，观光类产品占比较大，同质化问题突出，优质度假类产品供给不足；旅游供给质量有待提升，住宿、餐饮、购物等要素支撑力不强，旅游供给与人民的美好旅游生活需要之间还有一定差距。三是文旅融合深度有待加强。河北省文化资源积淀深厚，拥有丰富的红色资源和多处世界文化遗产。但资源优势还未充分转化为产业优势和发展优势，世界级的资源还未培育成一流的文旅项目和品牌。成熟的文化演艺项目还较少。河北文旅发展能否在新发展格局大背景下实现做强目标，主要取决于旅游业转型升级的力度，取决于产品和服务质量与市场需求的匹配程度。

六　河北省旅游现代治理能力提升的对策建议

（一）改革创新党政统筹方式，持续优化旅游工作机制

一是改革完善党政统筹工作机制。以旅游强省建设为目标，以全域旅游

创建为抓手，各地应科学全面地认识旅游工作的重要作用，加大旅游发展统筹力度，完善与上级政府或相关部门沟通协调机制，帮助旅游部门解决旅游发展中遇到但无力解决的新问题、新瓶颈。二是深化旅游治理机制改革。持续推进旅游与交通、国土、城建、农业农村等部门的合作与协调。加快探索建立更加适应全域旅游和自驾游时代的交旅合作机制，加大"四好农村路"等交通建设与旅游发展的协同推进力度；加强与国土部门衔接，对属于贫困地区帮扶性质、就业效应突出的重点旅游项目给予用地指标倾斜，推动点状供地等旅游用地制度改革创新；与城建和农业农村等部门协同推进旅游功能设施完善和农村建设行动。

（二）树立正确的旅游发展观，聚焦旅游产业发展壮大

一是深化对全域旅游发展的认识。发展全域旅游务必做到因地制宜，在项目打造上要充分重视区域资源禀赋、区位等因素的影响。全域旅游发展要有循序渐进的过程，从"重要节点"到"重要景观廊道"，再到"网络式区域覆盖"逐步推进。要量力而行地进行全域旅游谋划和投入，不让全域旅游发展成为地方政府沉重的负担。二是坚持民生导向和就业导向，推进全域旅游发展。全域旅游要实现社会效益和经济效益相统一，把民生和就业放在更加优先的位置，不仅要打造优质项目，更要注重改善城乡基础设施和公共服务，积极发展就业优先产业，杜绝形象工程。三是健全完善"共栖型"旅游产业体系。促进旅游要素产业集群化发展，整合文化、电商等相关业态，引导资源和要素向重要节点集聚，构建相关产业积极融入、广泛参与、良性互动的"共栖型"产业格局，推动旅游产业体系化发展，夯实旅游业高质量发展的基础。

（三）推动旅游业高质量发展，助力构建新发展格局

一是推动旅游业供给侧结构性改革。加快度假旅游项目发展，推动传统景区提档升级，减小门票收入占比，增加相关产业要素消费收入，由"我有什么你购买什么"的供给导向"你需要什么我提供什么"的需求导向转

变，从"有没有"向"好不好、优不优"转变。加快环首都旅游圈高质量发展，推出一批高品质度假项目、龙头景区，带动全省旅游产业转型升级。以创新驱动、高质量供给引领和创造新需求、新消费，加快形成"双循环"新发展格局。二是统筹协调标准化和个性化旅游服务。旅游服务标准化是提升服务质量的重要保障，推进重点业态和产品服务标准化建设，同时加强旅游服务标准化宣贯，提升一线工作人员标准化服务意识和水平。在做好标准化工作的同时，也要兼顾游客的个性化旅游需求，统筹好标准化与个性化旅游服务的关系，切实提高旅游产品和服务供给质量。三是促进乡村旅游发展，助力乡村全面振兴。从全国来看，乡村旅游人次已经超过旅游总人次的一半，在食、住、购等要素消费方面蕴藏着巨大潜力。河北省乡村旅游近几年发展迅速，但产品质量和消费水平整体还不高，需要在乡村旅游业态、产品、服务等方面加大转型升级力度，引领农村三次产业融合发展，增加产品附加值，促进乡村旅游消费，放大乡村旅游富民效应。

（四）立足文旅深度融合，创造新供给满足新需求

一是深挖优秀特色文化的时代内涵，做好以文促旅。按照"宜融则融、能融尽融"的工作思路，重点打造"长城、大运河、红色、皇家、塞罕坝、太行新愚公"等文化旅游品牌，培育一批具有世界影响力的文旅龙头项目。依托历史文化名城等城市旅游资源，打造高等级旅游休闲城市和街区。加快博物馆、图书馆等文化场馆设施旅游化改造，融入旅游元素，丰富旅游业态，打造新的城市文化休闲旅游目的地。支持开发具有良好生产价值和市场价值的文创旅游商品。把文旅融合与巩固脱贫攻坚成果紧密结合起来，把文化资源变成精准帮扶和富民增收的经济动能。二是加强创造性转化和创新性发展，做好以旅彰文。长城、大运河等优秀传统文化资源经过千百年的积淀，仍具有较强的时代价值和生命力。充分挖掘长城、大运河所蕴含的家国情怀、畿辅文化等时代价值，打造燕赵文化符号，让优秀传统文化重焕时代光芒。提炼升华长城文化、皇家文化、运河文化、红色文化、塞罕坝和太行愚公精神等资源的时代精神，以旅游为窗口，讲好中国故事。

（五）扎实改善旅游营商环境，加快产业发展

一是聚焦行业诉求，扎实改进营商环境。聚焦行业发展诉求，持续推进"放管服"改革，为旅游投资企业营造良好的营商环境，提高河北旅游投资吸引力；在疫情防控常态化和稳就业、保就业的背景下，为旅游企业提供更贴心、更有力的金融服务，支持旅游企业缓解资金和用工问题，及时帮助企业排忧解难。对录用贫困人口或为贫困人口创造就业机会的企业和农村经济组织给予一定奖补。二是推动行业组织市场化规范化发展。推进行业协会去行政化，借鉴国外行业协会发展经验，建立以市场为主导、以企业为主体的行业组织，积极发挥行业组织在产品开发、宣传推广、市场开拓、行业自律等方面的重要作用。政府要对转移给行业组织的职能事项进行必要指导，支持行业组织引入竞争机制，提高行业组织服务质量。

（六）适应疫情防控常态化，创新旅游消费提振举措

一是增加优质夜旅游产品供给。加大品牌夜旅游目的地存量项目质量提升力度，对现有餐饮、住宿、购物等项目加强统筹管理，确保良好的产品质量和消费环境。增量项目要优中选优，重点培育实景演艺、文创等新业态产品，用优质产品和服务留住游客，留住消费。支持城市周边、重点旅游目的地等具备条件的地方积极开发夜旅游项目，同时强化公共交通、市场监管、安保等夜旅游保障措施。二是采取阶段性特殊举措广泛吸引省内外游客。以县（市、区）为单位，根据游客在当地食宿、购物等旅游消费额度，向游客赠送一定价值的地方特色物产。实施支持国有景区免门票、鼓励民营景区减免门票的优惠政策，对实施门票减免的景区给予相应奖补。对在河北省旅游的省内外自驾游客，实施减免省内高速费用的政策。三是充分释放旅游购物消费潜力。支持各地相关企业、农民合作社、家庭农场等市场主体推出主打特色产品，加强特色物产生产、销售的组织化程度，打造品牌旅游商品体系，增加优质旅游商品供给，为促进旅游消费提供稳定的货源支撑。

（七）借数加速，推动旅游业数字化转型

一是积极发展线上旅游内容生产新模式。推动旅游业与网络直播、短视频等在线新经济相结合，生产优质数字内容。发展旅游直播、旅游带货等线上内容生产新模式，培育具有正能量的流量达人，支持其为家乡旅游发展代言，推介旅游资源和特色物产。二是创新丰富数字化旅游产品供给。支持景区、城市休闲街区、主题公园、城市公共休闲空间项目等融入地方特色文化，利用数字技术，开发以地方特色文化展示为核心，以数字技术为亮点的沉浸式旅游演艺、音乐喷泉等数字化旅游产品，开发过程中要充分认识到技术是手段，地方优秀文化的挖掘和展示才是核心，不能本末倒置。三是加快培育数字化旅游消费生态。充分利用数字化便捷高效的优势，支持各类旅游市场主体开通线上销售业务，全面提升数字化预约能力，推广电子票、云排队等网络消费新方式，培育数字化旅游消费环境，为游客提供更加便捷高效的旅游服务。

（八）强化旅游窗口作用，引导文明旅游新风尚

一是将文明旅游作为提高社会文明程度的重要内容。旅游文明是衡量社会文明程度的重要标准。在大众旅游和互联网时代，不文明旅游行为会被放大，从而产生更大的负面影响，甚至损害国家民族形象。应将文明旅游纳入文明创建工程，纳入新时代文明实践中心工作，使之在更基础的精神文明建设层面得到强化。二是旅游企业加强文明旅游宣传。引导旅游企业和组织利用宣传标语、宣传画、短视频等形式，创新开展"文明旅游出行""杜绝餐饮浪费"等主题宣传活动。动员旅游从业人员担当起文明旅游宣传和监督责任，促进文明旅游意识提升。支持旅游企业开展文明旅游积分等活动，激励游客成为文明旅游志愿宣传者，提升自己，影响别人，引导培养全社会文明旅游习惯。三是加大对不文明旅游行为的惩处力度。依法严厉惩处不文明旅游行为，利用新媒体等手段加大对不文明旅游行为的曝光力度，全方位提高不文明旅游的成本代价。

（九）推动旅游综合执法改革创新，提升监管成效

一是持续推动旅游综合执法改革创新。加快旅游综合执法改革创新步伐，加强更加适应全域旅游发展趋势的综合执法建设。严格查处"宰客"、虚假宣传等重点违法违规旅游经营行为。建立旅游投诉统一受理机制，创新微信、微博、短视频等投诉监督平台，完善线上旅游投诉受理、处理和反馈机制，提高投诉处理效率和公开度，营造舒心贴心的旅游市场环境。二是强化旅游安全意识和预防措施。定期组织开展系统性的旅游安全风险检查评估，把隐患消灭在萌芽状态。加强对旅游客运车辆、景区索道、游乐设施等重点领域及环节的监督检查，防患于未然。组织涉旅企业、个体经营户等组织和人员开展旅游安全警示教育活动，强化全行业安全意识，绷紧旅游安全弦。

参考文献

《中共中央关于制定国民经济和社会发展第十四个五年规划和二〇三五年远景目标的建议》。

马庆钰：《如何认识从"管理"到"治理"的转变》，《人民日报》2014年3月24日，第7版。

俞可平：《国家治理体系的内涵本质》，《理论导报》2014年第4期。

刘庆余：《从"旅游管理"到"旅游治理"——旅游管理体制改革的新视野》，《旅游学刊》2014年第9期。

蒋清文等：《河北省旅游产业集群发展研究》，《合作经济与科技》2018年第6期。

郑永年等：《顺德实践：中国县域发展范本》，中信出版社，2019。

张洪昌：《新时代旅游业高质量发展的治理逻辑与制度创新》，《当代经济管理》2019年第9期。

B.7
优化营商环境助推河北旅游消费升级

武韶瑜*

摘　要：　长期以来河北省旅游产业发展主要依赖投资和要素驱动，创新驱动和制度驱动略显不足。由于疫情冲击，旅游企业陷入深度的财务和经营危机，亟须政府扶持。另外，旅游消费需求不断向定制化、个性化、品质化发展，倒逼旅游产业进行供给侧改革，因此河北省亟须深化体制机制改革，优化营商环境，通过行政力量与市场主体深度协调来突破旅游产业发展的制约瓶颈。本文通过走访调研发现河北省旅游企业复产仍然面临着较大的资金压力，相应的政策扶持力度和落地情况并不理想。多头监管、"一山多治"等管理问题严重制约着河北旅游企业的发展。针对上述问题，本文通过深挖背后的原因，提出相应的对策建议，同时为河北省深化营商环境改革提供新思路。

关键词：　河北省　营商环境　"放管服"改革

一　良好的营商环境对旅游消费升级的重要意义

（一）营商环境的概念界定

营商环境的概念最早由世界银行提出，是通过企业开办、获得电力、办

＊　武韶瑜，河北省社会科学院社科信息中心助理研究员，主要研究方向为产业经济。

理施工许可证、执行合同、保护少数投资者等指标来评价企业在开设、注销、纳税、经营等方面所需要付出的成本和时间等。其衡量的是一个国家或地区经济政策的自由度和便利度，目前该定义在世界影响最为广泛。十八大以后，随着"建设法治化营商环境"目标的提出，"营商环境"在国内引起了高度关注。中央从顶层设计方面不断为营商环境注入新的内涵，国内学者对营商环境的研究方兴未艾，目前对于营商环境的概念尚未形成统一的共识。

营商环境是一个综合性的概念，不同的研究从不同的角度来定义，有的研究从与企业经营活动直接相关的部分来定义，如行政审批效率、融资便利度、税收环境、政策稳定性等；有的研究还包含与企业经营非直接相关的部分，如当地教育水平、基础设施建设、人文环境等。营商环境涉及企业生产经营的全周期，难以全面列举出包含的所有要素和内容。而优秀的城市营商环境一般具有以下的共同特点：高效透明的政务环境、良好的制度环境、公平公正的法治环境、有序的市场竞争环境、优良的投资环境、完备的要素供给支撑、充分的资源流动性、功能完善的设施环境等。本文营商环境研究针对的是河北省近几年持续推动的简政放权、放管结合、优化服务改革，即"放管服"改革所涉及的营商环境因素，主要集中在政府管理体制机制层面，包括体制环境、制度环境、政策环境、服务环境等方面。

（二）良好的营商环境是旅游消费升级的必要支撑

河北省拥有丰富的旅游资源，随着旅发大会的开展、全域旅游的统筹推进以及冬奥会的承接，河北省旅游产业发展势头迅猛，旅游总收入逐年攀升。但产品创新程度和目的地接待水平相对滞后，发展方式还比较粗放，发展质量不高，难以应对日益增长的品质化消费需求。突如其来的新冠肺炎疫情又使旅游行业经历了一场前所未有的寒冬。河北省旅游企业全面落实了中央的"暂停"决策，整个行业损失惨重，在当前复产过程中，普遍面临着资金困难问题。

随着居民人均收入的提升、交通条件的改善、全域旅游的推广、"90

后"新消费群体的崛起，旅游消费升级趋势明显，对旅游产品供给提出了更高的要求。一方面表现为人均消费持续走高，品质化追求明显。携程网数据显示，高端跟团游的消费占八成以上，游客更注重星级酒店、高品质的服务和体验；另一方面表现为消费结构的转变，从物质消费向服务消费转变，从传统的观光游向休闲度假游、亲子游、周边游等注重参与感和体验感的旅游方向转变。呈现出体验化与休闲化、品质化与中高端化、个性化与多样化、散客化与自助化等诸多特征。加之疫情原因使出境业务受到很大影响，中国出境游用户正在回流国内市场，对国内中高端旅游度假消费也提出了更高的要求。

旅游消费升级的大趋势要求河北省必须加大力度推进旅游产业供给侧改革，培育新业态、新模式，不断地优化供给。要做强市场主体，尊重市场规律，营造宽松良好的营商环境，不断激发市场的活力，厚植企业发展的沃土。目前营商环境已成为地区竞争力的核心要素，曾经的抢政策、拼资源、要倾斜、比区位，已变为"环境决定成败"。习近平总书记曾经强调"营商环境只有更好，没有最好"，要"以优化营商环境为基础，全面深化改革"。中央在多次会议中强调，要把进一步优化营商环境作为促进高质量发展、应对复杂形势的重要举措。历史的机遇要求河北省必须持续深入地优化营商环境，规范旅游市场秩序，提供创业创新的良好政策和制度环境，使创新和制度对产业驱动作用发挥效力，打破旅游产业的发展障碍，丰富产品供给，提升服务质量，进而助推河北旅游消费升级。

二　河北省旅游营商环境现状

（一）河北省持续深入推进营商环境改革

1. 河北省高度重视营商环境改革，着力加强顶层设计

河北省委、省政府高度重视营商环境优化工作。"十三五"期间，河北省持续深化"放管服"改革，着力加强顶层设计和引领推动，推出一系列

"放管服"改革"组合拳",将改革向纵深推进,着力打造一流的国际化营商环境,激发经济高质量发展新动能。2016年河北省大力推进行政审批制度改革,取消和下放122项省级行政审批事项,全面推行"多证合一、一照一码"。2017年全省实现了行政审批局全覆盖;全面推行"三十八证合一";发布了创制性法规《河北省优化营商环境条例》,为改革提供法治保障。开展全省营商环境集中整治工作,并出台了行动总体方案,掀起了河北省营商环境改革的高潮。2018年实现了"五十证合一",走在全国前列;开展"双创双服"活动,实行了干部帮扶企业的责任制度;推出了40条政策促进民营经济高质量发展;印发2018年至2022年深化"放管服"改革的五年行动计划,以更大决心和力度推进"放管服"改革,打造更强区域竞争力。2019年聚焦企业办事的痛点、堵点和难点问题,再次开展营商环境专项整治工作,提出了"三六八九"工作思路,"优化营商环境的硬仗"名列其中。2020年河北省深入学习上海和北京的先进做法,对比自身寻找差距,出台了相应政策,加大力度补短板;全省开展"三创四建"活动,将建设一流营商环境体系作为建设经济强省主要任务之一。五年的实践,河北省营商环境得到了极大改善,办证多、办事难等现象大为减少,多重审批和乱收费的现象基本得到控制,众多机制性的阻梗被攻破,许多"堵点""难点"被打通理顺,有效地解决了一批结构性矛盾。

2. 河北省旅游营商环境逐步提升

河北省委、省政府高度重视旅游产业发展,通过创新体制机制,加速旅游业动能转换,使政府从被动服务向主动引领转变。出台了旅游产业发展的"1+2+8"政策支撑体系,即一个规划(旅游业"十三五"规划)、两个意见(旅游业发展体制机制改革的意见和实施旅游产业化战略的意见)、八个专项行动计划(全域旅游示范区创建行动、新业态新产品建设行动、云建设行动、乡村旅游提升与旅游精准扶贫行动、人才队伍建设行动、基础设施提升行动、旅游服务质量全面提升行动、品牌建设行动)。健全旅游产业发展的顶层设计,促进旅游产业高质量发展。

出台河北省智慧旅游三年专项行动计划,通过"一部手机游河北"项目推进旅游产业信息化建设，完善河北旅游大数据中心建设，推动智慧景区建设、推进旅游与互联网产业深度融合，促使旅游监管能力和服务能力稳步提升。

政府和企业同台参与市场竞争是旅游行业的一大特点，河北省政府通过提升公共服务、各项政策和优惠活动拉动旅游消费、针对企业的扶持政策、宣传推广、厕所革命等方式提升河北旅游目的地竞争力。连续五年开展高规格旅发大会，疫情期间出台系列政策支持旅游企业复产，对旅游业发展产生了积极的推动作用，河北旅游产业发展被提到了新的高度。

（二）河北省旅游营商环境亟须进一步优化

2020年6月，中央广播电视总台编撰出台了《2019中国城市营商环境报告》，报告首次公布了全国36个代表城市的综合排名榜和人力资源、基础设施、金融服务、普惠创新、政务环境五个维度的细分排行榜。对比上年度的营商环境报告可以看出，我国整体营商环境有了质的提升。石家庄代表河北省，综合排名为第29名，得分为72.34分，最高分为93.67分，与北京、天津差距很大，具体细分排名如表1所示。

表1　河北省（以石家庄为代表）营商环境排名

分类	综合排名	总分	最高分
营商环境（综合）	29	72.34	93.67
基础设施维度	29	68.31	93.29
人力资源维度	32	67.10	94.01
金融服务维度	35	78.38	95.26
政务环境维度	15	77.77	94.30
普惠创新维度	17	70.94	92.66

资料来源：由《2019中国城市营商环境报告》整理得到。

通过得分和排名情况可以看出，河北省的营商环境改革取得了一些可观的业绩。在全国营商环境整体大改善的背景下，河北的普惠创新维度和政务环境维度分别排第17名和第15名，实现了跨越式的进步，可见河北行政审批制度改革和服务型政府建设的力度和成效。但整体来看，河北省依然与先进省市有不小的差距，综合排名比较靠后，在全国属于中下游。其中金融服务维度和人力资源维度分别排第 35 名和第 32 名，得分分别为 78.38 分和 67.10 分，是河北突出的两个短板。目前"放管服"改革已进入高难区、敏感区、深水区，一些关键的机制性梗阻还没有真正解决，需要下大决心去"动真碰硬"，拿出逢山开路、遇水架桥的务实精神，坚持问题导向，瞄准突出短板，切实推进服务型政府建设，打造一流国际化营商环境。

三 河北省旅游企业面临的痛点和诉求

（一）旅游行业顶层设计亟待健全

1. 旅游业顶层设计脱离实际时有发生

产业的顶层设计是一个产业发展的指导纲领和执行保障，河北省自上到下推出了系列的旅游发展顶层设计文件，但在系列政策疾风骤雨地推行过程中，一些顽固性旧疾再次浮出水面。如河北省有省级层面的旅游规划，各地市有地区旅游规划，有政府花重金聘请外地专家为地区制定旅游发展规划，专家们象征性地走几个景点，顶层设计前期缺乏充分的调研、科学的统筹谋划，忽略了市场承受能力、游客的需求、投资方建设方的承受能力等重要因素，根本落不了地，反而成为旅游产业发展的掣肘。招商项目不能落地、政府投资和社会投资不适配、项目经营出现卡点等问题时有发生，不仅阻碍了旅游产业发展，还使政府公信力受影响。

2. 惠企政策信息分散，宣传解读不到位

2020 年中央和河北出台了大量的惠企政策帮助文旅企业纾困实现复工复产，政策的指引和帮扶对旅游企业来说十分重要，市场主体和社会各界对惠企政策的关注度普遍提高。笔者走访座谈发现，惠企政策发布大多分散在多个政府机构的网站，获取信息有一定的难度。多数旅游企业表示会密切关注惠企政策信息，但政策获取渠道有限、分散且不够及时。有企业表示经常

因为信息获取滞后，错过申报时间。另外惠企政策内容复杂，涉及面广，而政策宣传和后续服务机制不健全，加上旅游产业的中小企业居多，企业家普遍反馈经常遇到不知如何申报或申报流程比较复杂、缺乏详细的指导说明、申报过程耗费的人力、精力较大等问题。由于政策推送机制的缺位，政策的透明度和实际效力大打折扣。

3. 政策稳定性差，落地有折扣

一方面，政策不兑现或打折扣的现象时有发生。据走访调研发现，半数以上企业表示并未享受税收减免政策，仅是延期支付。疫情期间部分地区政府甚至强逼企业提前交税。尤其在招商引资方面，有些地区政府为了政绩，承诺得很好，却不兑现，如修路资金迟迟不到位，或领导更换后原审批的项目变的暧昧不明，使得外来资本负重前行或饮恨退出。

另一方面，政策的预期效应和企业的实际感受有一定的落差。如疫情期间河北省对文旅企业的援助政策规定，对于经主管部门认证后的困难文旅企业，给予3个月水、电、气等费用的缓缴期，缓缴日期不得迟于2020年6月30日；对"确有特殊困难"的企业给予最长不超过3个月的税款缴纳延期扶持。企业表示援助期限太短，惠企力度不够，隔靴搔痒，不能有效缓解企业的资金压力。

（二）疫情之下金融扶持遥不可及

1. 大多数旅游企业达不到金融扶持的标准

调研中不少小企业反映政策看得见、够不着。一方面由于旅游企业自身特点在融资方面的局限性较大。旅游市场面大、量广、点多，产业集中度不高，整体抗风险能力较弱。旅游企业先天小、散、弱，缺乏可抵押的资产和规范的财务制度，创新能力弱、盈利模式不清晰。即便政府帮助银企对接，大多数小微企业也难以符合银行的信贷条件。产业本身就融资困难，加上疫情的冲击，更是雪上加霜。另一方面，河北省当前的不抽贷、断贷、压贷、降息、延期、续贷等金融扶持政策，覆盖到的还是那些本来就符合银行信贷条件或者是处在信用边缘、通过政府增信后符合信贷条件的企业，多数缺乏资产抵押的中小微企业仍然不符合政策要求。

2. 银行贷款覆盖的旅游企业非常有限

银行以信贷为主体的金融救助与旅游企业的金融需求有很大偏差,银行能够覆盖的企业数量非常有限。一方面,银行系统缺乏服务以及低成本触达广大旅游企业的能力。贷款前期的企业尽职调查大都需要线下办理,大多中小旅游企业财务制度不健全,需要耗费大量的人力、物力去审核评估,成本高、收益低。尽管疫情期间,加快了线上的审贷力度,但短期内还不能实现全部在线办理,部分业务和审贷内容仍需线下核查。另一方面,银行是商业机构,疫情期间对旅游企业放贷会增大坏账风险,银行承担贷款损失的数额有限。再有,政府部门虽然主动为中小企业提供担保,但甄别企业经营质量及风险的能力不足,又缺乏触达广大中小微企业的渠道,因此通过政府性融资担保、再担保机构对受疫情影响严重的中小微旅游企业提供融资担保服务辐射范围有限且短期内难以实现。

3. 针对旅游企业的财政、货币政策失灵

近两年,出于"放管服"改革减税降费等原因,财政收支的缺口不断扩大,加上疫情期间又严重减收,各级财政已经捉襟见肘,在现有扶持政策下,难以再拿出更多的真金白银为旅游企业贴补银行利息,财政政策鞭长莫及、力不从心。中央至河北出台了一系列货币及金融救助政策,多渠道支持旅游企业,但是,一方面由于释放的存量贷款总额有限,难以满足如此量大面广的旅游企业资金需求,重点项目和大型企业与银行、政府部门关系密切,具有先天优势,吸走了大量的扶持资金;另一方面缺乏相应的成本分摊和风险分担机制,金融机构缺乏主动落实政策的积极性。总体来说,针对旅游企业的货币政策仍然是失灵的。

(三)制度性障碍制约旅游产业发展

1. 部门之间缺乏联动机制,产业发展受阻

由于旅游行业是综合性服务行业,跨行业多、融合性大,涉及的监管部门众多,如旅游行业的市场准入、旅游环境整治、景区产业结构优化等管理

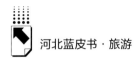

权限分散在不同的政府职能部门。在全域旅游和文旅融合大背景下，旅游行业发展对政府各部门协同联动、统筹推进提出了更高要求。据企业家反馈，在具体工作中时常遇到"政出多门"，职能部门之间各自为政"东周欲种禾，西周不放水"的问题。在跨区域协作方面，各地区政府大都优先考虑自身行政管理和财政税收等方面的利益，劲不往一处使。总之，"碎片化"的监管模式严重制约着旅游产业的发展。

2. 多头监管与空头监管并存，企业无所适从

据走访调研发现，"一山多治"、多头执法是旅游企业监管面临的普遍性问题。一方面，政府各部门频繁的检查加重企业负担，影响企业正常经营。另一方面，有利可图时，各部门会争相执法；难度大且无利益或是出现纰漏时，各监管部门又以无执法权限、无管理职责等理由来回推诿。如旅游景区开发过程中，归属地的问题，常引起地区政府间的争执，在基础设施重复建设的同时，影响了景区开发和体验效果。另外，旅游行业行政监管的自由裁量权弹性过大，一些事件的处理或者处罚标准的判断都处在一个可管可不管、可紧可松、可重可轻的状态下，进而出现监管过度或监管不足并存的怪相。旅游行业多部门协同治理的责权交叉问题、监管问题一直未得到有效解决。

3. 政务服务供给不佳，影响企业效率

对于"最多跑一次"改革，从调查情况来看，当前行政许可、审批事项和环节明显减少，但一些领域仍存在程序复杂、办事烦琐的现象。被访企业表示，"虽然一个部门只跑了一次，但两个部门企业一共跑了两次"。许多业务办理还不能做到一次发清表格、一次讲清告知、一次收清材料、一次审清内容。"一网通办""只进一扇门""最多跑一次"尚未实现。另外，政府部门之间数据、信息不共享，因此身份证、营业执照复印件等材料需要反复提交。再有，在线政务的建设和应用不足，目前涉企事项覆盖率不到30%。不少业务完全可以采用网络办理的方式进行，却仍需携带相关材料和证件进行现场办理。

四 优化营商环境促进旅游产业发展的对策建议

（一）创新体制机制，推进顶层设计落地

1. 建立前期调研机制，提升顶层设计执行力

在"十四五"新布局和文旅融合的新时代，旅游发展顶层设计的重要性更加凸显，而真正好的政策方案，一定是符合实际、可落地的政策方案。旅游产业顶层设计必须以市场化运营和效益为出发点，需要充分吸取开发商、游客、投资方等相关市场主体的意见，在顶层设计制定前进行专业的市场调研，同相关方充分探讨、交流和系统地论证，因此亟须建立政策制定的前期调研机制，使政策制定的前期工作规范化、系统化。由于当前政府部门人力资源等方面的局限性，在保障安全的前提下，可考虑引入第三方专业机构，将专业的、复杂的市场调研工作适当分配给第三方机构。

2. 建立"一站式"发布平台，精准推送政策信息

政策公布不集中，宣传不到位是河北企业面临的普遍性问题，专门为旅游企业汇集政策信息，精准推送，一方面可操作性差，另一方面成本较高。因此应当探索建立全省统一的涉企政策发布网络平台，可借鉴福建省的"政企直通车"平台建设，将全省所有的涉企法律法规、政策文件和权威解读整合到统一的平台发布，方便企业查询。惠企政策申报设立专门的栏目，让政策类别、支持方式、扶持行业、申报时间、政策全文、申报指南、常见问题咨询、受理部门和联系方式等一目了然，避免企业遗漏申报、多头申报、重复申报。同时成立专门的政策发布工作小组或部门，配备专业人员，负责全省对外政策信息发布的统筹管理。赋予该部门和平台相应的法律效力，凡是地区、部门未按要求上传或上报到政策发布小组的均视为无效政策。切实保障平台效用的有效发挥，提高政策透明度，推进涉企政策落地、落实、落细。

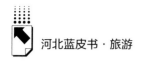

3.建立常态化反馈机制，倒逼政策落实

近期，国家发改委印发的建立健全企业家参与涉企政策制定机制的意见中就包括健全企业家意见处理和反馈机制。"鞋子合不合脚只有脚知道"，政策落实到不到位企业家最有发言权。现代的信息技术完全可以实现网络化、不记名式的信息反馈渠道建立。一方面，通过常态化、匿名的反馈渠道让企业家能说话、敢说话、说实话；另一方面，对政策落地起到了一定的监督作用，倒逼相关政府部门认真落实政策。同时还要建立相应的政策落实评价、考核机制，将评价结果公开，并将政策落实情况纳入部门绩效考核，倒逼政府部门认清差距、补齐短板。

（二）加大金融扶持力度，切实纾困旅游企业

1.调整金融扶持政策，加大扶持力度

依据企业实际情况，调整现有扶持政策。如疫情期间，河北省文旅厅印发的支持全省文旅企业发展的十条政策措施，其中"确有特殊困难"没有明确的标准，增加了自由量裁权，阻碍了政策落地。建议对文旅企业统一减税降费，并统一延长税款缴纳期限，直到文旅市场恢复正常运营。同样对"因疫情影响经营困难的文旅企业，经主管部门认证后"可缓缴3个月水、电、气等费用，改为统一缓缴至文旅市场正常运营，切实帮助企业渡过难关。另外，对于国家和河北省出台的惠企政策开展"疫情期间稳企惠企政策落地"专项督查巡视，推动政策逐条落地。

2.创新金融服务模式，精准对接旅游企业

一是疫情期间可以设立多层次旅游企业专项基金。通过发放政府长期债券、与电商平台和龙头企业联合设立专项基金，用于解决疫情期间旅游企业资金链断裂的难题。二是创建旅游企业信用记录。由省文旅厅牵头，同金融机构和税务等部门共建合作平台，以旅游企业过往多年的纳税额平均值或五险一金缴纳数额等指标为基准，建立旅游企业信用数据库，并且将数据库信息多方共享，为轻资产的中小旅游企业信贷提供评估依据，吸引多方资本流入。三是创新金融服务。大力支持第三方互联网供应链金融服务公司发展，

这类公司依托信息技术和专业能力，能够在细分的行业中，依托产业链在线金融平台，完成对全产业链企业的运营追踪、风险预测和信用评价，并提供融资担保。这类公司在服务连接企业的同时还能够促进旅游企业在信息化、管理能力等方面的综合提升，壮大旅游产业链实力，是推动旅游产业高质量发展的有效抓手。四是探索建立多样式的"轻资产"抵押贷款业务。如景区经营权抵押、门票收入抵押、企业建设用地使用权抵押等，创新旅游企业轻资产抵押贷款的业务流程。推进商业金融与互联网等信息技术的深度融合，探索旅游企业与商业金融共生发展的新生态。

3. 创造良好的市场环境，促进旅游企业练好"内功"

打铁还需自身硬，长期来看，激发旅游企业生命力与活力，助力企业练好"内功"才是政府长期政策的落脚点。在经济周期波动中，市场洗牌，部分企业被淘汰在所难免，因此要防止长期政策大方向的扭曲，重点还是要扶持具有成长潜力的企业。归根结底，要优化营商环境，减少行政干预，让旅游企业在公平、公正、公开的健康环境与土壤下自由成长。在金融服务方面，应适当提高对旅游中小微企业不良率的容忍度，降低对企业成长和收益的预期标准，为旅游产业发展提供良好的金融支撑。

（三）深化"放管服"改革，破除旅游产业发展的制度性障碍

1. 梳理涉旅政策法规，破除制度性障碍

旅游产业现有的政策、法规脱离实际或滞后实践，或对同一事件规定不同等问题是影响旅游产业升级的一大障碍。河北省当务之急是对涉及旅游的政策法规进行全面、系统的大梳理。单纯依靠政府的力量梳理庞杂的政策文件，工程巨大，而市场主体在实际运用中最清楚政策的卡点，因此可依托第三方服务机构开展全面系统的调查，收集整理游客、企业、投资方等反馈的政策、法规在实际运用中的问题，找到着手点，重点梳理并深挖问题背后的原因，拔除制度性障碍，释放企业活力。

2. 完善部门联动机制，打破旅游管理的条块分割

一是明确各部门在旅游企业监管中的权责分配。开展相关政府部门职能

梳理工作，制定部门权责清单。统一规范清单包含的要素和编制规则，确保各部门的职能事项清晰明了，运行流程统一规范，同一事项在上下级和同级之间名称、编码等保持一致。推进权责清晰落地成制，应成为各部门日常管理的行为规范，促使旅游业的管理规范透明，管理部门协调统一，形成合力助推旅游产业发展。二是加强程序性制度建设。以全方位闭环的责任体系推动建构完整的责任运行流程。如多部门监管的协调启动程序、监管过程中的衔接程序、行政综合执法机制的可操作性程序和出现问题追究责任的程序设定，为部门协同提供具体的操作指引。程序制度既要有动态调整性，又要保证行政系统运行的规范有序，如果只有刚性整合而缺乏弹性，仍会重复面临新的协调困境。

3. 建设数字型政府，提升政务服务水平

现代信息技术已经完全可以满足高水准的办公要求，因此应在全省范围内建立统一的数字化办公平台，提高行政效率、加强部门沟通、打造数字型政府。通过统一的数字化办公平台，通知或文件可以一秒内发送到各部门甚至具体的工作人员，系统还可显示是否阅读，并实时反馈意见，不仅可以打破部门之间的信息壁垒，增强跨部门、跨地区政府之间的互联互通，还能避免各个部门自建办公系统，由线下的条块分割转成线上的条块分割。同时，还应大力推进在线政务建设和应用，在全省推行审批"一网通办"。上海市以此作为深化政府管理体制机制改革的突破口，倒逼政府部门整合职责权限，规范办事标准、流程。河北省可以此为鉴，将在线审批事项覆盖率纳入部门绩效考核，不断优化业务流程、简化材料、缩短时限，并根据发展的实际情况，提供相应的法律保障，切实提升政务服务水平。

参考文献

中国新闻网：《全国政协委员黄立：稳企纾困政策要让民营企业家全程参与》，https：//www.chinanews.com/gn/2020/05－24/9193468.shtml，2020－05－24。

《河北 10 条政策措施！应对疫情支持文旅企业发展》，https：//mp. weixin. qq. com/
s？＿＿biz＝MzA4NjUyMjMzMA＝＝&mid＝2650791694&idx＝1&sn＝0049ad958d0bb1ca8d
cf7f217499b811&chksm＝87cc1fbbb0bb96ada9681767d081749cde86ee87137f59fe44ea935767d
694a8ccb52f6df471&scene＝0&xtrack＝1#rd，2020－02－20。

马冉：《政务营商环境研究》，对外经济贸易大学 2019 年博士学位论文。

朱武祥等：《疫情冲击下中小微企业困境与政策效率提升——基于两次全国问卷调
查的分析》，《管理世界》2020 年第 4 期。

新浪旅游：《河北省多措并举促进旅游业改革发展》，http：//travel. sina. com. cn/
domestic/news/2017－01－09/detail－ifxzkfuk3084642. shtml，2017－01－09。

《2019 中国城市营商环境报告》，https：//www. sohu. com/a/403650608＿423490，
2020－06－23。

B.8
河北省旅游服务标准化建设创新发展研究

李志勇*

摘　要：　旅游服务标准化是旅游产业发展的重要技术基础,也是规范旅游市场秩序和提升旅游服务质量的重要手段。本文重点对旅游服务标准化实施的背景、构成、作用以及河北省旅游服务标准化发展的现状、存在的问题、创新发展进行了探讨，通过研究分析，提出了河北省旅游服务标准化创新发展的路径，为河北省旅游服务标准化工作更深一步发展提供理论依据和实践经验。

关键词：　旅游服务　标准化　创新发展

一　旅游服务标准化建设背景分析

当前在我国旅游业大发展的背景下，旅游服务标准化的建设对提高旅游业的服务质量和服务水平，推动旅游业的快速发展意义重大。旅游服务标准化既是支撑和引领旅游产业发展的重要技术基础，也是规范旅游经营和提升旅游服务质量的重要手段。2015年，国务院办公厅印发了《国家标准化体系建设发展规划（2016—2020年）》（国办发〔2015〕89号），明确要求开展度假休闲旅游、生态旅游等旅游服务标准。2016年，国家旅游局印发了《全国旅游标准化发展规划（2016－2020）》（旅发〔2016〕48号），提出到

---

* 李志勇，河北师范大学副教授，主要研究方向为旅游规划、旅游地理。

2020 年，旅游业国家标准、行业标准、地方标准分别达到 45 项、60 项、300 项及以上，新建 200 个以上全国旅游标准化试点示范单位。2016 年，国家标准委印发的《生活性服务业标准化发展"十三五"规划》（国标委服务联〔2016〕99 号）要求建立健全旅游服务业标准体系，推动旅游服务向观光、休闲、度假并重转变，促进旅游服务水平不断提高。

旅游服务标准化工作的发展过程划分初级、中级和高级三个阶段。初级阶段是按照国家标准、行业标准和地方标准有关要求执行，主要特点是做旅游服务产品的标准化，同时根据自身优势和特点，制定企业标准，建立健全企业标准体系，并有效实施。中级阶段是在服务标准化的基础上，突出自身企业的特色，主要特点是在标准化服务产品的基础上做大自己的旅游服务品牌，内容涵盖服务规范、旅行社线路标准、菜品面点与客房等实物产品标准、服务质量等各项业务领域和环节。高级阶段是企业标准在行业内产生一定的影响后，参与制定旅游服务标准，主要特点是参与国家标准、行业标准、地方标准的起草。

二 旅游服务标准化体系构成

根据《标准体系表的编制原则和要求》（GB/T 13016 – 2009）和《〈旅游业标准体系表〉编制说明》，立足使用角度，采用层次结构编制方法，将旅游服务标准化体系分为三个层次，依次是行业、专业和门类。

第一层次是旅游行业通用标准，它包括旅游服务中所涉及的各个方面的共性标准，如《旅游服务基础术语》（GB/T 16766 – 1997）、《旅游餐馆设施与服务等级划分》（GB/T 26361 – 2010）、《旅游度假区等级的划分与评定》（GB/T 26358 – 2010）、《绿色旅游景区管理与服务规范》（LB/T 015 – 2011）、《旅游景区游客中心设置与服务规范》（LB/T 011 – 2011）、《旅游景区讲解服务规范》（LB/T 014 – 2011）、《旅游景区公共信息导向系统设置规范》（LB/T 013 – 2011）、《旅游特色街区服务质量要求》（LB/T 024 – 2013）、《绿道旅游设施与服务规范》（LB/T 035 – 2014）、《旅行社服务通则》（GB T 31385 –

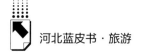

2015）、《旅游厕所质量等级的划分与评定》（GB/T18973 - 2016）等。这些标准对规范整个旅游行业的服务都起到了重大的指导作用。

第二层次是对旅游行业进行细分，内容复杂、涉及广泛，都有各自的通用标准。如娱乐场所需要共同遵守的《旅游娱乐场所基础设施管理及服务规范》（GB/T 26353—2010）、旅行社所需要共同遵守的《旅行社出境旅游服务规范》（GB/T 31386 - 2015）等。

第三层次是按专业进行划分，形成了具体的分类，如"住"包括《休闲露营地建设与服务规范》（GB/T 31710 - 2015）、《旅游民宿基本要求与评价》（LB/T 065 - 2017）、《中华人民共和国旅游行业标准—精品旅游饭店》（LB/T 066 - 2017）等；"行"包括《中华人民共和国旅游行业标准—自行车骑行游服务规范》（LB/T036 - 2014）、《中华人民共和国旅游行业标准—自驾游管理服务规范》（LB/T 044 - 2015）等。

三　实施旅游服务标准化的作用

（一）实现旅游产业可持续发展

由国家、行业、地方、企业等标准共同组成的旅游服务标准体系，首先，促进产业转型升级，提升全域旅游发展水平；其次，加大对现有服务标准的推广实施力度，进一步扩大实施范围，规范提升旅游服务质量和产品质量，实现向优质旅游发展转变；最后，引导旅游企业创新管理模式，培育树立旅游示范企业试点，向标准化、品牌化方向发展。

（二）提升旅游形象品牌影响力

通过旅游服务标准化试点工作，发挥标准化工作在提高旅游产品质量和服务水平中的作用，可以加大企业的规划力度、推动旅游服务标准的应用和普及，更加有利于加大基础设施标准的制定和普查力度，从而提高整体服务质量，争创旅游服务行业品牌，提升旅游企业影响力。

（三）推动区域全域旅游发展

旅游服务标准化作为一套有明确工作规范的标准体系，不仅包括具体的内容，还包括施行的目标、组织的机构、经费的保障、工作的机制等。对于区域全域旅游发展来说，通过旅游服务标准化的实施，可以实现旅游产业要素的全面提升。一方面，旅游服务标准化可以检验各相关部门参与全域旅游发展的程度，通过旅游服务标准的评价体系，既能衡量各部门参与全域旅游发展工作的积极性，也为检查和考评各部门工作成绩提供了依据。另一方面，旅游服务标准化作为区域全域旅游发展突破的工作基础，在全域旅游发展中可使标准化发挥杠杆作用，以旅游发展为支点，与旅游相关的多个部门展开联动，最终做到"让旅游全域化，让全域旅游化"。所以，旅游服务标准化成为全域旅游的助推剂，是促进区域全域旅游发展的有效途径之一。

四　河北省旅游服务标准化的发展现状

近年来，河北省在旅游标准化工作的建设和实施方面也得到了很快发展，取得了一定的成绩。主要是围绕落实河北省委、省政府《关于开展质量提升行动加快质量强省建设的实施意见》和《河北省标准化体系建设发展规划（2016—2020年）》等有关文件的要求，先后出台了《河北省旅游标准化管理办法》（冀旅规字〔2018〕1号）、《河北省旅游标准化试点工作实施细则》（冀旅规字〔2018〕2号）等指导性文件，旅游服务的标准化工程有序进行，先后出台了13项地方标准，并确定了首批省级旅游标准化试点单位。目前，河北省已有11个省级旅游标准化试点，21家省级旅游标准化试点企业，培养了一批具有高水平企业标准、管理先进、服务优质的旅游服务示范企业，打造了一批标准化、品牌化的旅游服务标准化企业。

（一）积极推进系列标准化制定

河北省紧跟旅游业需要，将旅游服务标准化作为旅游产业的关键环节，

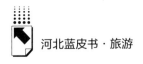

先后出台了《旅游购物商店等级划分与评定》（DB13/T 2732－2018）、《旅游休闲购物街区质量评定》（DB13/T 2733－2018）、《京津冀旅游直通车服务规范》（DB13/T 3021－2019）《旅游交通引导标识设置规范》（DB13/T 5030－2019）、《旅游景区安全服务通则》（DB13/T 5031－2019）、《旅游小镇设施与服务规范》（DB13/T 5032－2019）、《民宿服务质量要求与评价》（DB13/T 5033－2019）、《全域旅游公共服务体系建设指南》（DB13/T 5034－2019）、《温泉度假区服务规范》（DB13/T 5035－2019）、《智慧景区建设规范》（DB 13/T 5036－2019）、《旅游景区服务质量规范》（DB13/T 1317－2019）、《旅行社等级评定实施细则》（DB13/T 1776－2019）、《文化和旅游产学研基地服务规范》（DB13/T 5275－2020）、《智慧旅游景区基础设施建设指南》（DB13/T 5276－2020）等一系列旅游服务标准制定，不但加强了河北省旅游服务标准化的管理，使旅游服务质量明显提高，而且规范了旅游市场秩序，推进了旅游产业转型升级。

（二）持续开展标准化试点示范工作

河北省从2018年开始开展了第一批全省旅游标准化试点示范工作，通过标准化示范试点单位建设，总结建设经验和模式，把旅游业打造成为河北新的战略性支柱产业和人民群众更加满意的现代服务业。培养了一批具有高水平企业标准、服务优质的旅游示范点企业，引导旅游企业向品牌化、标准化的方向发展。指导了企业建立了符合河北特色旅游发展的旅游服务标准化体系，提高了企业的旅游吸引力和竞争力。通过旅游示范点企业示范，发挥了旅游服务标准化工作在区域全域旅游建设中的技术支撑作用，规范了旅游市场秩序，促进了旅游服务质量和发展水平的提升，增强了旅游产业总体素质和国际竞争力。

（三）推动标准品牌化提升影响力

从旅游企业经济利益来看，由于实行了旅游服务标准化，旅游企业劳动费、食宿、住宿、宣传成本等投入费用有据可依。一方面，从企业角度来

看，旅游服务标准化使旅游服务工作流程简化，工作效率提高，员工的素质
得到了有效的提升，从而大大降低旅游业的投入费用。旅游服务标准也得到
了优化，从而吸引了游客，带来了客源市场的增加，为企业带来利润，增加
了收入。另一方面，从旅客的角度看，旅游服务行业走向标准化，让旅游行
业从最初的价格竞争转向更高层次的服务竞争，使旅游企业通过优质的服务
和管理创新来赢得客源市场，不仅塑造了企业的知名品牌，还促进了旅游服
务业向品牌化、特色化方向发展，从而增大了河北省旅游服务品牌的社会影
响力。

（四）统筹协调标准化的科学管理

目前河北省旅游服务标准化试点工作坚持以政府推动与多方参与、重点
突破与企业推进、软件提升与硬件提升、标准制定实施与评价四结合的方式
推进管理工作，形成了以旅游业基础标准为引领、以旅游业要素系统标准为
核心、以旅游业支持系统标准为保障、以旅游业工作标准为统筹的四个业务内
容领域，并且成立了旅游标准化委员会和河北省旅游服务标准化技术委员会，
共同负责制定旅游标准，负责宣贯、咨询和规划河北省整个旅游服务标准化工
作，为河北省服务标准化顺利工作提供了保证。在许多旅游企业内部，组建了
旅游标准化工作建设组织领导组，并将标准化工作领导小组列为企业常设机关，
统筹协调旅游标准化企业在各个方面的工作，监督旅游标准化的实施过程和结
果，切实做好旅游标准化的工作，实现规范管理、科学管理。

五 河北省旅游服务标准化建设存在的问题

（一）标准化工作手段创新性不足

河北省旅游标准化工作是通过设立试点工作逐步实现旅游服务的标准
化，其手段是严格遵循体系标准，但缺少创新性。标准化手段的一系列工作
应在规范、标准化的基础上，结合河北省旅游服务行业的自身特点进行创

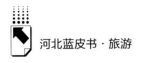

新。如制定《金毛狮子鱼标准》《马家烧鸡标准》《驴肉火烧标准》等一批具有河北地方特色名菜的旅游服务标准制定，这样不仅克服了操作的模糊性和随意性，也保证了冀菜制作向程序化、标准化方向发展，同时也推动了河北各地特色传统餐饮的提质升级，更能有效地提升游客的标准化意识，享受标准化带来的便捷和舒适。

（二）未能充分发挥社会组织作用

河北省旅游服务标准化缺乏高效率的工作机制，工作模式单一。没有专门的旅游标准化部门，各个部门纷纷推出自己的标准，这一现象造成标准多而杂，产品质量和各项成果参差不齐。行业内缺少完善的统筹推进机制和各项工作制度，使标准化部门很难发挥自身的作用。所以应当充分发挥社会组织的作用，在主管部门的指导下，按照"政府主导、行业联动、企业主体、全员参与"的工作方针，组织专家制定旅游标准，协同旅游市场主体制定、实施旅游标准化。

（三）监督和评估方面不到位

在旅游服务标准化建设中，河北省在监督和评估方面存在一些缺陷。旅游行业涉及多个行业，包括餐饮、酒店、景区和购物等多领域，导致每一个部门、单位从各自利益出发，制定了多个标准，从而形成了整个行业多项标准林立的局面。主要表现为缺乏强有力的评价体系和监管机制，旅游标准化监督机构的监管力度较小，整个评价体系和监管机构都没有建立起一套完整的体制，这些对旅游服务标准化进一步发展是非常不利的。

六 旅游服务标准化建设的创新发展

（一）建立市场工作机制，推进旅游服务标准化

旅游标准化工作可以运用市场化垂直管理机制，促使旅游服务标准化进

一步发展，初步建立以政府管理部门为指导，行业社会组织评价监督、企业全员共同参与制定的旅游标准化协调工作机制。即明确旅游标准化统筹管理主管单位，由主管单位负责全省旅游标准化的制定和实施，由河北省旅游标准化技术委员会负责整合标准化制标、管理、研究和评定等工作。健全旅游社会组织并引导其发挥积极作用，引导旅游各行业协会发挥旅游标准推广、培训、认证等职能。成立旅游标准研究会等第三方社会组织，鼓励其参与制定、实施、监督和评价旅游服务标准工作。

（二）实施工作有序开展，扩大标准化试点示范效应

优先选取社会认可度高、有一定规模、体现本地特色优势、带动作用强的旅游企业进行标准化重点创建，形成旅游要素齐全、旅游业态丰富的试点创建企业网络，具体包括旅行社、旅游饭店、A级景区、餐饮企业、旅游购物、旅游交通、文化娱乐等多个旅游产业要素，适时调整质量等级评定和认定方式，并组织专家对试点企业定期开展每月一次的跟踪指导，根据各企业的自身需要，指导制定包括服务通用基础、服务保障和服务提供的企业标准体系，确保试点企业的标准化进行。同时制定《河北省旅游服务标准化评价体系》，开展绩效评估，发挥树立标杆、榜样的示范作用，使试点示范效应不断扩大。

（三）围绕旅游新业态，开展相关标准的研制

以市场需求为导向，重点开展乡村旅游、文化旅游、工业旅游、体育旅游、邮轮旅游、饮食旅游等标准的研制。围绕旅游公共服务体系建设，开展旅游指引标识系统、旅游休闲设施及服务安全系统、旅游集散中心体系、旅游餐饮服务等相关地方标准的研制。同时探索京津冀区域旅游合作，启动京津冀旅游标准一体化工作，可实行"分别立项、共同制定、各自实施"的联合工作机制，通过标准化的制定和颁布推动区域旅游联动发展。

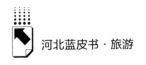

（四）建立行业联盟，形成旅游服务标准化组织

建立区域旅游服务标准化联盟，主要吸纳旅游企业、旅游景区等市场主体参与，推动旅游标准的实施。由行业协会进行管理，主要工作包括：定期召开联盟成员大会，选定旅游标准，制定旅游标准化实施规划等。这既可以发挥集团的作用，也可依托旅游标准化联盟的各部门、企业，利用其自身的技术或管理优势，发挥集体影响力，使河北省的旅游服务标准化建设与国际接轨，增强河北省在国际旅游市场上的话语权和竞争力，推动河北省的旅游品质提升。

（五）实施人才计划，创新旅游标准化人才机制

开创旅游标准化人才工作新机制，加强标准化工作的专家团队建设，邀请旅游部门业务骨干、旅游企业精英、高等院校专家学者建立"河北省旅游标准化团队"，构建管理、专家、技能、营销等团队，形成政府部门、行业协会、旅游企业、科研院所、专业机构共同推进旅游服务标准化工作的合力，为旅游服务标准化提供强大的人才保证和智力支持。

（六）完善监督机制，促进服务标准不断提升

进一步推进旅游服务标准化的监督和评价制度，将标准化实施执行力强、效果好的市场主体向旅游主管部门推荐申报奖励。完善旅游标准实施常态化反馈机制，强化事前培训、事中监督和事后评价机制建设，并加强评价结果的运用，促进标准体系持续改进和市场主体服务标准的不断提升。利用河北省旅游产业发展资金对地方旅游标准化立项项目和旅游标准化实施执行力强、效果好的市场主体项目给予资金扶持。

（七）加强宣传营销，提升标准信息化建设水平

建设旅游标准目录查询库，汇集与旅游业有关的国家标准、行业标准和地方标准，利用标准化网站免费向全社会提供一站式查询服务。同时利用信

息技术，加强旅游服务标准化的建设，依靠科研机构和研究机构研发旅游标准化推广软件和旅游标准化专项业务流程管理软件，打破各部门的行业壁垒，让标准化管理简单易行、高效快捷。建立信息资源共享平台，如旅游网站、旅游微博、旅游微信、智能手机 App 等旅游电子商务平台，实现居民与游客信息共享。

参考文献

杨东林：《旅游标准化促进旅游产业发展的问题与对策》，《大众标准化》2017 年第 10 期。

卓云：《佛山市工业旅游标准化建设存在的问题和对策研究》，广西师范大学硕士学位论文，2015。

舒伯阳、徐其涛：《智慧旅游标准化与信息化的一体化建设初探——以武汉市旅游标准化综合信息支撑平台的构建为例》，《标准化改革与发展之机遇——第十二届标准化论坛论文集》，2015。

安乐：《全域旅游视域下麦积山大景区标准化建设路径研究》，《价值工程》2020 年第 39 期。

董建英、范忠义、何东海：《洪洞大槐树景区旅游服务标准化创新发展研究》，《中国标准化》2019 年。

周婷：《区域旅游合作机制对旅游可持续发展的影响研究》，海南大学硕士学位论文，2018。

白云霞、周志权、刘新亮：《我国旅游标准化现状分析》，《标准科学》2016 年第 11 期。

沙铮、黄澍、朱逸俊：《标准化管理在高质量旅游业发展中的应用——以上海市龙华烈士陵园为例》，《江苏科技信息》2020 年第 37 期。

B.9
河北省文旅产业"新基建"融合发展研究

王丽平　魏如翔*

摘　要： 2020年，河北省文旅产业与"新基建"融合发展逐渐深入，
5G、大数据、云计算等技术向文旅产业各环节广泛渗透，涌
现出丰富多彩的创新应用成果，整体呈现出方兴未艾的发展
态势。特别是在新冠肺炎疫情冲击下，河北省文旅企业、景
区通过"新基建"加速数字化、网络化、智能化升级，有效
促进了文旅消费市场的恢复振兴。与此同时，融合发展也存
在理解层次不高、统筹规划不足、融合程度不深、融合质量
不强等问题。进入"十四五"发展新阶段，河北省应深化
"新基建"对文旅产业发展战略意义的认知，做好顶层设
计，扩大参与主体，加速产品研发，激发消费活力，补齐人
才短板，持续提升文旅产业"新基建"融合发展水平，为全
省文旅产业高质量发展注入新动能。

关键词： 文旅产业　新基建　融合发展

一　河北省文旅产业"新基建"融合发展的背景

基础设施是经济社会发展的重要支撑。当前，我国传统基建趋于饱和，

---

* 王丽平，河北旅游杂志社总编辑，主要研究方向为旅游资源与旅游市场；魏如翔，河北旅游
杂志社编辑部主任，主要研究方向为旅游资源与旅游市场。

"新基建"成为增加经济发展内生动力的新引擎。与传统基建相比,"新基建"在投资主体、服务对象、运行机制等方面存在诸多不同。本文中的文旅产业"新基建",是指以 5G 网络、人工智能、大数据、云计算等新一代技术为支撑,以提升文旅产品供给水平、创新文旅行业管理模式、扩大文旅行业规模等为目标,推动文旅行业向数字化、网络化、智能化方向发展。在疫情防控常态化背景下,无论政策层面、技术层面还是市场层面,都为河北省文旅产业"新基建"融合发展提供了有利条件。

(一)政策利好密集释放

2020 年,从中央到地方,一系列围绕"新基建"的部署陆续展开,政策利好持续释放。11 月 3 日公布的《中共中央关于制定国民经济和社会发展第十四个五年规划和二〇三五年远景目标的建议》明确指出,要"系统布局新型基础设施,加快第五代移动通信、工业互联网、大数据中心等建设"。11 月 30 日,文旅部、国家发改委等十部门联合印发《关于深化"互联网 + 旅游"推动旅游业高质量发展的意见》,提出"推动5G、大数据、云计算、物联网、人工智能、虚拟现实、增强现实、区块链等信息技术革命成果应用普及,深入推进旅游领域数字化、网络化、智能化转型升级,培育发展新业态新模式,推动旅游业发展质量、效率和动力变革"。此外,河北省文旅厅印发了《河北省智慧旅游专项行动计划(2020 - 2022 年)》,提出要"推进现代信息技术与文化和旅游产业深度融合",旨在推动全省文旅数字化、网络化、智能化建设水平再上新台阶。

(二)相关技术趋于成熟

"新基建"与高新技术发展紧密相连。近年来,在创新驱动发展战略等推动下,我国科技创新能力和水平实现巨大提升,新一代信息技术蓬勃发展。5G、大数据、人工智能、云计算、AR/VR 等技术日趋成熟,逐渐应用于经济社会各个领域,并在与传统产业的融合过程中持续释放创新活力,同

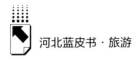

时，相关设施的建设也持续提速。河北省发改委统计数据显示，2020 年至 2021 年，河北省 5G 网络、数据中心、工业互联网、人工智能等新型基础设施拟开工和在建项目约 140 项，总投资达 1744 亿元。

（三）市场需求持续升级

随着消费结构优化升级，"80 后""90 后"成为文旅消费的"主力军"，当前河北省文旅消费需求呈现出个性化、多样化、高品质化特点，市场细分程度越来越高，游客更加重视文旅消费的体验感。这一背景下，市场对定制旅游产品、智慧旅游服务等方面的需求日益增长，成为驱动文旅产业"新基建"融合发展、持续推动文旅产品与服务创新升级的重要动力。同时，多项调研显示，疫情给消费者的价值观带来了显著影响，人们对于享受生活、追求美好、亲近自然表现出更多期待，产生了更多文旅方面的需求。

（四）疫情加速融合进程

2020 年，新冠肺炎疫情对文旅产业造成严重冲击，但也加快了文旅产业"新基建"融合发展的进程。疫情期间，结合 5G、VR/AR、大数据、超高清视频等技术推出的"云旅游""云观展""云直播"等层出不穷，在线上营销、虚拟游览、数字博物馆搭建等方面实现突破，有效满足了游客"宅"家期间的文旅需求，并在预约游览、无接触服务等方面发挥了重要作用。在疫情防控常态化背景下，"新基建"有望成为文旅产业恢复振兴、对冲疫情影响的突破口。

二 "新基建"为文旅产业高质量发展带来新契机

作为数字化、网络化、智能化的基石，"新基建"为文旅产业的提质升级带来了诸多新契机。5G、大数据、人工智能、VR/AR、物联网等"新基建"相关技术向文旅产业各环节的全面渗透，将为行业监管者、投资运营者、技术研发者、文旅消费者等提供新思路、新方向、新体验,在行业监管、项目投资、景区管理、产品创新、游客体验等多方面释放影响,助力河北省文旅产业高质量发展。

(一)提升行业监管效率

从行业监管角度看,文旅产业"新基建"融合发展将为行业监管提供新抓手。通过5G、人工智能、物联网、云计算、大数据等技术手段,可以构造起文旅行业监管的"智慧大脑",集聚、整合、分析行业大数据和各类相关信息,推动市场监管、环境监测、公共服务、综合执法、安全预警、宣传推广等领域的数字化、网络化、智能化,形成更加科学高效的行业监管体系,为主管部门提供可靠的决策依据和参考。目前,国内已有多个省市依托"新基建"搭建了行业监测与管理平台。例如,甘肃省通过建设"甘肃省文化和旅游大数据交换共享平台",整合接入电信运营商、银联、交通、气象、环保、景区、民航客流等数据,实现了不同平台之间的数据交换与共享,为文旅相关职能单位之间实现数据横向互联和纵向贯通打下基础,并实现了对重点景区重点部位的实时监控和立体管理。

(二)激发文旅投资活力

从投资带动方面看,"新基建"将为文旅产业投资拓展更多新空间,带动产业链上下游和相关领域应用落地。经验表明,基础设施建设是经济衰退或重大危急时刻恢复经济活力、拉动经济增长最直接、最有效的手段。当前,我国经济下行压力持续加大,固定资产投资增长乏力,传统基建趋于饱和。作为新一轮基建投资的重要方向,"新基建"将带动更多投资主体参与到文旅项目建设中来。景区、酒店、旅行社等传统旅游业态投资与"新基建"深度融合,可以延伸出更多投资点。基于5G、云计算、人工智能等新兴技术,服务于旅游者更加智能化、个性化,具有高品质需求的新业态项目有望成为投资新热点。河北省文旅产业的投资结构有望借此得到进一步优化,文旅硬件基础设施有望迎来新一轮升级。

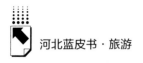

（三）推动文旅产品与服务创新

从供给侧改革角度看，"新基建"与文旅产业融合，将推动文旅产品与服务的创新、迭代。通过"新基建"，可以实现文旅产业链各环节、文旅产业与其他产业、文旅产业与游客之间的有效连接，推动文旅内容的智能化生产、个性化定制、跨领域协同，优化旅游产品与服务品质，促进文旅产业供应链的整体升级和效能提升。例如，借助5G、VR/AR、4K/8K超高清视频等技术，实现景区景物拟人化，举办沉浸式演艺，举行"云直播"等，可以让游客获得身临其境的互动体验；依托5G、人工智能等技术，打造5G智慧酒店、景区智慧导览系统等，可以为游客提供更加便捷、智能的文旅服务；运用人工智能、大数据等技术对游客行为特征、消费偏好等进行分析，可以开发新的业态、产品，推动供应链升级，促进新商业模式的形成；结合智慧公路、新能源汽车充电桩等建设，可以推动旅游风景道、房车露营地、旅游驿站升级，促进自驾旅游发展等。

（四）促进文旅消费市场提质扩容

从需求侧满足和市场培育角度看，文旅产业"新基建"融合发展，有助于创造新需求，激发消费潜力，助推文旅消费市场提质扩容。一方面，"新基建"为了解用户需求提供了更加科学、高效的途径和手段，同时也潜移默化地引导、改变着游客需求，有利于提升供需匹配度，促进产品的有效供给。另一方面，"新基建"也有利于文旅消费市场的规模扩大和结构优化。在国外疫情形势严峻、出境游基本停摆等背景下，以中等收入群体为主的境外旅游消费群体将向国内市场大幅转移，产生对创意、科技密集型产品的更多需求，刺激供应侧的创新能力与产品供给质量提升，进而创造出新的市场空间。

三 河北省文旅产业"新基建"融合发展现状

2020年，契合"数字河北"建设、"新基建"提速等背景，河北省文旅产业"新基建"融合发展势头强劲。依托 5G、大数据、云计算、物联网、AR/VR 等技术打造的新项目、新业态层出不穷。"新基建"逐渐渗透到"吃、住、行、游、购、娱"旅游全要素及旅游服务全过程,向文旅产业全链条延伸。在发展过程中,形成了资源基础上的系统集成模式等三种典型的融合发展模式。文旅产业"新基建"融合发展架构见图1。

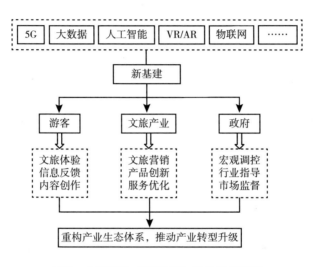

图1 文旅产业"新基建"融合发展架构

(一)文旅产业"新基建"融合发展方兴未艾

科技一直作为推动文旅产业革新、升级的动力源泉和发展引擎而存在。近年来,河北省结合举办省市旅发大会、发展全域旅游等,大力推进智慧文旅建设。全省各地依托大数据、物联网、云计算等新一代技术,打造了一大批智慧旅游景区、智慧文旅平台、智慧旅游服务中心、智慧文旅体验项目等,形成了较为完整的智慧旅游发展体系。此外,石家庄、秦皇岛、张家口、保定、承德、唐山 6 个智慧旅游试点城市建设持续加快,全省智慧景区示范点创建评定工作积极开展,为文旅产业"新基建"融合发展奠定了良好基础。

目前,河北省文旅产业正在迈向与 5G、人工智能、云计算、大数据等

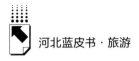

"新基建"融合发展的智慧化新阶段，并已取得初步成效，形成了政府规划主导、企业参与运营、终端游客受益的发展格局。同时，以大型文旅企业、大型景区等为主的市场主体纷纷探索与"新基建"融合发展的路径，催生出众多新业态、新模式。整体来看，河北省文旅产业"新基建"融合发展呈现出方兴未艾的发展态势。

（二）文旅产业"新基建"融合项目类型多样、涉及面广

2020年，河北省文旅产业"新基建"融合发展速度加快，TOG端（面向政府）、TOB端（面向企业）、TOC端（面向消费者）多点发力，多面联动，形成了一批类型丰富、涉及面广的新项目、新业态。

TOG领域，涌现出一批以提升行业监管水平、转变政府管理方式、实现政府科学决策为目的的融合项目。由河北省文化和旅游厅、联通大数据有限公司、中国联通河北省分公司、北京第二外国语学院共同筹建的"河北文旅5G大数据创新实验室"正式成立，该实验室集合了三方在行业管理、技术服务、科学研究等方面的优势资源，打造具有行业领先理念的"政产学研"一体化应用创新实验室平台，以建设成为政府部门提供数据决策的"智库型实验室"为目标；"河北旅游云"建设取得显著成效，实现了123家4A级以上景区视频监控数据接入以及市场数据分析、出境旅游团队监测等功能，实现国家、省、市文旅部门视频会议系统互联互通；启用了"河北文旅分时预约平台"，全省400余家景区接入平台，200余家文博场馆实现预约功能，推动门票预约管理制度落地实施。

TOB领域，众多文旅企业、景区将"新基建"作为疫情常态化背景下加强抗风险能力、提升市场竞争力的重要手段，出现了一批类型丰富的融合项目和业态。疫情防控期间，保定恋乡·太行水镇对景区进行了整体的智慧化升级，管理人员通过手机后台即可了解入园人数、人群聚集等情况，并实现了在线支付、扫码入园、语音导游等无接触服务，有效提升了景区运营管理效率和疫情防控能力；石家庄抱犊寨景区对智能指挥系统进行了优化升级，搭建了智慧管理、智慧服务和智慧营销三个平台，促进景区管理更加高

效、科学的同时，让游客体验更加舒适、便捷的服务。

TOC 领域，围绕提升游客体验的"新基建"融合应用层出不穷，推动文旅资源与消费者个性化、定制化需求的对接更加紧密。"一部手机游河北"生态体系加速构建，通过线上景区游览、美食分享、产品展示、咨询服务、特色推荐、在线预订等服务功能，游客可享受到覆盖旅游全要素的智能化服务；第五届河北省旅发大会期间上线的河北省旅游产业展览交易会"云上展馆"，采用 3D、VR 虚拟展厅的设计方式展示河北优质旅游资源，并融入网上直播带货等内容，该展馆将常年设立，成为游客一站式了解河北文旅资源的平台；承德避暑山庄及周围寺庙景区建设了智能化电子导览系统，为游客提供 VR 全景虚拟游览、智能语音导游、扫码识景介绍、旅游公共信息查询、文创产品预订等在线服务，实现了一部手机畅游景区。此外，围绕游客需求展开的一系列创新文旅体验和消费服务层出不穷，推动传统的以观光游览为主的消费模式向体验消费方式转变。

（三）"新基建"向文旅产业全链条延伸

随着"新基建"提速，5G、VR/AR、人工智能、大数据等技术逐渐渗透到旅游全要素及旅游服务全过程，进一步促进了河北文旅资源的深度整合与开发，衍生出众多文旅新产品、新业态、新模式。

1. "新基建 + 观光游览"：虚拟景区/虚拟体验

目前，河北一些规模较大的景区依托 5G、VR/AR 等技术打造了线上游览项目，以虚拟景区和虚拟体验项目为主。例如，荣国府、清东陵、金山岭长城、吴桥杂技大世界、驼梁等多家景区推出了全景 VR 系统，用户可以 720° 参观景区，获得更加接近真实的线上参观体验；承德避暑山庄利用 VR 技术打造体验项目，游客戴上 VR 眼镜即可欣赏部分景点的实时风景，还可手持智能弓箭狩猎，体验皇家木兰秋狝。

2. "新基建 + 公共服务"：智慧服务

当前，5G、人工智能、大数据、物联网等技术已较为普遍地应用于河北省旅游公共服务体系，促进了"无接触服务"的推广，大幅提升了公共服务的智能化水平。例如,保定恋乡·太行水镇引入"智能伴游机器人",可为游客规划旅游线路、讲解景区故事,并随时提示游客注意疫情防护;唐山南湖旅游景区开发了"玩转南湖"小程序,可以为游客提供智能入园、线上导游、智能导览、VR 全景等服务,全程实现"无接触游览";正定在多处使用率较高的旅游厕所内安装"人脸识别厕纸机",实现了游客取纸"零接触"。

3. "新基建 + 文物/非遗":数字博物馆

"新基建"为河北丰富的文物、非遗资源开拓了更广阔的展示空间。例如,2020 年 2 月上线的"河北数博"微信公众号平台,通过人工智能、VR/AR 等技术,集纳了全省各地博物馆的精品展览,用户可以线上观展,实现对精品文物的 3D 欣赏和虚拟把玩;石家庄市博物馆研发了"精品文物数字化"平台,打造了河北首个全息文物数字展厅,运用三维图形图像、特种视效等数字科技,以虚拟的三维立体方式呈现藏品。

4. "新基建 + 文旅商品":智慧购物

通过"新基建"促进文旅商品销售的实践也在河北展开。张家口大海陀智慧服务区通过一体化的智能多媒体终端展示当地特产,并采用 AI 识别技术实现了对产品的智能识别,游客可通过扫描小程序码自助查询、下单;承德避暑山庄及周围寺庙景区在线下搭建特色鲜明的文创购物场景,并在"智慧导览"小程序中植入线上商店,构建起线上线下协同的文创商品销售生态。

5. "新基建 + 营销":文旅云直播

2020 年,特别是疫情发生以来,河北一些旅游目的地、景区以及大型文旅活动积极利用 5G、超高清视频等技术开展直播活动,吸引游客关注。"五一"期间,河北电信在正定进行了云 VR 直播,利用 3D 扫描成像、立体投影、虚拟展示等技术对正定古城全景进行展示,使游客足不出户即可"云旅游";在张家口举办的第五届河北省旅发大会,通过 VR、3D、高清直播等技术创新观摩形式,打造线上"云观摩",开展直播带货,有效提升了游客参与度。此外,河北多地还结合旅游直播形式举办了线上文旅节庆活动，都与"新基建"对文旅产业的渗透密切相关。

6."新基建＋主题乐园"：文化科技主题乐园

近年来，依托"新基建"建设的高科技密集型主题乐园在河北不断涌现。唐山多玛乐园，将VR、人工智能等技术与传统渔文化融合，打造了欢乐捕鱼机、超能捕鱼船等高科技的新式捕鱼设备，通过多元化的感官体验，让游人享受到更高层次的"主动式体验"；邯郸方特国色春秋深入挖掘当地深厚的成语文化，打造了一批以成语为主题的高科技游乐项目，实现了文化传播与互动娱乐的融合。

7."新基建＋演艺"：沉浸式文旅演艺

一些河北景区还将互动投影、全息投影、AR/VR等技术与文旅演艺快速结合，构建起沉浸式、情景化的观览场景，让体验更具质感。例如，唐山南湖旅游景区的沉浸式实景体验剧《那年芳华》，以当地自然景观和人文景观为载体，利用现代数字多媒体技术和光影艺术，创构了观演融合、五位一体、深度体验的文旅模式，实现了评剧艺术和现代科技的融合；承德中国马镇的《满韵骑风》，以AR交互结合舞蹈剧的艺术手段，更加具象地展示了满族文化的魅力。

（四）形成了三种典型的融合发展模式

资源不断开发、技术持续升级，文旅产业与"新基建"的融合发展也必将经历一个由简单到复杂、由小规模到大规模、由不成熟到相对成熟的阶段性发展过程。在发展过程中，河北省形成了三种典型的融合模式，即资源基础上的系统集成模式、技术驱动下的创意发展模式和交互作用的混合发展模式（见表1）。

1.资源基础上的系统集成模式

资源基础上的系统集成模式，简而言之，是一种以资源为主、以技术为辅的融合发展模式。这种模式下，景区往往具备成熟的旅游资源、庞大的游客基数和相对科学的运营基础，技术作为一种附加手段用以提升景区服务、优化游客体验、创新管理方式。5G、人工智能、大数据等各种新技术持续

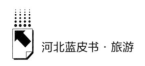

表1　文旅产业与"新基建"融合发展模式

模式名称	模式阐释	典型案例
资源基础上的系统集成模式	以资源为主、以技术为辅，技术作为一种附加手段用以改造传统景区、提升服务水平、优化游客体验	承德避暑山庄及周围寺庙、石家庄抱犊寨风景区
技术驱动下的创意发展模式	以技术为引擎和"母体"，景区或项目不具备突出的自然风光等资源基础，以特色文化、地域风情等为主要呈现内容	邯郸方特国色春秋
交互作用的混合发展模式	文旅产业与"新基建"充分衔接、高度融合，以技术塑造文旅，以文旅彰显技术，在双向互惠发展中达到二者的最佳匹配	唐山多玛乐园

推动资源主导型的传统景区转型升级，并在文旅资源基础上有效集成，从而使"新基建"与文旅产业形成一个高度耦合的集成系统。

2. 技术驱动下的创意发展模式

技术驱动下的创意发展模式是一种以技术为牵引的融合发展模式。采用这种模式的文旅项目，多数并不具备突出的旅游资源基础或这些资源的优势地位并不明显。"新基建"并非文旅产业发展的依托，而是文旅产业发展的"母体"。在内容呈现上，以展示特色文化、地域风情等为主，综合运用声、光、电、数字等高科技表现形式，将文化传播与互动体验融为一体，通过艺术化、场景式、创意性的表达方式，打造以交互式、参与感、情境化、代入感为"卖点"的文旅产品，为游客提供更具深度的沉浸式体验。

3. 交互作用的混合发展模式

交互作用的混合发展模式下，文化旅游资源是技术升级的天然依托，同时技术发展是文化旅游资源开发、展示的重要动力，文旅资源的内涵价值与技术的增值价值在交互式发展中得到共同提升。文旅产业与"新基建"充分衔接、高度融合，以技术塑造文旅，以文旅彰显技术，在双向互惠发展中达到二者的最佳匹配。这种交互作用模式加强了上述两种模式下资源和技术的连接，往往能够迸发出更大的发展创意、更迅猛的发展势头。

四　制约河北省文旅产业"新基建"融合发展的问题

文旅是综合性产业，具有涉及领域多、产业链条长等特征，二者融合发展的过程十分复杂，影响融合发展质量的因素众多。2020 年，河北省文旅产业"新基建"融合发展在取得诸多成就的同时，也暴露出一些亟待破解的问题和影响发展质量的短板。

（一）认知水平有待提升

"新基建"是推动数字经济发展的重要抓手，其价值不仅在于基于技术创造的产品、服务，更在于它是未来新产业形态的基础或平台。而作为新兴事物，"新基建"在文旅产业领域的意义与价值尚未得到充分认知。

在河北省有关文旅产业的各类指导性政策文件中，"新基建"多作为智慧旅游的组成部分被提及，且相对侧重于对技术层面的关注，对"新基建"推动发展方式变革、产业生态更新等方面的价值认知有待提升。企业和景区对"新基建"存在一定的非理性倾向，大多缺乏中长期的融合发展计划，盲目跟风现象较多。重建设、轻运营，重技术、轻体验，对"新基建"的理解普遍还停留在硬件改良层面，缺乏借势转型意识与市场嗅觉。此外，相对于类型丰富的实践，关于文旅产业与"新基建"融合发展的理论研究明显滞后，相关的系统性研究、针对性研究比较匮乏，对发展过程中的现象与问题缺乏有效的引导与阐释。

（二）统筹规划有待强化

"新基建"涉及多个职能部门和行业领域。目前，河北省对"新基建"与文旅产业融合发展缺乏系统性的统筹规划与顶层设计，跨部门、跨行业协调联动的统筹发展格局尚未形成。一是缺乏系统性的专项指导政策。近年来，河北省出台了一系列促进智慧文旅发展和"新基建"实施的政策措施，但尚无促进文旅产业"新基建"融合发展的纲领性文件和专项指导意见，

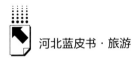

缺乏自上而下的系统性部署。二是缺乏部门间的统筹协调机制。目前，河北省文旅产业"新基建"领域处于文旅、工信、科技等部门的多头交叉介入状态，缺乏统一部署、统一调度，政府部门间的统筹运作和协调联动机制有待建立。三是缺乏行业间的互动发展途径。作为一种综合型产业，文旅产业具有关联性高、涉及面广等特点，与涉及众多行业领域的"新基建"有着类似特质。但目前，在与"新基建"融合发展的过程中，文旅与交通、金融、通信、数字等行业间交互不够充分，缺乏促进行业间互动发展的平台、渠道。四是缺乏层面间的有效融合链接。现阶段，由政府和企业分别主导的文旅产业"新基建"之间的连接程度不深，在数据共享、应用互联等方面缺乏互联互通。政府层面与企业层面的"新基建"融合连接渠道和机制有待建立。

（三）融合程度有待加深

目前，5G基站、大数据中心、人工智能等"新基建"内容已广泛涉及河北省经济社会发展各个领域，但与文旅产业的融合发展程度不高，对整个产业生态的影响力尚未得到充分释放。一是技术链向产业链的转化速度慢、效率低、衔接不紧，项目、产品的创新进程明显落后于技术创新速度。譬如，河北近年来已有多家景区设置了5G基站，但真正基于5G技术、面向游客需求开发的实际应用不多；多数文旅直播类活动仍基于传统网络技术开展，5G、超高清视频等技术在实际操作中尚未得到广泛应用。二是"新基建"对文旅产业内部各环节的渗透程度较浅且不均衡，应用场景比较单一，针对游客体验的深度应用路径仍有待进一步探索。同时，相关技术更多应用于诸如预约游览、线路规划、交通指引、景区导览等游前、游中环节，在投诉建议、体验分享等游后环节的应用较少。三是文旅产业与"新基建"的融合范围主要限于文旅产品、服务、场景等方面，尚未对文旅企业的管理创新提供充足的赋能作用。许多涉足"新基建"的文旅企业的运营管理模式仍以要素和资源驱动为主，向以数据和技术驱动为主转型的力度有限。

（四）融合质量有待增强

从整体上看，目前河北省文旅产业"新基建"融合项目、产品的整体质量不高，多数是以文旅资源为主要基础和核心驱动力，技术只作为"提亮"资源的辅助角色存在，在发展过程中暴露出一些问题。一是缺乏创新创意。部分景区在"新基建"与项目设置、服务质量、景区环境等方面的融合发展中缺少创新创意，观感、体验大同小异。特别是，多数面向 C 端的产品与本地特色文化的融合不足，产品差异化不明显，内容交叠重复，难以吸引消费者关注。二是与市场需求匹配度低。当前，大众化文旅产品的需求降低，个性化、高品质的文旅产品需求提高，而河北现有的部分结合"新基建"概念的文旅项目缺乏对市场需求的真实感知，针对细分市场的融合业态和产品供给不足。有些项目功能单一、体验感差，游客使用率不高，尽管具备一定的"吸粉"效应，但并未带来实际效益。三是缺乏成熟的商业模式和现象级产品。"新基建"与文旅产业的融合发展目前仍处于起步阶段，发展规律、发展空间、市场前景等均未被充分认知。目前，河北省缺乏与"新基建"融合发展的现象级产品，无法发挥示范样板的引领带动效应。一些相关热门景区和项目更多以"新基建"为噱头，依赖网红元素和流量变现，并未建立起成熟的商业模式，持续发展能力较弱，借鉴价值较低。部分优质项目、产品的宣传力度不大，市场认知度不足。

（五）参与主体有待扩大

目前，河北省文旅产业"新基建"融合项目多由政府或国有文旅企业、大型景区主导实施，力量相对薄弱的中小企业和景区积极性有限，作为文旅市场消费主体的游客参与程度较低。除少数综合型项目外，大多数项目、产品规模较小，以探索、试水为主，对游客需求的感知不足。此外，科研机构、高等院校对"新基建"与文旅产业融合的参与程度有限。整体来看，河北省目前尚未形成研究、开发、生产等紧密衔接的文旅产业"新基建"融合发展一体化推动体系，参与主体较为单一，政、产、学、研、用各个环节的结合水平不高。

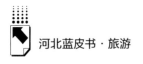
（六）人才短板有待补齐

人才是支撑产业发展的动力源泉和核心力量。随着河北省文旅产业"新基建"融合发展持续深入，相关领域的核心技术人才及高端人才缺口逐渐扩大，人才短板日益凸显。一是缺乏高端智力支持。作为具有战略性、先导性、全局性的系统工程，"新基建"与文旅产业的融合发展迫切需要高端智力支持。然而，河北在相关领域的高端人才相对匮乏，发展过程中的痛点、难点问题难以及时破解，文旅主管部门、企业、景区在相关领域的决策咨询需求无法得到充分满足。二是缺乏复合型人才。"新基建"主要立足于新兴技术，与文旅产业融合发展的过程十分复杂，涉及科技、文旅、管理等领域的专业知识。目前，具备相关领域多元知识背景的复合型人才在河北十分稀缺，"新基建"在文旅产业领域的进一步深入融合面临瓶颈。三是人才培养和培训机制不完善。目前，河北省与文旅产业"新基建"融合发展相关的学科建设尚不完善，校企合作的人才培养机制有待健全。此外，现有从业人员的知识结构、知识体系更新明显落后于实际发展，已成为文旅产业"新基建"融合发展的内在障碍。

五　推动河北省文旅产业"新基建"融合发展的对策

推动河北省文旅产业"新基建"融合发展，需要完善的顶层设计和政策保障、协调联动的统筹发展格局、科学有效的信息支持、高品质产品的研发应用、多元主体的共同参与建设以及充足的智力支持与人才支撑。

（一）做好顶层设计，完善政策保障

一是提升战略思维。深化对"新基建"的战略认知，将"新基建"作为推动全省文旅产业转型升级、高质量发展的重要基础之一，紧跟国家和行业政策导向，保持长远眼光，超前谋划、科学布局。二是出台纲领性文件。围绕党中央、国务院和河北省委省政府决策部署，研究出台关于促进河北省

文旅产业"新基建"融合发展的指导意见，将文旅产业"新基建"融合发展纳入河北省"十四五"文旅发展规划，明确发展的基本思路、任务目标、实施路径等，提供科学指引与行动指南。三是强化要素保障。推进科技、金融、人才等方面的政策协同配套，持续优化发展环境，通过政策红利的持续释放，激励、引导市场主体积极参与文旅产业"新基建"融合发展。四是细化分类指导。结合"新基建"在不同领域的政策导向，鼓励文旅产业细分领域的发展。如结合"新基建"轨道交通政策，在5G、新能源充电桩、轨道交通等方面出台细化办法，支持"旅游+交通"融合发展。

（二）强化统筹协调，优化发展格局

一是跨部门协作。探索构建推动文旅产业"新基建"融合发展的领导机制，建立分工科学、权责明确、运行有序、务实高效的工作目标责任制，推动文旅主管部门与其他有关职能部门的协同配合。二是跨行业联动。打破传统行业间的界限，推动文旅行业与交通、工业、金融、科技、教育等行业的互动发展，拓展文旅资源范围，衔接不同领域的体验内容，推动理念、创意、商业模式等方面的融合创新，构建多行业跨界参与、协同联动的文旅产业"新基建"融合发展生态圈。三是全链条统筹。持续推动"新基建"向资源开发、景区管理、产品研发、营销推广、消费体验等方面深度渗透，实现全产业链条的统筹布局、均衡发展。四是跨层面交互。探索分别由政府、企业主导的"新基建"之间的高效联通方式，增强政府层面与企业层面在"新基建"领域的双向互动，实现各类相关数据、应用的充分交互与高效链接。

（三）整合数据信息，提升指导效能

一是丰富数据资源，加强数据共享。依托"河北旅游云""河北文旅5G大数据创新实验室"等平台，不断丰富河北文旅大数据资源，建立覆盖全产业的监管、展示、共享、交互平台，实现产业全链条数据信息的纵向贯通。同时，接入交通、气象、安全、广电等领域数据，加强与相关职能部门

163

数据信息的横向融通，实现大数据的全面共享，为全省文旅产业与"新基建"融合发展提供基础信息支持。二是提高数据的分析、应用水平。依托"新基建"的信息基础和数据分析处理优势，结合各类技术手段，积极打造、完善文旅大数据公共服务平台，提升数据分析的可信度与指导性，为文旅产业发展提供更加科学、可靠的数据参考和决策依据。此外，在利用"新基建"创新产品、服务、体验的同时，强化其在推动企业运营管理模式变革方面的作用，通过数据和技术赋能，促进业务流程优化和运营模式创新，提升企业发展活力。

（四）加速创新应用，激活消费潜力

一是加快技术转化。围绕产业链部署创新链，围绕创新链布局产业链，加强"新基建"相关技术与景区、产品、业态的融合深度和效率。特别是一些已经设置有 5G 基站的目的地和景区，应加快 5G 与其他技术的融合，充分发挥其作用，加速 5G + 人工智能、5G + VR/AR、5G + 超高清视频等相关创新应用的推广。二是精准匹配供需。通过大数据对游客消费行为特征进行深度分析，实现对游客反馈信息收集、调查、分析的常态化，动态掌握需求变化的趋势与特征，充分结合市场需求开发产品，为提升服务质量、制定行业服务标准提供有效的信息参考。三是激发潜在需求。充分运用"新基建"相关技术，进一步深入挖掘整合全省优质文旅资源，丰富内容表现形式，优化产品功能及互动体验，开发以科技型、智能化、个性化等为特征的新业态、新产品，激发游客的更多潜在需求。四是突出样板引领。培育打造一批真正符合市场需求的标杆式项目、产品，及时总结推广成熟的商业模式，持续开展相关示范性项目评定工作，加大宣传推广力度，通过样板模式引领文旅产业"新基建"融合发展。

（五）扩大参与主体，提升建设效率

一是丰富投资运营主体。突破目前以政府、大企业、大景区为主的投资建设方式，广泛吸收、鼓励社会力量参与到"新基建"与文旅产业的融合

发展中来，探索建立多元主体参与的投资运营模式，鼓励以市场为导向的投资建设行为。培育壮大运营主体，在推动项目投资建设的同时，着力提升运营效率，避免发生"重建设、轻运营"现象。二是充分重视游客意见。游客作为旅游消费主体，其意见反映着真实的市场需求。因此，在推动文旅产业"新基建"融合发展过程中，应更加注重对游客反馈信息的收集与分析。在政策征询、项目谋划过程中，应引入游客代表。同时，建立以游客为主要参与者的市场需求调查长效机制，以游客需求为依据打造产品与服务，提升融合发展的精准度和有效性。

（六）注重智力支持，补齐人才短板

一是集聚高端智力。组建涵盖文旅、科技、商业等多领域专家的高层次专家智库，建立专家决策咨询机制。同时，强化"河北文旅 5G 大数据创新实验室"的平台效应，集聚各类智力要素，为河北省文旅产业"新基建"融合发展提供高端智力支持。二是加强调查研究。强化与科研机构、高等院校的合作，推进"新基建"在文旅产业中的应用研究。支持相关领域学科带头人和研究团队开展文旅产业"新基建"融合发展的专题性研究，形成系统化、有分量的研究成果，为产业领域提供科学指导。三是强化人才培养。建立健全 5G、大数据、人工智能、区块链等领域的人才培养机制，推动省内院校完善相关学科建设，深化校企合作、政企合作，培养一批创新型、复合型、应用型人才。完善行业培训体系，鼓励企业、景区对从业人员开展相关领域的知识技能培训，提升对文旅融合"新基建"的认知水平和应用能力，培养敏锐的市场嗅觉。

参考文献

戴斌：《数字时代文旅融合新格局的塑造与建构》，《人民论坛》2020 年第 Z1 期。

徐宪平、张学颖、郜江兴：《新基建：数字时代的新结构性力量》，人民出版

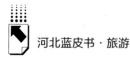

社，2020。

妥艳娣、陈晔：《"十四五"时期我国国内旅游消费新趋势与促进战略》，《旅游学刊》2020年第6期。

孔慧珍：《发力"新基建"打造新支撑》，《河北日报》2020年4月1日。

郑憩：《疫情以来我国旅游市场变化趋势特征及对策研究》，《中国物价》2020年第10期。

方然、韦广林、乔凯：《2020：疫情下5G文旅的A面与B面》，《中国旅游评论》2020年第3期。

林卫慈：《新基建为文旅产业发展注入新动能》，《中国旅游评论》2020年第2期。

B.10
河北省文化旅游安全预警机制建设研究

蔡欣欣　张广俊[*]

摘　要：　河北省文化旅游安全预警在组织机构建设、信息平台开发、制度政策创新、基础设施建设等方面积累了丰富经验，基本预防和制止了重特大安全事故的发生，也存在预警主体协同性弱、预警意识不强、预警机制技术水平不高等问题。完备的旅游安全预警机制须具备体系的科学性、运行的有效性、决策的时效性等特点，应囊括安全信息的收集、评估、预警等方面，涵盖可能影响旅游安全的突发事件、不良旅游业务行为等模块。新的时代条件下完善河北省旅游安全预警机制要加强预警主体的互动性，利用大数据推进预警平台建设，持续开展风险辨识和隐患排查活动，推动信息公开，完善安全事件应急机制，为建设河北旅游强省、优化旅游环境提供有力支撑。

关键词：　文化旅游　安全预警机制　河北省

在新时代，旅游已成为河北省人民群众生活的重要组成部分，是满足人民物质和精神需求的主要途径，在促进人的自由全面发展上意义重大。但在河北省旅游业快速发展中，各种显性和潜在因素、传统与新型风险相互交

---

*　蔡欣欣，河北省社会科学院法学所副研究员，主要研究方向为经济法、社会治理；张广俊，南开大学马克思主义学院硕士研究生，主要研究方向为马克思主义中国化。

织，由此所滋生的旅游安全事件对人民群众的生命健康和旅游业的有序运作造成了消极影响。新形势下我国旅游业已经进入大众旅游和全域旅游时代，旅游的时空维度大大延伸，旅游主体的多元化趋势进一步发展，由此所带来的新的安全风险和挑战向旅游安全治理提出了更高要求。旅游业已发展为一个涉及旅游主体食、住、行各方面及公安、消防和气象等多部门的综合性产业，各领域和环节都存在造成旅游安全事故的因素。

一 建设河北省文化旅游安全预警机制意义重大

40多年来，我国旅游业从无到有、由弱到强，日益成为促进经济增长的新增长点，逐渐成为我国国民经济发展的战略性支柱产业。建立健全河北省文化旅游安全预警机制是河北省做好常态化疫情防控，促进旅游业高质量发展的必然要求，对于构建全域旅游大格局，提升河北旅游品质、推进京津冀旅游协同发展、打造旅游品牌具有重要作用。

（一）促进相关部门和单位防护态度正向转变，积极履职尽责

安全是旅游业的基石，是旅游业成长壮大的中心支柱，旅游安全牵系着旅游业的未来前景，也关系着人民对美好生活的向往和追求。在新的时代条件下，旅游安全已成为国家安全的重要组成部分。旅游安全预警机制旨在敦促和鼓励各有关政府部门和旅游经营者协调合作、信息分享和各司其职，通过有效举措和有力手段加强旅游安全各方面因素的预判和分析，科学准确地把握其发展态势、消极后果和危险层级，综合多方面信息做好安全预警前期准备、事中处理对策和后续应对方案，将危险事故发生的可能性和所造成的不良影响降到最低。建设河北省文化旅游安全预警机制有助于各方面主体科学识变、主动预防，改变被动应变的盲目状态，充分发挥各主体监测者、应对者和救助者等多重身份的合力，避免单一事后化解矛盾作用的局限，增强事前预判和科学分析能力，从而实现其旅游安全防护态度和角色的转变，提升履职尽责能力，防范化解各种不安全因素，提高旅游业治理效能。

（二）利于统筹把握不安全因素新特点，确保旅游业健康持续发展

在大众旅游和全域旅游的背景下，旅游活动各环节中的不安全因素呈现出相对于更高层次的广泛性、复杂性、隐秘性和时空性等特征。旅游业产业链的横纵维度不断延伸，既包括意识形态建设等思想文化领域，也涵盖景区基础设施、规章制度等物质基础，更囊括林业、农业、交通、气象、医院等多部门、多主体的综合服务行业。旅游业的综合性特征决定了各种不安全因素在旅游环节、旅游主体、服务部门等层面存在的广泛性，"也必然涉及与旅游活动各个环节相关的社会关系和社会问题"，决定了其表现形式涉及自然灾害、公共卫生事件、不良旅游企业欺诈等的复杂性，同时一些自然灾害和公共卫生事件具有突发性特征，加之一些经营者对部分安全问题的刻意隐瞒或谎报，导致不安全因素愈发隐蔽。此外，随着旅游业务在时空维度扩展，不安全因素的存在和发生也更具有时间上的集聚性和空间上的相关性等时空特征。建立健全河北省文化旅游安全预警机制有助于深入分析研究非安全因素的新特征、新表现和新形式，从而"对症下药"，完善相关制度政策和设施建设等，缓解和稀释非安全因素对旅游业的冲击，确保其稳定有序健康发展。

（三）益于维护各方利益，筑牢服务主体与客体的良性关系

旅游安全是一个复杂的、动态的社会安全现象及安全保障体系，旅游安全牵涉多方面安全问题，其核心是人的安全。各旅游服务主体要始终将人民群众的根本利益特别是安全权放在各项业务的首要位置，在满足群众旅游需求的同时，提供更多更高质量的旅游产品。建立健全河北省文化旅游安全预警机制有益于治理和规范旅游市场秩序，突出安全旅游主线，深化旅游业供给侧结构性改革，做到提供服务和维护安全"两手抓"，以人民群众对安全旅游的需求倒逼旅游业供给端的改革创新。旅游安全预警机制能够建立起政府部门、旅游单位和人民群众之间相互的利益联系，服务主体通过信息共享等对气象、基础设施、客流量和疫情防控等旅游安全信息进行收集和研判，

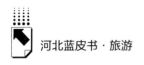

合理划定预警等级，建立旅游"红黑榜"或"黑名单"，旅游企业和景点全面做好安全隐患排查，制定有效可行的安全应急预案，并通过多渠道及时发布安全预警信息，利于游客准确获知相关安全信息，合理规划出行，保证旅游服务正常进行。游客也可通过投诉机制等渠道维护自身合法权益，从而形成旅游主客体之间的良性关系，减少或避免旅游安全事故的发生，保证旅游活动的顺利推进和社会的和谐稳定。

二　河北省文化旅游安全预警机制建设现状

河北省委、省政府始终高度重视全省旅游安全和发展改革有关问题，带头研究、亲自部署、监督实施，推动省文化和旅游机构改革，建立旅游安全事故组织机构和体系，制定出台旅游安全应急预案、旅游业高质量发展规划和指导意见等，初步建立文化旅游安全预警机制。河北省旅游业在质与量上均实现了整体提升，取得了显著的经济效益和发展效能。

（一）河北省文化旅游安全预警机制建设基本情况

河北省健全旅游安全顶层设计，加强旅游业公共服务体系和基础设施建设，整治旅游消费环境，促进政府旅游信息公开，文化旅游安全预警机制初步建立，充分激发了旅游业对经济社会发展的综合带动作用。

1. 加强组织机构建设，形成旅游安全新型治理体系

根据中央和河北省政府有关精神，河北省旅游局更名为河北省旅游发展委员会，由省政府直属机构调整为省政府组成部门，负责旅游市场秩序监管和协调推进全省旅游公共服务体系建设等工作。各设区市设立旅游发展委员会，总体实现旅发委在省市级别的领导指挥，成立旅游工作领导小组，主要领导亲自指挥和部署，初步达到对旅游业的综合管理。省文化和旅游厅为全省旅游安全提供重要组织保障，指导文化旅游企业落实疫情防控、防汛抗旱、森林草原防火、安全生产、消防安全工作；要求在节假日或重大活动期间发生安全事故后应及时设立包括事故处置组、信息研判组等在内的省指挥

部以及现场指挥部组织机构，初步形成现代旅游治理新体系。

2. 加快旅游信息共享平台开发，提升旅游信息质量实效

一方面，大力推进全省旅游业信息网开发建设，启动"河北旅游云"基础信息平台，基本形成了融通全省旅游相关部门、企业和景区信息的采集整合、科学分析和应用管理网络格局，通过对各方信息的集聚，逐步建立服务和满足群众、景区及旅游企业和政府需求的全方位、多层次的旅游服务与信息监管系统和应急系统，以提升政府的旅游服务水平、企业的经营能力和公众的决策质量，推动构建高质量的旅游生态。另一方面，要求景区和涉旅企业加强同气象、住建等部门协同联系，完善信息共享和合作应急等体制，同时加强安全动态监测，及时发布风险预测和安全预警信息，保障游客的生命财产安全。此外，探索对高风险旅游项目相关信息的建档立册，使后期监管和整改有据可循。

3. 推进政策规章制度体系的完善，使各项工作有理可依

编制并出台发布《河北省旅游高质量发展规划（2018－2025年）》、《关于加强汛期旅游安全工作的通知》以及《河北省节假日和重大活动期间安全事故应急预案》等相关规章政策，在做好疫情防控的同时狠抓安全，建立健全旅游安全顶层设计，重塑重点领域旅游评估和监督考核标准办法，推进"安全生产月"等活动，初步形成了省、市、县三级联动以及"1＋2＋8"的旅游发展政策体系。同时，与其他相关部门合作，深入开展旅游业打黑除恶专项行动，制定整改措施，为河北省旅游安全和行业持续健康发展提供坚实的政策基础。

4. 推动旅游项目风险辨识和隐患排查，加大旅游基础设施建设力度

旅游部门督导各景区和旅游企业加大对旅游各环节的项目安全检查力度，特别是在汛期、节假日或重大活动期间，严格做好安全保障工作，要求在存在较高安全风险和隐患的项目或地点设立安全警示标示或防护设施，并逐一制定防范化解重大安全隐患的管控举措，坚持动态监察、全面公开与及时整改相结合，切实做到无禁区、全覆盖、零风险。逐步推进旅游基础设施建设工作，改造提升旅游专线道路等交通基础设施，保障出游安全。健全游

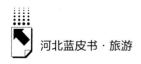

客服务中心、住宿地等旅游基础设施，加快增强旅游景区的安全防护和应急救援功能，大力推进"厕所革命"，防范公共卫生事件的发生，同时建立旅游应急指挥平台等旅游服务设施，提升旅游发展保障能力，为高质量旅游发展打牢根基。

（二）河北省文化旅游安全预警机制建设存在的问题与原因

河北省文化旅游安全预警机制框架基本建立，形成了规章制度、组织队伍、技术设备等相互配合、相互促进的格局，有效地预防和规避了重大旅游安全事故的发生，为打造安全、高质量的全省旅游生态奠定了坚实的基础，为促进旅游业转型升级、持续发展营造了良好的环境。但是，旅游安全预警机制仍处于初步建立的阶段，存在较大的改进空间。

1. 文旅安全预警主体职责不明确，缺乏协调配合

各主体之间尚未形成长效的合作机制，一方面表现为"各自为政"，主要着手于本部门或单位所属领域、辖区的工作职能和业务安排，各部门和单位之间缺乏长期稳定的协同机制和合作意识，特别是在进行跨区域、跨部门的安全预警或应急处理时明显处于被动状态。另一方面则表现为"多头指挥"，各主体在处理旅游安全事件时着重解决自身职责范围内的事项，多个部门同时陷于某一个事件，往往造成相互牵扯、效率低下等问题。这些现象的存在主要是由于各旅游安全预警主体没有完全明确自身的责任，旅游部门独挑大梁而在信息收集和处理上又力不从心，部门间、行业间的信息壁垒阻碍信息的有效流动，造成各主体间的隔膜和合作意识的缺乏。

2. 预警意识较为淡薄，各方面安全教育相对欠缺

相关部门和涉旅企业对安全防护工作的重视程度不足，缺乏危机意识和预警意识，不能严格落实主体责任。一是政府部门对旅游安全的强调略有欠缺，主要着眼于扩大旅游业规模、推进品牌建设、旅游市场整治等较为宏观的方面，在旅游安全上发力较少，或是层层下放安全责任，降低自身职责。二是政府部门在安全事故处理上多是扮演事后营救者，一些方案政策往往也被定义为事后应急预案，被动应对安全事故。各方面安全教育不足，特别是

对游客的安全意识、预警知识、法律常识的培养和教育较为薄弱，导致其缺少风险防范意识和自救互救能力。

3. 信息系统不健全，技术水平仍需提升

信息系统不健全主要体现在旅游安全信息的收集和发布两个方面。在信息收集上，安全信息主要集中在前期信息，即可预见和可控信息的获取和整理上，旅游中后期的监督和反馈信息相对缺少，如对旅行途中导游不良业务行为的监管及游客对旅行的满意度和意见反馈方面的信息。在信息的发布上，没有统一的信息分享平台及被广大游客认可和接受并广泛使用的分享途径，降低了安全预警信息的实效。出现这些问题主要是因为各主体之间"既是信息的传播者也是接受者"，不同主体信息发布或接收的程序和渠道存在较大差异，导致信息收集存在滞后性、低效性等，同时技术支持不能有效跟进，不能有效发挥大数据在对各主体信息的收集、分析、整合等方面的巨大功效。

三　河北省文化旅游安全预警机制的内容框架

我国高度重视旅游安全领域的立法、管理、建设等工作，先后制定和颁布了《重大旅游安全事故处理程序试行办法》《旅游安全管理办法》等政策文件，特别是党的十八大以来制定和实施的《中华人民共和国旅游法》，成为我国旅游业持续健康发展的基本法律支撑，其中单列一章，从人民政府及相关部门、旅游经营者和旅游者三个层面对旅游安全作出详尽规定和论述。为此，必须建立健全文化旅游安全预警机制，及时研判各种事态发展的可能性趋势，将安全隐患扼杀在摇篮之中，最大限度地减轻各种风险的不利影响。

（一）总体思路

文化旅游安全预警机制的根本目的是通过辨识和排查旅游业各环节存在的威胁旅游业和游客安全的因素，及时进行信息预警来影响各主体的行为，

从而降低安全事故的发生率或减轻其可能产生的不良后果。因此，旅游安全预警机制重在事前的监管和预防，而非事后的处理与反思。

1. 体现系统性和科学性

系统性是指旅游安全预警这一机制包含的责任主体、预警内容和结构要素要全面且有层次，是一个有机整体，各主体和要素之间具有合理的主次之分和良性的互动关系，不存在相互制约、彼此掣肘的情况，保证机制的顺畅运行。科学性强调机制的建立健全要符合相关理论的要求，适应本地区或本领域的现实要求，能够有效指导相关部门和行业人士作出科学合理的旅游风险预警，不与其他法律规章和思想观念相冲突，确保机制建设方向和路径的正确性。

2. 贯穿精确性和时效性

旅游安全预警机制的精确性和时效性是由旅游安全事件影响因素所具有的突发性、复杂性和广泛性等特点决定的。精确性要求能够最大限度地集聚有效信息，摒弃无用庞杂信息，在科学合理分析整合相关资料的基础上，对可预见和难以预计的旅游安全因素作出准确判断，避免误报或漏报，从而达到预警效果。时效性是要及时收集旅游各环节安全信息，自觉舍弃过时信息，保证各方面信息"新鲜出炉"。同时安全预警的发布也要及时，综合考虑各主体信息发布程序和渠道的差异性以及各环节的时间损耗，确保安全预警能够提前被有关单位、企业和群众获悉。

3. 保证创新性和可行性

在大众化和全域化旅游大形势下，旅游安全预警机制要准确把握新条件下旅游非安全因素的新特点、新要求，科学调整机制内部各要素的关系，制定和落实新预警方案和应急措施，确保机制功能顺应旅游业发展大势。同时，机制的调整也要符合现实和时间逻辑，防止脱离各主体的实际要求，抑或是看似严谨合理、分条缕析却难以执行、束之高阁，避免盲目求新立异而出现"纸上谈兵"和"防空炮"现象，使预警机制能切实发挥作用、指导实践。

（二）内容结构

旅游安全事故的致因可分为自然和人为两个维度，据此旅游安全事故可归纳为交通事故等事故灾害、气象灾害等自然灾害、盗窃等社会安全事件、突发疫情等公共卫生事件和包括恶意导购及景区设备故障等在内的业务安全事故几类。根据各类灾害事故的性质和特点，可以将旅游安全预警机制的内容结构归结如下。

1. 突发事件预警

突发事件具有事发突然特征，致灾因素产生的时间、地点及表现形式都具有较大程度的不可预测性，预警难度相对较大。突发事件预警包括自然灾害预警、社会安全事件预警、事故灾害预警和公共卫生事件预警，涉及主体较多、信息种类繁杂、预警研判复杂是这类预警的主要特点，涵盖了大部分的非安全因素，是预警机制的主要组成方面。因此，此类预警需要投入更多的资源和精力，对预警机制运行的顺畅度、协调性、安全性要求更高，在降低安全事件发生率和致灾因素影响方面的作用更大。

2. 环境污染预警

环境污染预警是对旅游环节中各地域的水、空气和土壤等所受的污染值、污染源和污染区域分布以及未来发展趋向作出预估，并根据综合指标发布相应等级的预警。相对于其他三类预警，环境污染预警在设备技术、人力资源和相关经验上都具有较大优势，具有及时更新、长期监控、科学准确等特点，而且环境污染事故的发生是一个较长时间不断积累的过程，突发的可能性较小，对其发展方向、影响程度的预判也较为精准，信息发布渠道更多样，能够有效规避相关事故的发生。尽管由环境污染造成的旅游安全事故的概率很低，但其对游客身心健康具有直接或间接的不良影响，仍需加以重视。

3. 旅游容量预警

旅游容量是旅游综合接待能力的衡量指标，包括自然和社会环境容量、资源设备和服务容量以及旅游心理容量等方面。其中与旅游安全密切关联的主要是旅游地的资源和服务容量，如景区所能承受的游客最大值以及周边住宿、交通等相关服务的容客量。旅游安全容量预警是在合理判断旅游地资源和服务容量的基础上，对各种容量超标现象和行为提前进行预警，以防止或减轻由容量不足导致的各种安全事件及其影响。特别是在重要节假日及重大

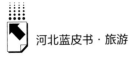

活动期间，旅游容量预警能有效协助景区合理安排旅游规划，指导游客避免旅游高峰，减少安全事故发生。

4. 旅游业务预警

旅游业务预警主要是针对涉旅企业或旅行社的非法业务作出的警告，包括违规旅游经营者预警及旅游企业或导游违法业务行为预警两方面。通过对不良涉旅企业及不良业务行为信息的公布，引导群众自觉规避个别旅游企业的欺骗敲诈和强制团购等陷阱，或者旅游经营者非法行为导致的设施安全隐患等不安全因素，以此督促其整改落实，营造健康有序的旅游环境。旅游业务预警需要建立健全旅游监督和信息反馈机制，通过对旅游各环节的监督及意见反馈，对不合理的旅游业务行为及时曝光，维护消费者合法权益。

（三）构成要素

旅游安全预警机制是一个牵涉多方、信息庞杂、运行繁重的多维预警机制，相关组织、制度及技术是这一机制的重要支柱。旅游安全预警机制的目的是基于各方旅游信息的分析研判，作出科学准确的旅游风险预警，以期减少旅游安全事故的发生，消减不良事件的消极影响。因此，对相关信息的采集整理、分析研判、决策预案及风险预警构成了这一机制的主要因素或子机制。

1. 信息采集监测

旅游安全数据信息的规范收集是进行旅游风险预警的首要步骤，涉及气象、卫生、交通等多部门，包含涉旅企业、旅游经营者及从业人员和游客多个主体，信息来源渠道多、数量规模大，大数据助推旅游信息化，增大了信息搜集的难度。旅游安全信息的采集应包括各部门之间统一的信息收集与报送网络的建立健全和主体间线上线相结合下信息分享子机制的完善，实现信息联动。同时，旅游部门要发挥主导作用，建立对各景区的监管网和同游客间的互动网，确保对所负责领域信息的全面掌握，以此形成以旅游部门为主体的、其他相关部门协同配合的旅游信息采集监测机制。

2. 信息分析评估

科学合理的信息研判是进行正确安全预警的前提，是旅游安全预警机制的关键一环，旅游安全信息的研判需要经过信息取舍、分析趋势和评估影响三个主要过程。一是根据信息的正误和质量进行取舍，结合各领域专家的判断，形成统一稳定的指标体系。二是系统分析研判各非安全因素的层级、特征及未来发展趋向，准确把握其同其他因素的联系。三是评估影响，在前两个过程的基础上评估各非安全因素可能导致的不良后果的领域、范围和程度，科学评定其影响等级，以助于合理拟定风险预警。

3. 信息决策预案

通过对安全信息的集合和研判，制定相关风险预案，规划未来行动的方向、解决风险因素的路径。在这一阶段，旅游部门和涉旅企业要根据旅游安全信息的风险等级，统筹各方面因素和可能的结果，研究出合理可执行的风险预警方案。风险预警方案一方面要具有针对性和可行性，瞄准存在的问题做文章，规划切实合理的解决路径和举措，避免预警的形式化和滞后性；另一方面要具有实效性，能指导各方面认清问题，根据实际调整各自计划和方案，减少安全事故的发生。

4. 危机风险预警

发布危机风险预警是旅游安全预警机制运行的最后环节，也是决定旅游安全事故发生率的关键。危机风险预警的发布一是要保证预警及时性，第一时间向相关旅游主体传播风险预警信息，坚持即时性与及时性相统一，做到事前预警而非事后营救，通过超前的风险预警将安全事故的发生率降到最低。二是要确保发布渠道的统一性、权威性和大众化，统一的官方渠道有利于旅游者规避虚假信息的错误影响和导向以及对正确预警信息的忽视，采取人民群众普遍接受和善于使用的信息接收途径能提高公众对预警信息的关注和重视程度，发挥风险预警的最佳效果。

四　河北省文化旅游安全预警机制的保障完善路径

在新时代，河北要继续聚焦建设旅游强省和全国全域旅游示范省，贯彻落实党中央相关指示精神，围绕省委、省政府重大方针政策，坚持新发展理

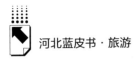
念，以改革促发展、以创新提绩效、以转型强品质，在质与量上持续健全完善文化旅游安全预警机制，推动旅游安全预警机制向纵深发展。

（一）加强文旅安全预警主体协同互动

《旅游法》规定："县级以上人民政府统一负责旅游安全工作"，各级政府有关部门要依照法律法规进一步明确职责，承担旅游安全督查责任，建立健全旅游安全责任制、考核机制和奖惩机制，激发相关部门主体责任。同时层层下压主体责任，敦促各涉旅企业和旅游经营者严格落实旅游安全保障工作，提高处理安全问题的能力。各预警主体之间要逐步打破分部门、分行业预警模式，理顺各自业务程序和信息调用关系，突破阻碍信息流通和业务交流的体制机制，简化合作程序，提升合作效率，更好地发挥专业互补优势。要加强公众旅游安全教育，提高群众安全旅游意识、安全预警参与度和能力，将安全关口前移，逐步形成政府主导、企业担责、社会参与的预警主体协同互动、统一管理的体制机制。

（二）推进政府文旅安全预警信息公开

安全预警信息公开的时效、程度和渠道共同影响公众对预警信息的关注度，也决定着预警信息的实际效能。河北省在推进旅游安全预警信息发布方面要坚持发扬宝贵经验，继续完善"河北旅游云"信息平台，统筹考虑不同人群在知识水平和能力上的差异，推进平台建设更加简洁化、人性化。进一步探索相关部门信息整合的机制和路径，提升集聚效率和质量，实现预警信息由分散到整合、由单一到立体的深层次转化，构建专门的旅游安全信息管理网络。加大信息公开的力度和规范度，坚决打击隐瞒、谎报、夸大安全事故或相关信息的行为，做到持续、动态、全面的旅游安全监督和信息公开，同时坚持开门问策，对群众反映强烈的违法旅游业务或行为及时进行曝光和整改。此外，建立主辅结合的权威信息公开渠道，实现信息公开渠道的多样化，提升群众获悉安全预警的概率。

（三）利用大数据构建文旅安全预警平台

旅游安全预警机制的完善要积极适应和顺应信息化发展趋势，加强技术研发和科技攻关，充分利用大数据在信息收集和处理方面容量大、速度快、精确度高、针对性强等特点，建立全面、系统、准确的旅游数据库，对旅游主体在各个环节的信息数据进行实时动态和全方位监督、整理和研究，超前预判景区热度和游客饱和度，提前掌握客流信息，及时发现各环节安全隐患，快速制定有效应急及救助方案，为建立全面的旅游安全分析机制、及时的旅游安全应急机制、精确的旅游安全救援机制和系统的旅游安全保障机制提供数据支撑。以携程为例，其根据十多年的安全事件处理经验，依托大数据加持，成立了我国首家重大自然灾害预警中心，为平台合作旅游机构和游客及时提供旅游提示。利用大数据建构预警平台，结合传统旅游安全预警平台，构建起统合线上线下、各方联动、科学实用的新型预警机制。

（四）完善旅游安全事件的应急处理机制

对突发事件的应急处理是旅游安全预警机制应具备的一个重要功能，是安全预警的主要环节。河北省旅游部门已制定节假日和重大活动期间安全事故应急预案，为特殊时间段旅游安全事故的应急处置作出详尽安排，此外也要进一步补齐其他方面的短板。继续增加应急物质储备，建立统一的应急物资调配机制，打通各方面人力、物力和财力流通渠道；增强应急预案的灵活性，定期开展应急演练，根据情况及时进行修订完善；进一步增强事故监测能力，学习发达国家及国内先进城市经验，建立上下联动、结构完整、立体集成的应急管理组织，如北京的突发公共事件应急委员会等；推进应急规章政策和激励机制建设，加强社会应急教育，推动形成社会力量广泛参与的应急管理机制。

（五）持续开展文旅安全风险隐患排查

抓细抓小才能防患未然，未雨绸缪方能化危为机。面对旅游业发展新形

势，要进一步贯彻党中央防范化解重大风险指示精神，深刻认识当前安全生产态势，树立高度的旅游安全意识，始终将人民群众生命财产安全放在首位，深入开展安全生产活动。继续进行重大风险旅游项目专项整治，广撒网、立规矩、强落实、促整改，夯实领导责任制，对风险项目进行督导改造，对行动不到位、落实不到底的要严肃追责问责。联合旅游企业对景区防护设施、相关设备、风险较高区域等关键点进行动态安全评估，督促旅行社积极承担安全责任，加强对导游安全教育培训，合理安排旅游路线，自觉规避安全风险等级较高或疫情高发地。

隐患就是事故，安全就是责任。建立健全河北省文化旅游安全预警机制意义重大。要明确价值定位、搭好内容框架、汲取先进经验、找准问题不足，贯彻落实党中央有关政策精神，加强同兄弟省份的交流学习，为推动河北省文化旅游安全预警机制的健全完善，助力营造高质量安全的旅游环境，推进旅游强省建设不懈奋斗。

参考文献

赵怀琼、王明贤：《旅游安全风险系统研究》，《中国安全科学学报》2006 年第 1 期。

钟开斌：《危机决策：一个基于信息流的分析框架》，《江苏社会科学》2008 年第 4 期。

消费创新篇

Consumption Innovation

河北省旅游"夜经济"创新发展研究

从佳琦[*]

摘　要： 2020年，在疫情防控常态化的背景下，发展旅游"夜经济"
成为激发消费潜能、提振文旅经济的重要抓手。河北省旅
游"夜经济"的发展具备多方面的条件基础，并形成了多
种发展模式，本文对此进行了分析和总结。针对河北省旅
游"夜经济"参与意识不强、发展水平不高、地方特色不足
等限制因素，本文提出加强宣传引导、做好规划统筹、提
升文化内涵、促进业态融合、完善公共服务等对策建议。

关键词： 夜经济　夜间旅游　夜间文旅消费

　　当前，"夜经济"已成为消费领域的重点关注现象。"夜经济"是指下

---

[*] 从佳琦，河北省社会科学院旅游研究中心副研究员，主要研究方向为旅游经济。

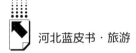

午6点到次日早上6点夜间时段的产品消费，核心是在时间和场景上延伸消费链条，针对不同人群的需求提供对应服务以拉动消费。[①] 旅游"夜经济"又称"夜间旅游"或"夜游"，是以本地居民和外地游客为消费主体，在夜间时段开展的各种文旅消费活动，涉及餐饮、住宿、购物、文化等多元化的商业形态。在疫情防控常态化的背景下，河北省通过发展夜间旅游，激发"夜幕下的消费潜能"，使旅游"夜经济"成为提振消费的"热引擎"。

一 研究背景

在国际上，"夜经济"概念的提出源于20世纪70年代的西方国家，时至今日已经历了一个相当长的发展时期。而我国"夜经济"起步于1990年初，早期形式主要是以延长营业时间和多业态粗放经营为主。如今，"夜经济"作为一种重要的经济形态，已进入集约化经营阶段，并成为衡量城市发展活力的重要指标。英国伦敦、美国纽约等都将夜间经济发展打造为自己的文化地标。2019年发布的《纽约夜生活经济报告》显示，2016年纽约市的夜生活创造了191亿美元的经济产出和19.6万个工作岗位[②]。在我国，北京、天津、上海、成都、重庆、广州、济南等主要城市也大力推行夜间经济发展模式，通过进一步拉动内需促进消费发展。北京王府井超百万人的客流高峰出现在夜市，上海夜间商业销售额占据白天的半壁江山，重庆2/3以上的餐饮营业额和广州1/2以上的服务业产值来源于夜间经济[③]。由此可见，"夜经济"对于社会经济发展已产生直接和深远的影响。

2019年"五一"假期期间，我国夜间消费金额占全天消费金额的30%[④]，较2018年及以前有显著提升。2020年受新冠肺炎疫情的影响，国

---

① 艾媒产业升级研究中心：《2019－2022年中国夜间经济产业发展趋势与消费行为研究报告》，艾媒网，2019。
② 赵一静：《2020中国夜间经济发展报告》，中国旅游研究院，2020。
③ 赵一静：《2020中国夜间经济发展报告》，中国旅游研究院，2020。
④ 赵一静：《2020中国夜间经济发展报告》，中国旅游研究院，2020。

内夜间消费整体呈现收缩态势，直至 4 月下旬才恢复到疫前水平。假日夜间文旅市场率先回暖，都市、近郊、省内夜游热度很高。由此可见，尽管受新冠肺炎疫情的影响，民众享受美好夜间生活的渴望却从未停止。随着夜间文旅市场需求的强势回归，旅游"夜经济"将呈现爆发式增长态势。

二 河北省旅游"夜经济"发展的基本情况

近年来，河北省顺应文旅消费提质转型升级新趋势，大力发展旅游"夜经济"，更好地满足人民群众品质化、大众化、多样化的文旅消费需求，释放文旅市场活力，激发文旅消费潜力，扩大文旅消费规模。2020 年，河北省积极应对新冠肺炎疫情给文旅行业带来的巨大冲击和困难，在做好疫情防控的前提下，采取一系列有效措施，推动文旅企业安全有序复工复产。截至目前，河北省文旅行业全面复苏，文旅市场逐渐回暖，文旅消费逐步恢复。文旅经济稳中向好的发展态势为发展旅游"夜经济"、促进夜间文旅消费发展奠定了良好基础。总体来看，河北省旅游"夜经济"的发展具备多方面的条件基础，并形成了多种发展模式。

（一）条件基础

1. 宏观的文旅产业发展政策支持

河北省委、省政府对于加快推进全省文旅产业恢复振兴和高质量发展十分重视，省文旅厅于 2020 年 3 月制定出台了《河北省文化和旅游产业恢复振兴指导意见》（以下简称《意见》）。《意见》针对疫情防控常态化下文旅市场新变化和消费新需求，对旅游"夜经济"发展做出了指导和部署。一是拓展景区夜间消费。鼓励景区夜间开放，打造水上夜游、幻光森林、汽车影院、星空营地等夜间旅游项目，拓展夜间文旅消费内容。二是打造"24小时城市"。鼓励商业购物中心、文化娱乐场所等延时营业，依托重点商圈、街区、步行道、景观带等，举办各类艺术节、美食节、购物节、音乐节等，满足人们的夜间文旅消费需求。三是丰富乡村旅游夜生活。大力发展特

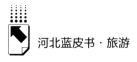

色精品民宿，鼓励开发乡村夜景亮化、光影麦田、篝火晚会、民俗灯会等夜间旅游产品，使夜生活消费由城市延伸到乡村。

2. 丰富的夜间文旅消费产品供给

河北省以夜间文旅消费需求为导向，重点打造夜间文旅演艺活动，构建夜间文旅消费产品体系。一是打造河北文旅演艺品牌，将"鼎盛王朝·康熙大典"、"浪淘沙·北戴河"、"印象·野三坡"、"塞罕长歌"和"冬奥情缘"等培育成为夜间文旅消费的拳头产品。二是 5A 级景区打造高水平、专业化的文旅演艺节目，4A 级景区开发通俗性、大众化的文旅演艺节目，乡村旅游培育地方性、亲民化的小节目、小舞台。三是鼓励各地市根据自身资源优势，积极打造夜间文旅消费产品体系。例如，唐山推出"夜游唐山"系列产品，开发"那年芳华"实景演出、南湖光影水舞秀等夜间演艺精品项目，培育皮影、评剧、乐亭大鼓等具有浓郁地域特色的夜间演艺项目，打造一批常态化的夜间文旅消费打卡地。

3. 优化的夜间文旅消费场景环境

一是推出城市会客厅，打造夜间文旅消费新地标，提升夜间文旅消费吸引力和知名度。二是依托城市商业综合体建设新型街区、优化传统街区，增加夜间休闲功能设施，丰富特色餐饮、品牌购物、休闲娱乐、文化体验等消费业态，打造具有文旅特色的高品质步行街。三是改造提升公共文化、演艺娱乐等场所设施，完善配套服务，拓展夜间文旅消费功能。四是加强重点商圈、商业街区和娱乐场所的夜间治安管理，保障夜间出游安全，加大夜间市场秩序及卫生防疫监管力度，规范行业标准，依法打击欺客宰客和恶性竞争，倡导诚信服务，营造安全优质放心的夜间文旅消费环境。例如，秦皇岛重点对碧螺塔公园小吃一条街、集发印象美食城、1984 文化产业园、西港花园等美食街区进行了业态和经营环境的改造提升。

4. 多样的夜间文旅消费惠民措施

各地市推行了一系列惠民措施，为促进文旅消费，特别是激发夜间文旅消费潜力起到了积极作用。例如，唐山将旅游、演艺、电影、图书等资源整合为唐山文化旅游惠民卡，使游客一站式消费唐山南湖国际会展中心酒店、唐山宴（饮食文化博物馆）、中国（唐山）工业博物馆、皮影主题乐园、《那年芳华》沉浸式演艺、南湖城市足球广场等旗下产品，并享受折扣优惠。承德发放"避暑山庄之夜——云闪付助商惠民"消费券，300余家商户参加活动，延长营业时间，开展以"夜场折扣"为主要形式的夜间促销。

5. 示范的夜间文旅消费试点建设

河北省文旅厅联合省发改委、财政厅共同推动文化和旅游消费示范城市建设工作，发挥引领带动作用。支持石家庄、廊坊、秦皇岛、唐山等地建设国家级夜间文旅消费集聚区，丰富夜间旅游产品、壮大夜间演艺市场，不断优化夜间文旅消费环境，推动夜间文旅消费规模持续扩大。例如，廊坊重点推动"水云间"商业街、1898文化商街和壹佰文化综合体三大夜间文旅消费集聚区建设，谋划创立消夏艺术节、美食文化节等文旅消费活动品牌，通过引领示范效应拉动经济指标增长。

（二）发展模式

1. 景区夜游

景区夜游主要是以灯光秀、旅游演艺、旅游节庆、主题展览、特色夜场体验等夜游项目为核心吸引力，使"过境游客"转化为"过夜游客"，从而带动景区内部及周边餐饮、住宿、购物、娱乐等消费业态的营收增长。代表案例：唐山南湖旅游景区、唐山国际旅游岛月岛景区、北戴河碧螺塔景区（见表1）。

表1　景区夜游模式

代表案例	模式
唐山南湖旅游景区	以南湖景区为空间依托，以爱情漫道、光影水舞秀、沉浸式实景体验剧《那年芳华》、皮影主题乐园、唐山宴、足球主题酒店等品牌项目为主体，辅以各类文化活动和精品赛事，打造内容丰富、特色鲜明、亮点纷呈的夜间文旅消费综合体。以创建5A级景区为抓手，完善文旅产业链和服务配套设施，同时抓住留客过夜的关键环节，构建包含"夜景、夜演、夜食、夜购、夜秀、夜宿、夜展、夜读"的高品质的夜生活体系，努力成为国家级夜间文旅消费聚集区，叫响"南湖之夜"品牌。自2019年以来，南湖景区夜场入园游客超过360万人次，约占游客总量的60%，带动新增旅游综合收入超过1亿元

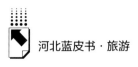

续表

代表案例	模式
唐山国际旅游岛月岛景区	致力于打造京津冀区域最有吸引力的旅游休闲度假岛,规划侧重于高端海岛娱乐休闲和运动体验服务,以异域风情的海岛娱乐休闲和运动设施为开发重点,开发高品质的旅游产品和配套设施。以"美景""美趣""美味"等为依托,积极打造欧式风格水上小木屋、荷兰风情美食商业街、异域浪漫氛围体验等消费业态,着重打造"月岛海洋音乐节"等品牌活动,促进夜间文旅消费。目前,月岛景区的夜间文旅消费收入占景区总收入的70%
北戴河碧螺塔景区	秦皇岛最早提出"白天去找它,晚上来找我"口号的景区,引领各大景区联动,专注于夜文化、夜生活的繁荣发展,成为秦皇岛旅游"夜经济"的领跑者。积极开发文化旅游新业态项目,打造以《浪淘沙·北戴河》大型实景演出为主的夜经济核心产品,2020年成为河北省重点打造的文化演艺产品。大型实景演出、婚礼主题小镇、房车露营地、美食文化、文创产品研发销售等多业态融合发展,成为夜间文旅消费的绝对亮点,从而繁荣特色民宿住宿、旅游纪念品销售、夜间交通运输、特色餐饮和高尚文娱性消费等上下游相关产业,带动旅游"夜经济"的发展

2. 夜间文旅消费街区

夜间文旅消费街区主要是以商业街区为空间载体,以区域特色文化与生活氛围为核心吸引力,聚集观光、餐饮、购物、文创、娱乐、演艺、影视等消费业态,实现"一街一品""一店一色",以满足居民和游客夜间多元化的消费需求。代表案例:石家庄勒泰中心庄里街、正定旺泉古街(见表2)。

表2 夜间文旅消费街区模式

代表案例	模式
石家庄勒泰中心庄里街	依托大型商业综合体"石家庄勒泰中心"而建,是省会夜经济"五大商业街"代表街区。建筑风格源自太行山脉梯田、村落的自然形态,南北两巷贯穿其中,两侧建筑犬牙交错。自2012年开街起,专业的商业规划设计支持24小时持续运营,可满足多样需求,集聚各类消费人群,通过IP场景和产品体验,成为夜间文旅消费的时尚打卡新地标。街区内店铺超百家,且风格各异,集合美食、文创、酒吧、咖啡、茶社、棋牌、健身、理疗于一体。"全城盛宴"原创大型户外美食娱乐主题活动日均客流量超15万人,日均销售额达2015.88万元,得到各地媒体、食客、业内人士的一致称赞
正定旺泉古街	依托隆兴寺等一批著名景点,借助历史文化景点传承所带来的人文价值,串联景点与餐饮购物之间的人文互动,让消费者在享受美食和文创产品的同时,了解古街的历史风貌、美食文化。目前已开业店铺41家,业态以老字号餐饮、全国名吃、主题餐饮等为主,以茶社、文创、文化演艺等为辅,打造独具特色的历史文化美食街。2019年被商务部命名为全国精品街区生活服务集聚中心

3. 夜间文旅景观带

夜间文旅景观带主要是以城市绿道、水系、公园等市政基础设施为空间载体，通过植入灯光造景、沉浸式科技、文化艺术等元素，打造夜间文旅观光体验长廊，形成城市风光与多元消费场景融合的夜间消费集聚区。代表案例：石家庄滹沱河生态区"光影水秀"（见表3）。

表3　夜间文旅景观带模式

代表案例	模式
石家庄滹沱河生态区"光影水秀"	集山、水、光、景于一体的大型沉浸式城市空间景观秀，以"景融滹沱，光润古今"为主题，以灯光串联景观为节点，以音乐喷泉水秀、山体灯光秀、水幕电影、光影水秀山水四个环节联动打造区域夜景核心内容，喷泉、山体、激光交相融合，随着音乐旋律变换色彩和造型，整体效果美轮美奂，惟妙惟肖，沉浸式科技使观众仿佛身临其境。"光影水秀"打造了专属于省会的滹沱河特色景观夜游"新名片"

4. 夜间文旅综合体

夜间文旅综合体主要是以景区、度假区、酒店集群、文化产业园等为依托，通过营造夜间景观和完善夜间文旅消费项目，形成功能完善的夜间文旅消费集聚区。代表案例：遵化尚禾源旅游综合体、廊坊壹佰剧院文化综合体（见表4）。

表4　夜间文旅综合体模式

代表案例	模式
遵化尚禾源旅游综合体	集合休闲娱乐、文化体验、特色美食、精品民宿、研学拓展、观光游览等多种消费业态。不断进行商街夜景提升改造建设，全天候开放运营，开设夜间游船游览、灯光秀、音乐吧等夜间消费项目，拉长游客游览时间。积极开展民宿建设，建立夜间消费链条。挖掘本地文化内涵，主办新媒体演艺节目。开展美食节评选、露天电影院、古装快闪、全面健身广场舞、二十四节气活动、栗花节等众多主题活动，从而实现引流。通过培育一批有创造性、独特性、内涵性、传播性的文旅项目，打造特色鲜明的品牌形象。2019年首开区营业收入达290万元，其中夜间消费为130多万元，景区无门票，消费均为文旅体验类项目收入
廊坊壹佰剧院文化综合体	将剧院经营与文化主题合力，由壹佰剧院、壹佰文创大厦、壹佰公园三部分组成。以"公共文化服务中心、文化创意孵化中心、文化科技教育中心、文化生活休闲中心"为核心，提供公共文化服务。围绕文化艺术、文化商务、文化教育三大主营业务优势，积极打造夜间消费场景，策划并启动青岛啤酒节暨文化夜市活动。活动以"文旅推动消费·啤酒乐享人生"为主题，融合"啤酒文化、流行音乐、文化艺术、美食娱乐、互动游戏"等主题元素，为市民和游客打造一场以文化艺术为核心，以美酒、美食为媒介的城市文化嘉年华，成功实现了文化设施向夜间文旅消费的延伸

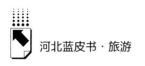

三 河北省旅游"夜经济"发展的制约因素

目前,北京、上海、成都、广州、深圳等城市的夜间文旅消费均已占到全天消费的 50% 左右,而且还在逐步上升。从整体发展阶段和水平来看,河北省旅游"夜经济"发展还处于起步阶段,各市发展水平与一线城市相比还有很大差距。

(一)思想观念保守,参与意识不强

思想观念因素主要体现在两个层面。一是管理层。管理者参与夜经济发展的意识不强,有关部门缺乏必要的引导。各级展览馆、文化馆、科技馆、博物馆、图书馆等场所服务时间超过 18 点的不多,各级文物保护单位开展夜间旅游服务的也很少,未能使这些文旅资源全天候发挥价值,缺少发展旅游"夜经济"的浓厚氛围。二是群众层。河北省居民思想开放度较低,习惯遵循传统的生活方式,缺乏固定的夜生活习惯,在消费观念上还存在重物质、轻文化的现象,导致夜间文旅市场发展缓慢,缺乏强劲的内在动力。尽管随着经济条件的改善和宏观政策的引导,人们的生活方式在逐步转变,文旅休闲的消费比重也在逐步提高,但由于在传统观念中,夜间消费并非常态,加之旅游营销对夜间产品宣传不足,"夜游"尚未被广泛认知,人们参与夜间文旅消费的积极性仍然不高。

(二)缺乏规划引导,发展水平不高

"夜经济"遵循经济发展的一般规律,若完全依靠市场,难免出现自发性和盲目性,因此必须科学规划、合理引导。以商业街区为例,北京的三里屯酒吧街、上海南京路、成都宽窄巷等之所以成为当地夜生活最繁华的娱乐街区,都离不开政府统筹规划引导和多部门分工协作。而河北省大部分商业街区建设规模小、品牌模糊,发展水平不高。尽管也有一些特色商业街区,例如石家庄庄里街、正定旺泉古街、鹿泉德明古镇等发展较好且小有名气,但与国内知名商业街区相比，仍然存在功能不完善、特色不鲜明、环境不够好、档次不够高等问题和不足，在产品质量、服务水平、文化底蕴等方面还有待进一步提升。此外，在消费升级、电商分流的冲击下，一些规模小、位置偏、基础差的商业街区客流稀少、效益低迷，发展不容乐观。

（三）内容形式趋同，地方特色不足

"夜经济"繁华的地方都会推出风格各异、体现地方特色的夜间旅游项目来吸引游客，例如，南京夜游秦淮河、杭州《印象西湖》大型演艺节目、长沙铜管夜市等，都具有强大的品牌效应。当前，河北省大部分景区没有夜间营业，一到傍晚便关门谢客，游客无法入内，景区资源未能很好地在夜间发挥效能。也有一些景区开始尝试开发夜间旅游项目，但大多是效仿和移植，从内容到形式都十分趋同，千篇一律的灯光秀、表演秀，使游客产生了不同程度的审美疲劳。城市夜生活内容主要以餐饮、购物、娱乐为主，夜间消费场景单一，开放场所大多是饭店、商场、KTV、影院、洗浴等，地方特色缺失，吸引力和影响力不足。总体来看，河北省夜间旅游发展面临同质化挑战，具有河北地方特色的夜间旅游项目还有待进一步挖掘，夜间旅游项目缺少亮点和精品，与餐饮、购物、娱乐、文化等业态的融合度也相对较低。

四　河北省旅游"夜经济"创新发展的对策建议

（一）加强宣传引导，推广夜间文旅消费的休闲观念

一方面，破除管理层特别是县域管理者传统观念的束缚，充分认识到发展夜间旅游的积极作用和重要性，明确夜间旅游在地方经济发展中的地位。例如，引导商业街区建设向县域发展，整合县域内优势资源建设特色街区，提升县域旅游"夜经济"发展水平和知名度。另一方面，加强对群众层的宣传和引导。一是借助网络、手机等媒介，加强对夜生活资讯的报道，转变居民思想观念，增强夜生活参与意识，培养夜间消费习惯。二是对夜经济形

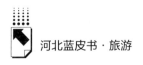

态进行正确的舆论引导，从而转变消费理念，要让人们突破以往一提"夜经济"就是吃饭、逛街、购物的认知，要认识到夜间旅游也是其中重要的一部分。三是推广夜间文旅消费的休闲观念，激发居民走出家门进行夜间旅游的欲望和热情，并通过居民带动和旅行社推介，引导游客参与其中，延长游客停留时间。

（二）做好规划统筹，构筑旅游"夜经济"发展政策保障

一方面，以规划为统筹。当前河北省旅游"夜经济"的发展态势良好，业态丰富程度、产品质量、服务水平等较之以往都上了一个新台阶，但要向更高层面发展，政府的统筹规划引导至关重要。建议各级政府将旅游"夜经济"发展列入经济发展规划体系中；制定旅游"夜经济"发展专项规划，整合夜间旅游资源，以市场需求为导向，以配套设施为依托，形成一批合理布局、功能完善、业态丰富的夜间旅游示范区（点），开发一系列内涵丰富、特色鲜明、消费适中的夜间旅游产品，打造体现地方特色的夜间旅游品牌。另一方面，以政策为保障。制定出台旅游"夜经济"发展的支持政策，从扶持优惠夜间旅游发展、打造夜间文旅消费场景、开放商业街区夜间经营、鼓励夜间经济业态融合、优化夜间文旅消费环境等方面制定实施方案和具体措施。

（三）提升文化内涵，打造夜间旅游特色主题与文化IP

提升旅游"夜经济"的品质要在提升文化内涵上下足功夫。商业街区是夜间文旅消费的主要场所，建议河北省把"一城一街""一地一街"作为各地旅游"夜经济"培育和发展的重点。街区要着力打造旅游"夜经济"的文化地标和文化名片，正如西安的回民街、成都的宽窄巷子、南京的夫子庙、重庆的磁器口等无一不体现着浓郁的地方文化色彩，河北省也应将地方历史、民俗文化、产业特点等有机融到商业街区建设中，形成独特的个性和鲜明的特征，努力做到"一街一特色""一街一主题"，打造一批夜间文旅消费网红打卡地。景区做夜游，除了要充分运用光影、视觉技术等新科技提

升夜间旅游的沉浸式体验感,更重要的是要在文化创意上做好文章。景区要找到自身的独特卖点,根据河北的历史文化和民俗风情打造专属的 IP 主题,给予游客不一样的文化体验感受,这不仅能够摆脱景区夜间旅游产品同质化的问题,更能让游客享受到河北独特的文化魅力。

(四)促进业态融合,满足夜间多元化休闲消费需求

旅游"夜经济"是一种多业态融合的复合型经济,发展旅游"夜经济"应积极适应群众夜间消费需求多样化的特点,打造多业态融合发展的新模式。发展旅游"夜经济",不仅要有高品质的夜游产品,还要有餐饮、住宿、购物、演艺、娱乐等诸多元素,打通吃、住、行、游、购、娱各个环节,构建完整的夜间文旅消费链条,以此来留住游客,产生夜间二次消费。河北省旅游"夜经济"的活力主要体现在夏季,可以学习借鉴南方先进经验,对夏季夜间文旅消费活动进行设计,鼓励商场、餐厅、影院、书店等推出时尚购物夜、博物馆奇妙夜、啤酒音乐节、美食消夏节、电影节、深夜读书会等特色活动,鼓励展览馆、体育馆、图书馆、书画市场等场所夜间开放,满足人们各种各样的消费需求。冬季则可以发挥冰雪、温泉等资源优势,将其与旅游"夜经济"发展相结合,通过开展夜场滑雪、夜泡温泉等休闲活动,打造独具北方特色的旅游"夜经济"发展模式,满足居民和游客冬季夜间休闲消费的需求。

(五)完善公共服务,优化夜间消费环境和治安秩序

一是完善基础设施。开通夜间旅游交通专线,保证出租车全天候 24 小时乘车服务,加强夜间交通管制和疏通,完善照明体系、WiFi 全覆盖、停车场、旅游厕所等基础设施和配套服务。二是健全管理机制。成立由公安、城管、工商、卫生、物价等多部门联动的夜间消费管理委员会,对夜间文旅消费实施统一管理。三是加强消费维权。加强夜间市场秩序及卫生防疫、食品安全监管,规范行业标准,依法打击欺客宰客和恶性竞争,确保诚信服务。建设夜间文旅消费投诉举报绿色通道,同时完善投诉快速反应、维权源

头治理、纠纷依法赔偿等机制。四是强化治安保障。加强夜间治安管理，成立专门的指挥中心，整合监管队伍，认真落实责任制，坚持夜间值班和应急值守。打击违法犯罪，排除安全隐患，建立应急救援体系，保障夜间出游安全。

河北省旅游文创商品消费及 IP 建设研究

李 晓[*]

摘 要: 在"文创 + 旅游"成为拉动旅游消费的新趋势背景下,本课题首先对河北省旅游文创商品消费及 IP 建设的内涵、现状、问题进行梳理,继而对国内外典型文创案例的经验做法进行分析和总结,最后提出河北省旅游文创商品消费及 IP 建设路径,以期紧跟时势,更好地拉动河北省旅游消费。

关键词: 河北省 旅游文创商品 IP 建设

一 旅游文创商品与 IP 的内涵

(一)旅游文创商品

旅游文创商品的内涵至今未有明确的定义,因此,对旅游文创商品进行定义可拆分为三部分:文化、创意和旅游商品。从狭义上讲,文化指群体约定俗成的并形成思想与行为习惯的精神与物质内容。创意,是以创新的方式,如利用现代科技、IP 建设等手段,对原有文化内容进行再挖掘与创造。旅游商品是旅游目的地为游客提供的当地富有特色的,具有市场价值的商品。因此,旅游文创商品是旅游目的地为游客提供的以地域主题文化为核心、以创意为支撑、以市场为导向的商品。

---

* 李晓,河北省社会科学院旅游研究中心,实习研究员,主要研究方向为旅游经济。

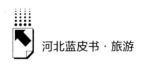

（二）IP

IP 是 Intellectual Property（知识产权）的缩写，指权利人对其智力劳动成果所享有的财产权利。那么，本课题所研究的 IP 是一种无形资产，是以游客为中心、具有排他性、文旅融合特色显著的知识资产，即在旅游商品中，通过新技术、"文化＋"或资本驱动的"文创 IP"。

二 河北省旅游文创商品消费及 IP 建设的重要性

（一）激发文旅消费的内在要求

旅游文创商品不仅凝聚着地域特色文化，也连接着广阔的消费市场。当前，文创产业及旅游文创商品正在受到前所未有的关注，尤其对新冠肺炎疫情常态化后文旅产业的振兴意义重大。国家通过出台《国务院关于推进文化创意和设计服务与相关产业融合发展的若干意见》《关于推动文化文物单位文化创意产品开发的若干意见》等一系列政策对文化创意产品开发做了明确部署。同时，国家通过举办全国旅游景区发展与文创产品开发座谈会等会议，搭建平台，以优秀文创为引领，总结经验，带动全国旅游文创商品的开发。传统旅游商品通过融入文化创意，成为文旅价值产业链中的进阶商品，其独特性和趣味性激起了游客的消费兴趣，从而促进了消费。因此，旅游文创商品消费是激发文旅消费和振兴文旅产业的内在要求。

（二）丰富旅游体验的主要途径

旅游文创商品的开发和上市，使得当地富有特色的文化主题通过与旅游商品的创造性结合，让隐性的地域文化元素"活"起来；同时，旅游商品本身也打破了以往旅游文创商品同质化的桎梏，呈现出特色化和与众不同的新奇美，让游客有前往一探究竟的动力。总之，旅游文创商品的开发颠覆了游客对旅游商品的传统认知，创造了一个显性桥梁让游客了解当地的文化之美，丰富了游客的旅游体验。

（三）提升景区品牌形象的有效手段

随着文旅融合的进一步发展，旅游文创商品促使文旅产业进入"文创经济"时代。景区通过挖掘自身或当地知名的文化内涵，将其转化为 IP，通过眼球经济效应或注意力经济效应，形成别具一格的旅游文创商品。这些新晋的景区核心吸引物促使主题文化能够被更好地解读、保护、传承和传播，并逐渐成为景区品牌形象的"代言人"。因此，旅游文创商品不仅丰富了游客的旅行感受，让他们能够更深入地了解景区或当地的历史文化内涵，更重要的是通过游客的口碑相传提升了景区的品牌形象，让景区形成一个良好的发展态势。

三 河北省旅游文创商品消费及 IP 建设现状

（一）聚力政策导引，全省文创产业不断提质增效

为推动文创产业高质量发展，河北省出台了相关政策并举办了一系列活动。政策方面，2020 年 4 月，河北省文旅厅等七部门联合出台了《2020 年全省文创产业发展重点工作方案》，以四大工程为基点，构建较为完善的文创产品体系，打造一系列知名文创品牌。活动方面，近几年来，全省各级政府部门都积极组织各项文创大赛来推动旅游文创产品的开发与运营。2016年，张家口市在全省率先启动文创产品设计大赛，秦皇岛市（2017 年）和廊坊市（2018 年）也组织得较早，此后随着 2019 年河北省省级文创大赛的开启，其他各级市县积极配合，挖掘当地的地域文化资源，陆续推出一批质优物美、地域特色鲜明的旅游文创商品。此外，河北省开办了"设计云学院—河北文创线上培训班"，吸引了 2867 人报名参加，学员涵盖了旅游、非遗、文化等不同领域，多家文创公司组织员工集体报名参加，8 期网络直播

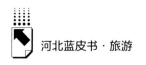

课累计在线观看超过 9 万人次，互动评论数 8677 条，提升了河北文创产品创新力和品牌度，满足新需求，引领新消费（见表 1～表 3）。

表 1　河北省省级文创大赛基本情况

名称	年份	主题	主要目的
河北文创和旅游商品创意设计大赛	2019	京畿福地·河北游礼	注重商品研发水平的提升，推出一系列品质佳、类型多样、凸显河北地方特色的旅游文创商品
第二届河北文创和旅游商品创意设计大赛	2020	创意河北·精彩在冀	以旅游文创商品研发为重心，着力带动河北省文旅产业高质量发展进程，不断满足消费者对旅游文创商品的新需求

资料来源：根据网络搜索整理而得。

表 2　河北省市级文创大赛基本情况

地区	名称	年份	主题	主要目的
张家口	首届文化创意产品设计大赛	2016	大好河山·圆梦冰雪	以文创大赛为契机，带动张家口市"文化＋"融合产业格局的形成，从而为冬奥新城建设奠定基础
	第二届文化创意产品设计大赛	2018	大好河山·圆梦冰雪	塑造"张家口礼物"品牌，展示张家口市冰雪之城独有风采
	第三届文化创意产品设计大赛	2019	溯源新生·设计唤醒乡村	用创新手段活化乡村文旅资源，培育文旅新业态，满足消费者对旅游文创商品的新需求，创造魅力新生活
	文创和旅游商品创意设计大赛	2020	长城·茶道·冰雪·冬奥	推出一系列品质佳、类型多样、凸显张家口地方特色的商品，不断满足消费者对旅游文创商品的新需求
秦皇岛	首届"秦皇岛礼物"旅游商品创意设计大赛	2017		研发凸显秦皇岛特色、具有商业价值、有科技加持的旅游商品，打造"秦皇岛礼物"品牌
	第二届旅游商品创意设计大赛	2018		将特色文化元素融入旅游商品中，树牢"秦皇岛礼物"品牌
	第三届旅游商品设计大赛	2019		深入挖掘历史，将其符号化，融入旅游商品中，促进其更新迭代
	2020 秦皇岛市文创和旅游商品创意设计大赛	2020		提升秦皇岛旅游文创商品的研发水平，不断满足消费者对旅游文创商品的新需求

续表

地区	名称	年份	主题	主要目的
廊坊	第一届文创和旅游商品创意设计大赛	2018		促进廊坊市旅游文创产业的创新性发展，推出一系列物美价廉、凸显廊坊特色的旅游文创商品
	第二届文创和旅游商品创意设计大赛	2019	京津乐道·绿色廊坊	提高文创商品市场占有率，完善产业链体系建设
	第三届文创和旅游商品创意设计大赛	2020		推出一系列品质佳、类型多样、凸显廊坊特色的旅游文创商品，不断满足消费者对旅游文创商品的新需求
石家庄	首届石家庄市文创和旅游商品大赛	2019	创意石家庄·游礼新生活	建立有效平台，提高石家庄市旅游文创成果市场转化率
	第二届石家庄市文创和旅游商品大赛	2020	平台引领创新，创意赋能产业	注重旅游文创商品实用性和美感，通过平台连接，走产业化发展道路
邢台	2019 年"德龙杯"邢台文创和旅游商品创意设计大赛	2019	京畿福地·邢台游礼	推出一系列品质佳、类型多样、凸显邢台特色的旅游文创商品
	2020 年"德龙杯"邢台文创和旅游商品创意设计大赛	2020	魅力牛城·邢台游礼	梳理文创资源，优化商品类型，走高质量发展之路
沧州	第一届文创和旅游商品创意设计大赛	2019		优化旅游文创商品销售渠道，创建沧州专属的文创品牌形象
	第二届文创和旅游商品创意设计大赛	2020	河海之城·沧州游礼	梳理文旅资源，以创新为引领，带动沧州经济的发展
衡水	首届文化旅游创意设计大赛	2019		与市场对接，实现文旅产业文创化，旅游文创商品生活化
邯郸	"邯风郸韵"文化创意设计大赛	2019	创意点亮生活，设计引领未来	以邯郸特色旅游文创商品，彰显邯郸文化内涵，塑造城市意象
承德	"创意承德 2020"文创产品设计大赛	2020		瞄准市场，树牢"创意承德"旅游文创商品品牌
唐山	2020 唐山市文创和旅游商品创意设计大赛	2020	唐山游礼	推出一系列品质佳、类型多样、凸显唐山特色的旅游文创商品，不断满足消费者对旅游文创商品的新需求
保定	2019 保定市第一届文创和旅游商品创意设计大赛	2019	京畿胜地·醉美保定	立足京津冀，构建旅游文创商品良性转化生态链，提高消费者购买意愿

资料来源：根据网络搜索整理而得。

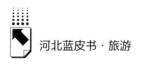

表3 河北省县级文创大赛基本情况

地区	名称	年份	主题	主要目的
香河	2020 首届文创和旅游商品创意设计大赛	2020	潮来了,香河	开发代表香河符号的旅游文创商品,不断满足年轻一代的审美新需求
涉县	2019 年中国·涉县首届文创和旅游商品创意设计大赛	2019	太行福地·涉县游礼	以丰富旅游文创商品市场为基础,助推涉县商品开发建设,打好太行福地旅游品牌
	2020 年中国·涉县第二届文创和旅游商品创意设计大赛	2020	我爱涉县家乡美·诗画涉县创游礼	推出一系列品质佳、类型多样、凸显涉县特色的旅游文创商品,以文创大赛助力涉县旅游大产业格局的构建

资料来源:根据网络搜索整理而得。

(二)聚焦商品设计开发,河北特色不断凸显

近年来,河北省旅游文创商品研发借助文创大赛收获颇丰,这些商品种类丰富且设计开发凸显河北特色。而对于旅游文创商品的分类至今没有明确的分类标准,河北省不同地域的文创大赛其分类标准有所不同,本课题综合考虑各地域的分类标准后,共分为以下六大类:文物类、非遗类、生活类、红色文化类、景区及城市类和康养农品类。如表4所示,在河北省其有代表性的旅游文创商品中,生活类最多,红色文化类和康养农品类最少;在河北省具有商业价值的文创商品中,生活类和非遗类最多,红色文化类最少。总体来看,河北省较为关注贴近消费者生活的创意类商品并注重非遗文化的旅游商品化,旅游文创商品的地域特色和文化内涵显著提升。

表4 河北省旅游文创商品分类明细

类型	具有代表性的文创商品	具有商业价值的文创商品
文物类	芦苇画(寒禽图)、磁州窑传统刻花系列、正定南门香礼、邢窑文创首饰设计、吉祥伍塔活性炭立体艺术字画《吉祥富贵福》、须弥塔创意设计、铁狮子系列	长信宫灯、车较纹系列、定窑白釉香远茶盏、磁州窑多彩煲仔王系列

续表

类型	具有代表性的文创商品	具有商业价值的文创商品
非遗类	大运河传奇、"长城故事"系列、国士吕端系列、宝相莲花茶盘套组（毗卢寺文创）、皇家满绣凤穿牡丹真丝手工刺绣旗袍、侯店毛笔系列	皮革堆花包瓷艺术吊坠、十二生肖手工布艺系列（非遗文化内涵）、田园棉文创系列（成人/儿童毛巾）、满绣儿童民俗系列（虎头帽、虎头鞋）、工艺纸雕宫灯（冬奥主题）
生活类	喳喳手绘织布机、阿那亚儿童雨衣、树叶台灯和树叶背包等叶子系列产品、英雄钢笔联名、儿童创意餐盘、主客相欢琉璃杯（茶具）、双层滑雪创意杯、芦苇透明洁面皂、扫帚苗手工编织作品、谷氏文创香礼、南和宠业吉祥物冰箱贴、博物馆 3D 日历、博物馆变色防晒服	布衣天下、山棕系列、美丽河北冰箱贴、芦苇运动商务鞋、泊头工艺火柴（新创意）、菩提尚品线香礼盒
红色文化类	"塞罕红旗松"摆件系列	
景区及城市类	庄上故事、《请讲唐山话》、"南湖游记"旅游文创产品、避暑山庄乾隆游、乾隆茶、沧州名胜信笺、艺术万花筒（避暑山庄）	海洋玩物局系列产品、集发集丝络·丝瓜 IP 作品集、水乡冀县、雄州晓狮
康养农品类	收"稻"文创月饼	《长城脚下是故乡——冀东特产》系列、白洋淀咸鸭蛋系列、雪梨发酵酒、七修养生系列

资料来源：根据网络搜索整理而得。

（三）聚合双线动力，文创商品销售渠道不断优化

河北省主要通过文创精品展、文创产品推介展、文化进景区活动和拓宽销售网点来优化线下销售渠道。如由省文化和旅游厅主办的 2019 河北文创精品展；秦皇岛举办的旅游文创产品推介展；省文化和旅游厅组织的文创产品进景区等"八进"景区工作；河北博物院在展厅前设立文创"分店"从而加大购买服务区域，拓宽销售网点等。

为推进文旅市场恢复振兴，河北省主要通过拓宽网络销售平台、升级网络店铺、加入线上直播销售等途径来优化旅游文创商品的线上销售渠道。拓宽网络销售平台主要是积极与阿里巴巴、拼多多、微信等一线网络销售平台进行沟通上线，如河北博物院目前已在"淘宝"正式上线，同时开通微信

商城，拓宽线上销售渠道，加大消费力度。升级网络店铺方面，河北博物院为加大网络销售力度，将"淘宝"店升级为天猫旗舰店。抖音、快手等新媒体直播销售是近年来的热门线上销售方式，主播"带货"能力强，销售业绩佳，因此河北也积极策划或参与相关活动。如保定市策划推出"知名主播带你逛非遗购好物"节目，非遗类文创商品成为13万人在线抢购好物；河北博物院在5月18日参与"天猫新文创直播销售"活动，营销效果显著。

（四）聚集IP建设，文旅消费新动能不断被激发

河北省旅游文创商品的IP建设是以"河北游礼"为统领，各地市围绕它再结合当地情况而打造的地方IP。具体可分为四类：一是"游礼"系列，包括"邢台游礼"、"沧州游礼"、"唐山游礼"、"雄安游礼"和"涉县游礼"等；二是"礼物"系列，包括"张家口礼物"和"秦皇岛礼物"；三是"创意"系列，如"创意承德"；四是其他类型，如"潮来了，香河"。IP建设的目的是把具有热度和话题性的IP变得可感知、可消费、可触摸，赋予它更多的人情味、个性和特色，从而让游客眼前一亮，促进文创消费比重大幅提升，争取达到22%以上。

四 河北省旅游文创商品消费及IP建设存在的问题

（一）IP品牌开发不深入，商品同质化严重

近年来，河北省以文创之名举办了许多旅游商品大赛，因而市场上出现了琳琅满目的旅游文创商品，但这些商品质量参差不齐，呈两极分化之势。一些质量好且具有IP文化内涵的商品，如河北博物院的琉璃博山炉，制作精美，引人注目；而另一些商品仅是将IP文化图腾直接印在现有产品（如优盘、丝巾、帆布包等）上，商品的文化创意不够，同质化严重，易让游客产生审美疲劳。这个问题究其根源，是IP品牌的开发

不深入，仅是简单的"复制＋粘贴"，未深入研究 IP 所承载的文化故事，没有形成独立的 IP。

（二）市场化思维不灵活，供给与需求失衡

河北省旅游文创商品的供给以生活创意类为主，其次是非遗类和文物类。其中，品质优良的文创商品价格昂贵，生活气息不足；部分生活实用类文创商品文化内涵不足。而 2019 年《文化文物文创产品消费需求的九大特征——基于全国文博文创消费者的实证调研》显示，消费者更注重文创产品的"质、趣、美"，即消费者在选择文创产品时，首先考虑的是品质、设计和趣味、历史感、美感和品位，而对价格便宜的重视程度并不如我们想象中的高。因此，河北省旅游文创商品的供给和需求在一定程度上呈不均衡之态，失衡的症结在于对市场机制的运用不灵活，缺少市场化杠杆的撬动，因而在市场上走得磕磕绊绊。

（三）消费环境缺乏互动，游客体验感不佳

文创消费实质上是体验经济，店铺的选址及商店空间文创氛围的营造对于消费者的体验感尤为重要。河北大部分的文创实体店铺选址合理，但商品展陈的氛围感不强，导购服务生硬。即商品陈设固定且以静态为主，缺乏高科技术的运用，难以让游客驻足进行沉浸式的互动体验。尤其是我们正处于互动式体验消费飞速发展的时代，据《2019 年中国网络版权产业发展报告》统计，2019 年全国 VR／AR 互动消费达 50.5 亿元，体验式消费方兴未艾。因此，河北省亟须抓住市场机遇，优化互动消费环境，提高游客的购物体验感。

（四）市场运营模式不成熟，双线缺乏联动

河北旅游文创产业致力于打造品牌，但在市场运营模式方面不太成熟。比如在商品方面，IP 衍生性差，商品未成体系，消费者的可选择范围有限，营销黏性不强；在店铺数量方面，河北省的文创商品实体店铺数量远大于网络店铺，除河北博物院外，河北省大部分旅游景区的文创商品仅有线下店

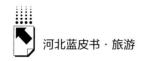

铺，且实体店铺的设置仅限于景区内，市场广阔的核心商区和艺术园区缺乏文创商品的体验店。此外，线上和线下的文创店铺缺乏联动，基本呈单线销售态势，经济效益难以达到 1 + 1 > 2 的效果。

五　河北省旅游文创商品消费及 IP 建设提升路径

文创的高质量发展不仅需要创新，也需要借鉴。通过对国内外典型文创案例经验做法的梳理，有选择性地吸收到河北的文创产业上来，进而优化河北省旅游文创商品消费及 IP 建设路径，创造出更多有趣、独特、实用的旅游文创商品，促进河北省文旅产业高质量发展（见表5）。

表5　国内外旅游文创商品及 IP 建设案例经验做法

序号	地区	名称	IP 产品	经验做法
1	北京	故宫文创	"朕看不透"眼罩、万福迎祥贺岁套装、荷包口红、繁花似锦文具套装、《打开故宫》	1. 通过萌化、趣味化等方式塑造核心 IP； 2. 聚焦年轻人需求,将历史与现代有机融合,让文化注入 IP 产品中； 3. 进行商标的申请与布局
2	甘肃	甘肃省博物馆	敦煌壁画手机壳、莲漪创意真丝长巾、手绘骆驼保温杯	1. 特色文化是最鲜明的"IP"； 2. 培养人才是文化创新的关键； 3. 博采众长更具时代特色
3	新疆	新疆博物馆	"高昌王和王后"玩偶产品、龟兹壁画书灯、"梵韵"丝巾	1. 契合有内涵的消费心理； 2. 好看又好用才有市场
4	浙江	富春山镇青龙坞	"不舍·青龙坞"、"言几又"胶囊书店、石舍村	1. "文创 + 美宿"：对当地农房集体收储,统一招商,形成乡宿集群； 2. "文创 + 空间"：将空间多功能化,"言几又"胶囊书店中融合旅馆、餐厅、博物馆等； 3. "文创 + 体验"：打造茶道、水墨画、瑜伽、禅修等20多项文创产品特色旅游体验区——石舍村
		文创主题酒店：大禹·开元	禹裔馆、《兰亭序》雕字屏风、"老底子"游戏体验、国学私塾	1. 装修彰显文化品位,营造静谧恬淡的江南氛围； 2. 打造富含历史底蕴的文化中心； 3. 提供文化体验服务

续表

序号	地区	名称	IP 产品	经验做法
5	广东	文创艺术街区:广州永庆坊	创客坊、创意社区、"三雕一彩一绣"展览、岁月邮局	1. 保留街区原汁原味的历史氛围; 2. 打造有层次、有体验活动的空间; 3. 将非物质文化遗产融入街区
6	中国台湾	台湾华山1914文创园	光点华山、知音文创、华文朗读节	1. 文创产品与市场对接; 2. 打造特色店铺,营造休闲氛围; 3. 创新经营方式,实现效益与艺术共存
7	英国	大英博物馆	罗塞塔石碑指甲贴、古埃及文物系列、盖亚·安德森猫风暴瓶	1. 常展文创:深入挖掘"IP"价值; 2. 特展文创:外延拓展、多方联动; 3. 海外文创:因地制宜、满足需求
8	日本	日本柯南小镇	名侦探列车、柯南侦探社	1. 研发系列化核心 IP 商品; 2. 策划文创 IP 主题的文化展馆; 3. 坚持多元化产业发展

资料来源:根据网络搜索整理而得。

(一)加强文旅 IP 品牌策划,让旅游商品故事化、特色化

以"河北游礼"品牌为引领,培育一批原创 IP,着力加强 IP 故事化与特色化的诠释。一是聚焦景区最核心的文化元素,这个文化元素要有广泛的认知度及地域差异性,随后将它打造为"超级 IP",为商品赋能,即以"爆品思维"理念推出特色化爆款单品,让核心历史文化通过文创商品焕发新生。二是充分运用动漫游戏、网络文学、数字艺术、创意设计等产业形态,横向延伸产品线进行文化创意产品开发,让旅游商品故事化,做到每个商品背后都有一个动人的"IP"故事,以引发游客共鸣。

(二)瞄准文创旅游市场需求,让旅游商品生活化、品质化

旅游文创商品作为一种商品,只有符合市场规律,提升供给能力,并明确定位,才能达到社会效益和经济效益统一。一是培育文化旅游市场主体,提升河北省旅游文创商品的供给能力。开展文化旅游产业园区、基地评选活动,增强文旅企业活力,通过先进文旅企业的示范、窗口和辐射作用,提升

文创企业在内容研发及外观设计上的创新能力，进而提升河北省旅游文创商品供给能力，更好地满足消费者需求。二是依托省、市、县三级文创和旅游商品大赛，根据文创商品主流消费群体的消费偏好和消费习惯，推出一批生活化、品质化的特色旅游文创商品。三是明确旅游文创商品的客户定位，用不同风格、功能和价位的产品，满足不同层次的消费者。面对大众游客，文创商品要物美价廉，更具生活化，比如开发带有萌化IP元素的摆件、台历、书签、手机壳之类实用性强的商品，让游客会心一笑后燃起购买的欲望；面对以学习为目的、有更深层次文化需求的消费者而言，文创商品要更具品质化，比如开发文化元素突出、设计新颖、包装精致的礼品；面对以收藏为主的消费者，可推出有大师签名的限量文创商品。

（三）完善文创销售空间设计，让旅游商品场景化、体验化

一是注重品牌文化对文创销售空间的浸润。文创店铺应强调消费者对历史文化的体验感，通过品牌文化来浸润消费者的情感与心灵，让消费者有文化认同感，通过这种精神层面的同频共振，来提高消费者对文创商品的购买欲望。二是注重销售空间的气氛营造。从通往店铺的途径，到店铺建筑的外观呈现，再到店铺内播放的音乐、商品摆设等，都会影响消费者购买文创商品的意愿。通过精心设计的装修与陈设等氛围的营造，让游客在此流连，挖掘更多的潜在消费机会。三是通过"科技＋文创"开展高科技互动展演活动。如开发科技互动展演、4D/5D体验影厅等现场体验类科技展演活动，以及开发以核心IP为代表的手游产品，让旅游文创商品"活"起来，让游客享受其中。

（四）拓展商品运营渠道，实现线上线下全渠道运营销售

一是深入开展旅游文创商品进景区、商场、机场、火车站、服务区、演出场馆等"十进活动"，增强市场渗透力。二是支持重点村和特色小镇有层次、分阶段地设立乡村旅游文创商品购物店。三是推动校企、院企联姻合作，开展文创购物商店与街区评定活动，打造一批示范购物街区和购物商

店。四是鼓励境外游客集中地区增设离境退税商店，推动一批文创购物场所纳入河北离境退税商店。五是重视线上和线下的双向联动。积极打造线上"云游河北"系列产品，如云景区、云博物馆、云非遗等，通过这些云游产品的宣传和推送来激发线下消费，再利用线下店铺的互动体验来增进消费者与 IP 品牌间的黏性，进而提高它们线上的消费频率。

参考文献

秦泽雅、刘子源：《IP 营销热下桂林旅游文创产品设计的新思路探讨》，《大众文艺》2020 年第 14 期。

王佳莹：《文化创意旅游发展动力机制研究——以丽江古城为例》，硕士学位论文，云南财经大学，2017。

陈斌：《文化创意旅游商品不能重文化轻创意》，《中国青年报》2015 年 7 月 9 日。

B.13
河北省冬季旅游消费新动能培育对策研究

曾磊　王玉成　陈佳　王倩*

摘　要：　河北冬季旅游产业发展是新形势下的老问题，本研究在分析
河北冬季旅游供给及消费现状、未来冬季旅游消费趋势的前
提下，明确了河北冬季旅游消费新动能培育的内涵，制定了
培育目标，判断出现有政策环境与新动能培育中的主要障
碍，并最终从政府优化营商环境、智慧旅游基础设施建设、
人才引进培养互助、双轮驱动旅游多产融合、重视旅游文创
产品等五个方面提出了有针对性的培育对策，从供给环境治
理、产品创新拉动、培养消费兴趣等多手段提出冬季旅游消
费新动能培育的发展路径。

关键词：　冬季旅游消费　新动能培育　创新驱动

一　河北省冬季旅游消费新动能培育的研究意义

党的十九大以来，河北省着力保障旅游产业旧动能向新动能顺利转换，
积极推动产业结构转型创新，全省旅游产业近些年一直保持稳步增长的趋
势。其中，冬季旅游成为河北旅游发展中不断成长的新品牌。但四季分明的

---

* 曾磊，河北大学管理学院旅游系教授，主要研究方向为旅游规划与开发；王玉成，河北大学
管理学院旅游系教授，主要研究方向为旅游企业管理；陈佳，河北大学研究生院研究生，主
要研究方向为企业管理；王倩，河北大学研究生院研究生，主要研究方向为企业管理。

气候特点、消费者的传统消费习惯、疫情的常态化防控,都成为冬季旅游消费增长的不利因素。冬季旅游产业发展仍然是河北省文旅产业发展中的薄弱一环。目前,在京津冀协同发展全面推进、雄安新区千年大计、京张联手举办冬奥会这样的机遇下,河北省应当充分认识到河北文旅产业发展的优势和机遇,创新政府政策,营造良好环境,推动河北冬季旅游转型升级,激发冬季旅游消费新动能。

"推动冬季旅游发展,促进冬季旅游消费"虽然是个老问题,但在新的发展环境下依然迫切需要研究。

(一)促使冬季旅游发展适应构建国内国际双循环发展的新格局

新冠肺炎疫情的暴发,使得世界各国经济普遍下滑。在这种经济发展形势下,中央首次提出构建"国际国内双循环发展的新格局",国际国内市场相互促进。中国人口众多,国内消费需求多种多样,人民群众对品质消费和个性消费的需求正不断释放。尽管中国旅游业受疫情影响严重,但在疫情得到有效控制之后,人民群众旅游消费的趋势并没有大的改变。冬季旅游发展为适应新格局必须深化供给侧改革,为游客提供更优质的旅游产品。而激发冬季旅游消费需求将有助于进一步增强中国经济的抗风险能力,有助于壮大企业供给实力拉动内需增长。

(二)促使冬季旅游消费成为拉动河北省区域经济增长的新引擎

当前,河北省新旧动能转换正处于关键时期,产业转型升级已初见成效,当务之急是加快缓解疫情对旅游业的不利影响,积极开展疫情过后的经济重启。河北省凭借2022年冬奥会的有利契机,以得天独厚的冰雪资源为依托,正积极探索冬季旅游消费新模式,激发全国人民对冰雪运动的热情,吸引更多国内外游客参与到冬季冰雪旅游大潮中来。积极与区域内相关产业、政策法规、生态文明、科学技术等进行全方位融合,打造"冰雪+民俗""冰雪+旅游""旅游+互联网"等多项冬季旅游新模式,努力实现全省旅游业全方位均衡发展,促进经济社会发展稳步向前。

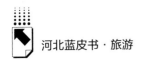

（三）促使冬季旅游成为展示河北旅游产业高质量发展的新窗口

文旅产业发展对餐饮、交通、住宿等相关产业的拉动效应显著，研究冬季旅游消费新动能的培育，通过加快企业转型升级，深化旅游业的供给侧结构性改革，才能源源不断地创造出满足消费者需求的有效供给，推出更多符合国内消费者需求的新产品，促进旅游产业高质量发展。冬季旅游服务与基础设施建设也是旅游目的地旅游产业发展的缩影，直接反映了旅游产业的整体发展质量。河北文旅必须深入研究自身实际，积极拓宽加快培育壮大新动能，实现河北旅游产业发展由资源依赖转向创新依赖，让冬季旅游新模式、新业态、新品牌、新产品成为展示河北旅游高质量发展的新窗口。

二　河北省冬季旅游消费发展概况

（一）河北省冬季旅游消费现状

1. 河北冬季旅游产品概况

近五年来，为把河北省打造成世界级旅游目的地，吸引国内外游客，河北省着力打造"京畿福地，乐享河北"旅游品牌IP，以"戏冰雪、泡温泉、游古城、赏民俗、品美食、过大年"为主题的冬季旅游活动深得各地游客喜爱。推出"不得不"旅游精品、春节旅游路线及优惠活动。疫情期间，河北省文旅厅为克服疫情对旅游业的影响，迅速转变发展方向，以"互联网＋文旅"的方式传播文旅品牌，在线上推出"云游河北　平安过年"活动，不断创新品牌推广模式，扩大知名度。目前，河北冬季旅游的产品供给主要集中在以下8个系列。

（1）冰雪旅游

随着2022年冬奥会的筹备建设，北京北到太子城的高铁成功开通，京津冀铁路网逐渐成形，崇礼逐渐成为冰雪旅游胜地。除了张家口承德的户外冰雪运动，各地也在积极普及冰雪运动，开设了户外滑雪场、室内旱雪场、滑雪健身模拟馆等,培养了大量初级滑雪爱好者。同时,河北省文旅厅积极与线上媒体合作,对接新浪微博、去哪儿网等平台,对冬季冰雪进行宣传推广,以崇礼为代表的河北省冬季冰雪旅游活动正在逐步走向国际。冰雪旅游正逐渐散发热能量。

（2）温泉旅游

近年来,人们对健康的重视程度越来越高,温泉旅游逐渐成为冬季旅游的重要组成部分,温泉旅游人数逐年上升。目前张家口的赤城温泉度假村、石家庄的白鹿温泉、平山县温泉冰雪旅游文化节已经与当地冬季滑雪相结合,产业融合紧密,在寒冷的冬季给游客带来不一样的"热体验"。

（3）小镇旅游

"十三五"时期,河北省打造了一批古城古镇型、度假导向型、文旅融合型等特色小镇。2019年河北省创建培育了84个特色小镇,包括崇礼区太舞运动小镇、迁西县花香果巷小镇、涞水县四季童话小镇、双滦区鼎盛王朝文旅小镇、北戴河新区康养小镇等文旅特色小镇,土门关驿道小镇、花香果香田园综合体、蔚县南张庄剪纸风情小镇、衡水侯店毛笔小镇等,以马文化为主题的承德丰宁中国马镇、以恋乡为主题的恋乡太行水镇,依托小镇等综合体文旅新业态不断涌现,有力地推动了旅游产业升级。

（4）民俗旅游

河北省民俗资源丰富,乡村旅游形式多样。近年来河北省积极宣传"民俗乡村游"活动,推介多条冬季民俗旅游精品路线,展现多样民俗文化,推动文化艺术创作出彩。积极打造河北梆子、吴桥杂技大世界、乐亭皮影戏、蔚县剪纸等物质文化遗产,排练保定老调《关汉卿》、话剧《寻路》等文化艺术精品,创新民俗旅游新形势,推动文化艺术走向新高度。"红红火火过大年,开开心心品民俗"等冬季民俗旅游产品逐渐受到人们的青睐。

（5）博物馆旅游

近年来,河北省积极将博物馆拥有的文化资源与旅游发展有机结合,在传承优秀文化的基础上不断创新博物馆发展模式,拓展文化旅游新方式,打造了一批形式多样的"博物馆+旅游"产品。2019年石家庄西柏坡纪念馆、

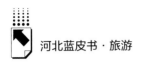

河北地质大学地球科学博物馆、河北博物馆等 10 个博物馆被评为"不得不到访的精品博物馆"系列。避开北方室外的寒冷天气,博物馆旅游成为人们冬季旅游出行的新选择。

（6）夜间旅游

为丰富旅游生活,激发夜间二次消费,各地纷纷打造 24 小时不夜城。2020 年 8 月,"夜游河北"活动的启动仪式在唐山举行,其中石家庄正定古城、石家庄土门关驿道小镇、唐山南湖旅游景区等十大景区被评选为"夜游河北"十大人气目的地。夜间旅游的不断发展正吸引着"过境游客"转变成"过夜游客","一日游旅客"变成"多日游旅客","夜游河北"正成为促进河北旅游消费的新动力。

（7）康养旅游

近年来,河北省先后出台了多个文件推进康养旅游的发展,为康养旅游创造了良好的发展环境。河北省拥有天然的康养生态环境,包括丰富的森林资源、传统中医文化、温泉资源、草原资源等,河北省以此打造出一批以生态康养、文化康养为主题的康养旅游产品,如温泉康养小镇、体育康养小镇等,拓展了旅游新业态。

（8）研学旅游

近年来,河北省修订完成了《河北省研学旅游示范基地评定规范》促进研学旅游发展,着力打造了一批富含教育意义的研学旅游产品,带动了河北省研学旅游的快速发展。2019 年 12 月 7 日邯郸市举办首届"金中原研学旅行大会",集结各地市研学旅行从业者,加快研学旅游的高质量发展。文化研学游、冰雪研学游等多种形式的研学旅游不断涌现。

2. 河北冬季旅游消费特点

（1）产品品类初级,消费带动差

冬季冰雪游、温泉康养游、民俗古镇游、博物馆研学游、夜间游等冬季旅游产品种类繁多。但大多数旅游产品是初级产品,周边产品匮乏,内涵挖掘不足,吸引力差,除冰雪旅游人气较旺外,夜间旅游、康养旅游、研学旅游项目多数停留在开发阶段,市场影响力小,没有形成品牌效应。对冰雪、温泉及民俗旅游，消费也主要集中在门票、交通、餐饮、住宿上，购物及娱乐消费较少。

（2）高度依赖资源，消费意愿低

同其他旅游产品相比，冬季旅游对旅游资源显现出更高的依赖性。河北省全域范围的冬季旅游消费依据冰雪资源分布特点呈现出西北强盛、东南衰弱的状态。张家口崇礼大区的资源、服务优势突出，冰雪旅游基本形成并处于快速发展状态。承德、秦皇岛和唐山发展的冰上旅游带初具规模。冀中南地区缺乏冰雪发展的气候条件，基础相对薄弱。冰雪旅游资源分布的集中性，决定了河北冬季旅游消费的地理集中性。

目前，冬季旅游宣传不到位，消费者冬季游仍然受到传统观念的影响，到热带地区避寒旅游多，省内旅游少，大众冰雪运动的爱好者多限于年轻群体。冰雪旅游和当地非遗文化、特色小镇融合较差，目前冬季旅游消费主要依靠冰雪运动，产业链短，文化消费低。

冰雪旅游资源欠发达的地区，冬季旅游项目主要集中在室内娱乐项目及初级滑雪场。但此类项目科技运用程度不高，文创产品缺乏创意，吸引力不足，品牌吸引力差，消费者消费意愿低。

（3）发展模式单一，消费时间短

冬季旅游项目仅限于白天滑雪，夜场娱乐单一。大部分滑雪场只是集中于冬季运营，一些资源在夏季并没有得到充分利用，未实现向四季覆盖，一旦过了需求旺季客流锐减。以万龙滑雪场为例，公司决策层缺乏淡季营销整体战略规划，除冬季外其他季节产品项目开发尚不完善。冬季旅游资源在夏季没有得到有效利用，造成了自然资源的浪费。旅游＋健康、旅游＋医疗、旅游＋音乐文化、旅游＋康养、旅游＋游学等四季旅游活动及品牌还未打响。

（二）河北省冬季旅游消费市场趋势

1. 疫后消费信心恢复，冬季旅游消费潜力巨大

受新冠肺炎疫情影响，2020 年春节期间，河北省冬季旅游消费呈现

断崖式下降，居民旅游消费热情受到严重抑制。但随着国内疫情防控取得初步成效，在2020年的中秋、国庆双节假期，河北省旅游接待人数和收入都有不同程度的恢复，旅游者消费信心恢复明显，旅游消费需求得到释放，居民的旅游消费和出游意愿将会大幅提升。目前，国内疫情基本得到有效控制，而国际疫情尚无明显好转，国际旅游消费客流将大量转向国内市场，加之受"报复性消费"心理影响，国内冬季旅游消费发展空间必然增大。

中国旅游研究院发布的报告显示2021~2022年冰雪季，我国冰雪旅游市场规模有望达到3.4亿人次，冰雪旅游收入预计达到6800亿元，冬季旅游市场发展态势持续增长。联合国世界旅游组织最新测算结果显示，2021~2022年冰雪季我国冰雪旅游将带动其相关产业的产值达到2.92万亿元。《中国滑雪产业白皮书（2019年度报告)》显示，河北旅游目前雪场数量在中国雪场数量中位列第五，可见冰雪旅游将撬动的市场规模应该十分可观。

2. 消费主力显年轻态，对新业态产品需求旺盛

《2019国民旅游消费报告》中的测算数据显示，我国旅游消费的主力军已由"80后"转向"90后"，"00后"也将加入这一消费群体当中。个性化、深度体验性旅游消费需求凸显，以年轻人为主体的人群旅游消费模式日益多元，传统的"观光一日游"正向"生态、体育、康养游"模式转变，文化体验、博物馆旅游、冰雪运动、民俗体验、温泉康养、主题小镇等旅游新业态产品需求越来越旺盛，消费需求不断升级。同时，疫情过后人们对旅游服务安全、质量有了更高要求，借助智慧平台、旅游出行网站的线上购票、预约出行、自助旅游、线上云游、无接触式旅游已经成为旅游出行新选择。探索、开放、独特的旅游行为特征正逐渐显现。在互联网的影响下，"90后"乃至"00后"呈现出的消费新特征正日益显现，在社交平台上"晒美食""秀生活"，结交新朋友，通过网络了解无数的网红旅游点和网红打卡地，网络平台成为年轻一代消费者获取旅游信息、分享旅游体验的新渠道。

3.高品质和深度体验成为旅游消费市场新趋势

随着旅游出行逐渐常态化，传统单一观光游已经逐渐转向休闲、度假游，消费者对旅游产品和服务的高品质、深度体验需求迅速增长。旅游者高品质旅游体验追求的不单单是价格高昂、设施豪华、产品新奇等表层特点，更多的是在整个旅游活动中体验和感受深层次的价值内涵。近年来，冬季旅游中健康、生态、养生成为旅游消费新趋势，尤其是2020年游客在对健康防疫的关注下，兼顾体验、休闲、康养需求的滑雪运动、靠近山海、休闲养肺、高品质民宿等旅游目的地成为首选。随着生活水平的不断提高，带薪休假制度日趋完善，人们有更多的时间和精力去深入体验和了解更多的文化内涵和民俗渊源，旅游者开始倾向于在某一地点的深度体验游，通过旅居数日，体验古镇文化、感受历史魅力、享受自然风光成为旅游消费者新的选择。舒适、安全，展示当地文化，展示个性、新奇的旅游产品日益受到旅游者的追捧。

三 河北省冬季旅游消费新动能培育现状

（一）冬季旅游消费新动能内涵阐释

党的十八大以来，习近平总书记对我国新旧动能的转换问题提出了一系列重要论述。在相关政府工作报告中"新旧动能"一词也被多次提及。随着我国国民经济的不断发展，"新旧动能转换"成为我国经济发展的热门话题，经济社会发展步入新常态，消费环境已悄然变化，产业融合、全域旅游正在向纵深发展。以自然、人文等旅游资源为主的传统旅游消费模式需要逐渐转变为体现美好生活、产业融合发展的新型旅游消费模式。

促进冬季旅游消费，必须处理好供需关系，让旅游业的供给侧和需求侧同时作用，最终实现供给、需求的双向拉动。旅游创新发展是旅游业的长久动力，冬季旅游应积极结合新技术、新方法，推出新产品、新模式，在供给侧发力深化冬季旅游消费的改革。相关部门政策也要跟进供给侧发展，给予旅游企业相关政策支持,在业态、模式、产业培育与创新中,驱动旅游产业结构、产品形式的升级变革。通过多元化旅游产品供给,挖掘旅游消费潜在群体,提供高品质旅游体验,打造健康消费氛围,推进健康休闲生活方式。

冬季旅游消费新动能的核心就是:打造具有特色差异的新产业;创造"旅游+X"新业态;融合大数据、人工智能等新技术;开发智慧旅游平台等新产品;助推全域旅游新模式;激活社会、文化、生态等新功能。

(二)河北冬季旅游消费新动能培育现状

冬季旅游消费新动能培育需要政策引导、品牌打造、环境营造、基础设施投入,更需要智力支持、人才培养,通过"旅游+""+旅游"不断融合,打造旅游新业态、供给新产品,以创新驱动旅游产业高质量发展,促进消费提档升级。

1. 扶持引导性政策文件相继出台

近年来,发展旅游业逐渐成为河北省各地扶贫政策解决办法之一。为推动旅游产业发展,国家出台了多项促进政策。河北省政府及文旅厅先后出台了《关于加快推进旅游业高质量发展的若干措施》、《河北省旅游业高质量发展10个专项工作实施方案》、《河北省文化产业示范园区创建管理办法》、《河北省乡村旅游高质量发展工作实施方案》和《关于促进全省文创产品、旅游消费品与旅游装备制造发展的实施意见》等一系列政策文件。

2020年,河北省为有序推进全省文旅行业疫情防控和复工复产,制定出台《河北省文化和旅游行业复工复产疫情防控工作指南》、《关于统筹做好全省文化旅游行业疫情防控和复工复产工作方案》、《关于有效应对疫情支持全省文旅企业发展的十条政策措施》、《关于进一步做好疫情防控、促进文旅产业持续健康发展的通知》、《河北省文化和旅游产业恢复振兴指导意见》和《应对疫情涉及文化和旅游行业的支持政策汇编》等专项政策,帮助文旅企业逐步走出疫情困境。

省财政部加大财政支持力度,2020年争取中央文化和旅游专项资金26015万元,较上年同期增加1303万元,增幅达5.27%。着力加强资金和资产监管，制定出台了《河北省级"三馆一站"免费开放专项资金》、《河北省公共文化服务体系建设资金管理办法》和《河北省级旅游发展专项资金管理办法》，制定印发了《河北省文化和旅游厅预算项目支出进度管理暂行办法》。落实文旅企业复工复产，辑印了《应对疫情涉及文化和旅游行业的支持政策汇编》，指导帮助企业积极争取新增国债和新增中央预算内资金、政府专项债和"促复产稳投资补短板"融资专项等扶持资金。

河北省为推动冬季旅游品牌建设，针对冬季及冰雪旅游产业陆续出台了《河北省旅游品牌建设行动计划》《河北省文化和旅游品牌评价规范》等政策方案。为确保冬奥会筹办和冰雪产业高质量发展，省旅游工作领导小组出台《关于支持张家口市加快文化和旅游产业发展的意见》《关于支持冰雪产业发展的政策措施》，开展专项旅游资金，为张家口市文化和旅游发展提供政策扶持和资金支持。

2020 年 11 月 18 日，为推动数字经济背景下的文化和旅游的协同发展，文化和旅游部发布《文化和旅游部关于推动数字文化产业高质量发展的意见》提出"以文塑旅、以旅彰文"的思想口号。2020 年 11 月 30 日，文旅部与国家发改委提出到 2025 年，将通过深度融合互联网和旅游，让互联网成为全省旅游发展的重要推手。

2. 文化推广等惠民活动不断推出

2020 年 1 月 2 日河北省在北京举行了冬季旅游宣传活动，让"冬季游河北　福地过大年"品牌深入人心，河北省各大景区为响应河北省宣传活动，推动活动升温，纷纷推出了多项优惠措施。2020 年全国"消费促进月"暨第十六届"幸福河北欢乐购"开展主题系列活动，深入挖掘文化和旅游市场潜力，激发游客的消费热情。2020 年 9 月 16 日，石家庄市举办的"文创商品大赛"提升旅游产品的供给能力，促进石家庄市文旅消费。保定市举办的各种出彩文艺活动在疫情防控条件下，加大了网络直播刺激消费的力度。廊坊市面向全社会征集文旅创新研发产品，丰富文旅的供给，进一步满足人们不断增长的消费需求。疫情期间，河北省非物质文化遗产保护中心举办线上河北省第十二届民俗文化节全景 3D 展馆，以文促旅，丰富群众文化

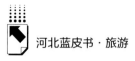

生活。线下还有丰富多彩、形式多样的民俗文化活动催热冬季旅游市场，让河北省冬季旅游消费逐渐升温。

3. 各项目基础设施投入持续加大

为了刺激冬季旅游市场，河北省各市对旅游项目基础设施投资实际完成投资额呈总体上升趋势，2020 年受疫情影响虽有小幅下跌，但发展势头依然强劲。据《河北省"十三五"旅游项目投融资建设报告》显示，环京津的承德、张家口、秦皇岛、唐山、保定、廊坊六市，2019 年文化旅游项目投资额合计达 1858.84 亿元，占全省文化旅游项目投资额的 78.06%；2020年 1~9 月达 1767.15 亿元，占全省的 76.75%，以项目投资建设带动旅游消费的增长。在 2022 年京张冬奥会的有利契机下，河北省建设了赤城海坨一期冰雪小镇、涞源七山滑雪度假区、清凉山滑雪场、元宝山滑雪场等一系列冰雪体育运动基地；同时打造了沽源国际越野运动小镇、赤城海坨小镇、涞源华中温泉康养小镇、金山岭国际射击场、中国冰雪博物馆等冰雪文化与运动康养旅游业态项目。其他各市加大基础设施投入力度，承德市积极扩容"夜间旅游"产业，推动"一核一带三个区"的重点建设，引领文化、美食、购物一体化的旅游消费；定州市用体育激活疫情期间低迷的旅游活动，建设五处全民健身场地。

4. 互联网线上引流渠道逐渐升温

疫情发生以来，河北省政府和各市县纷纷开展网上智慧平台的建设，借助互联网技术，寻求各种线上出路，推出了"互联网＋文旅""云游河北"等系列产品。河北省文旅厅举办河北非遗购物节，河北省博物馆举办各种文创活动，线上和淘宝、京东等电商平台合作，打造非遗文化浓厚的氛围。各市景区为推动云游活动，纷纷与新科技结合。5G、人工智能、全息投影、VR/AR 直播展播、数字博物馆、在线非遗展示等公共服务项目，为游客提供更多有深度的、沉浸式虚拟的体验项目。唐山市依托智慧平台突出"唐山周末、放飞你我"的活动，打响了疫情防控常态化下恢复旅游的第一战。承德开展了"云游承德线上互动直播活动"、全市导游"云课堂"活动，当地图书馆还开设数字平台等，完成了全年任务的 54.5%。

5. 专业人才队伍建设及储备加强

随着河北省冬季旅游消费升温，旅游服务业的人才需要正呈现出斜坡式增长，高技能的岗位空缺，专业型人才空缺，服务型人才需求逐渐加大。河北文旅厅拟组织编制《河北省文化和旅游人才队伍发展规划（2021—2025年)》，构建文旅专业化人才培养模式。省财务部积极争取中央和省级专项基金，争取到"三区"文化人才经费994万元，用于文旅产业人才选派等工作。张家口市人力资源和社会保障局为助力2022年冬奥会积极筹备文旅人才培养联盟，目前已有6所院校确定加入，42名专业教师纳入张家口文旅人才培训专家库，1072名文旅专业学生纳入了服务2022年冬奥储备人才库。

各文旅产业着眼于发展需求，加大人才培养力度。河北演艺集团通过"请进来""走出去"等方式大力加强队伍建设和人才培养，2020年先后派人员参加文旅部组织的国家级人才培训项目8次，省级项目8次，共计103人次。河北省艺术研究院在2021年工作计划中明确提出要在提升人才培养上下功夫，继续实施河北省青年编导提升计划，积极申报、谋划实施全省人才培训班，力争形成省、市、县三级文艺人才发展梯队。中国吴桥国际杂技艺术节组委会积极推动吴桥杂技人才培养基地的发展和壮大，引进海外杂技人才，带动吴桥杂技产业园区的发展。

6. 旅游业跨行跨界融合项目涌现

河北文旅厅积极推动冬季旅游和多渠道、多行业相结合，拓展跨界联合宣传，打造形式多样的冬季旅游消费产品组合，既可以满足当地旅游消费发展需求，也实现了多行业联动发展。2020年文旅厅与河北航空合作推出飞行月票，充分利用了机场和高铁站优势，实现旅游产业与交通服务的跨界合作；积极与线上公司如高德公司、腾讯公司、美团点评、马蜂窝等开展跨界联合推广活动，上线河北旅游专题页，宣传冬季旅游人气旅游路线，实现线上与线下的深度融合；2020年河北省开展了非遗购物节和"云游非遗"网络讲座等非遗宣传活动，针对大运河非遗文化和长城非遗文化制定了专门的宣传方案，积极宣传河北省丰富多彩的非物质文化遗产项目，实现非遗与旅游产业融合；衡水市积极推进大运河文化公园的建设，春节期间举办"运河风情，多彩故城"运河文化灯会活动，大运河文旅融合形成了新的冬季旅游增长点。

7. 旅游产品系列品牌正改造升级

继"冰雪旅游"成为河北旅游的一张王牌之后，河北省各地市纷纷利用资源创新品牌，挖掘市场潜力。如利用当地特色，设计品牌纪念品。张家口市已经开始推出冬奥会纪念品；承德市依托当地的博物馆、图书馆等推出了冰箱贴、文具、服装等文创产品，打造"承德好礼"区域品牌；秦皇岛市启动"秦皇岛礼物"主题专卖店，树立秦皇岛的旅游品牌。刺激夜间二次消费，打造"夜游系列"品牌。邢台市积极延伸旅游产业链，打造的邢台太行邢襄古镇被评为河北省"夜间旅游"十大人气目的地之一。唐山市开放南湖夜间灯光水舞秀，培育皮影戏、评剧夜间演出等活动，推出一批夜间打卡旅游消费地。张家口赤城深入挖掘土特农产、民间艺术、乡村美食等资源，推出"冀忆乡局""冀忆香味""冀忆乡礼""冀忆乡俗""冀忆乡景"五大乡村旅游品牌，构建"冀忆乡情"乡村旅游统一品牌纪念品。

四 河北省冬季旅游消费新动能培育目标

（一）深化冬季旅游产品内涵

旅游产业经过多年发展，培养了日趋成熟的旅游消费者，旅游活动的社会文化性越来越凸显，旅游消费需求呈现出多样化、个性化、差异化的特点，满足消费者精神需要的特性越来越鲜明。在先进科技的牵引下，以顾客体验为中心，利用大数据、云计算、物联网、人工智能等在旅游前、旅游中、旅游后为顾客提供优质化服务，打造智慧化的旅游服务体系。充分将旅游资源不同要素深度融合，深化冬季旅游产品内涵，将冬季旅游的文化价值内涵充分体现，逐渐满足游客的参与感和自我认同感的需要。促进旅游产业结构持续优化，加速文化传播，宣扬主流文化，主导价值，倡导美好生活。

河北冬季旅游的开发建设必须更加注重产品内涵的挖掘，在突出已有自然资源、人文资源优势的基础上，强调发展自我特色，通过挖掘民俗文化、融合高科技要素，升级改造传统旅游项目，创新创造旅游新业态，刺激冬季旅游消费提档升级。

（二）创新冬季旅游产品体系

旅游产业体系的优化创新，一直是我国旅游业发展的工作重点内容。在旅游业发展的新阶段，旅游产品供给逐渐与大数据、互联网融合，B2B、B2C、C2B、O2O、C2C 等电子商务模式的旅游平台大量涌现，旅游产业体系创新趋势愈发显现。

新常态下，旅游业的高度关联性使旅游各要素之间的融合越来越紧密，旅游产业体系创新要从产业内要素创新、产业间融合创新两方面实现。产业内要素创新是将旅游产业内各要素进行优化配置，不断延伸和完善产业链，包括文化公共服务体系与旅游公共服务体系融合、文化和旅游创新体系融合及产业体系融合。产业间融合创新是旅游产业与工业、农业、服务业等关联产业相互融合，创造出"旅游＋X"新业态，涉及的产业范围越来越广泛，形成了研学旅游、房车旅游、康养旅游等新型消费模式，满足人们日益提升的精神文化需要，为推动旅游业和相关产业协同发展提供新模式、新路径、新动能。

（三）增强冬季旅游溢出效应

"旅游溢出"指的是旅游发展在空间上的一种经济外部性，它反映了由于地理、经济和社会等关联性，区域旅游业对其他相关产业发展所造成的影响。旅游溢出包括知识溢出、经济溢出、环境溢出三种形式。知识溢出体现在企业实行一体化战略过程中，技术、人员、知识在企业间相互流动，最终产生溢出效应。经济溢出体现在区域经济和产业联动两方面，旅游业在发展的同时与关联企业形成连锁反应共同拉动经济增长。环境溢出则体现在对营商环境的影响上，由于旅游消费业态和消费产品的不断丰富更新，原有的旅

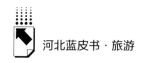

游消费市场环境受到不同程度的影响，形成溢出效应。因此，产业融合、技术支撑、环境优化是增强冬季旅游溢出效应的有效途径，要积极推动旅游业与更多产业融合，形成"乘数效应"，增强旅游产业溢出。

五　河北省冬季旅游消费新动能培育障碍分析

（一）政策支持力度落地不足，撬动消费乏力

政府对冬季旅游消费的相关政策体现在对企业的激励、帮扶等营商环境打造和对消费者的优惠政策、消费环境的实施上。2020年是文旅企业发展异常艰难的一年，受到新冠肺炎疫情的影响，旅游企业被迫关停几个月后入不敷出，资金链断裂。尽管政府出台了一系列税收减免、租金减免、融资支持、能源费用减免等帮扶政策，但目前政府政策对旅游企业的扶持、激励、帮扶等营商环境打造能力还比较乏力。如各地银行的融资政策大多需要实物抵押，而大多数文旅企业无法实现实物抵押，审批资金难度巨大。各小型文旅企业通过非银行贷款，不但利息高，没有延期等政策，而且负债风险较大。再者，文旅企业属于服务型人才密集企业，员工工资支出较大，疫情期间，旅游企业和相关周边产业受影响较大，企业裁员和关闭现象日益增多，缺少相关政策支持，被迫重组甚至破产。财政税收政策上，冬季旅游中的冰雪产业享受新兴产业的待遇，对于用水量较大的冰雪产业，其资源税作为特殊产业来征收，并不能享受较低税率，面临非常高的成本投入。

此外部分政策存在停留在顶层设计层面，惠企政策配套及落地困难，企业具体操作实施，具有一定难度，也有一些政策信息不公开、不透明，造成企业获取渠道受限，阻碍了政策的实施效果。有些政策不稳定，政府服务不到位，融资政策不便利，重招商轻稳商，阻碍了旅游产业的提档升级。一些旅游示范区的建立对全省旅游产业集聚起到一定的推动作用，但这些示范区在产业融合、产品开发、产业链延伸方面还缺乏成功典型，示范作用有限。

最后，政府在旅游的信息化、智能化、平台化的支持方面，对智慧化平台建设投入仍处于起步阶段，支持力度不足。在人才扶持方面，专业型、服务型人才培养短板突出，人才流失较为严重，储备人才政策不完善，后备力量不足。

（二）冬季旅游公共服务不全，消费需求不旺

公共服务是潜在的刺激力，做好公共服务建设，舒适、安全、周到的设施和服务才能吸引更多消费者参与旅游消费，支撑起高质量的旅游发展。旅游市场逐渐复苏之后，各地公共信息及服务建设不健全的问题逐渐显现。首先，旅游基础设施不健全。"最后一公里"问题尚未解决，乡村公路缺乏规划、旅游高峰期交通容量问题严重，堵车现象频发；自驾游兴起，但停车场数量有限，各景区道路狭窄的现象凸显。各地的冰雪运动场地、温泉养生馆和文化古镇、民俗文化等正在飞速发展，但与之配套的特色餐饮、娱乐场所和当地文化纪念品商店紧缺。随着河北省冬季旅游活动的推动，一些大型会议、大型赛事会不断增多，会议的接待活动随之增多，截至2019年底，河北省40家滑雪场只有18家具有接待会议的能力。另外，要培养消费者冬季旅游消费习惯，势必需要更多的室内消费场所或开辟夜间旅游场所，目前河北省冬季旅游消费的基础设施建设缺口还很大，需要不断增强。智慧旅游信息化建设与其他信息化强省还有很大差距，微信平台、移动App、电子门票售卖、移动支付、视频监控等还需更为强大的科技支持。为确保游客安全，公共卫生服务措施必须不断完善。许多景区医疗救助有效的组织和服务体系没有建立；部分景区垃圾处理没有规范，乡村公路垃圾处理不及时，垃圾堆积现象时有发生；公共厕所数量及质量仍有较大提升空间。

国内消费者对冬季旅游的热情并没有被完全被点燃。针对冰雪旅游产品，河北省虽然依托冬奥会，加大了省外宣传力度，但游客仍然以省内及北京为主、以山西等周边省份为辅，没有形成更为广泛的市场需求。河北省包括冰雪旅游在内的冬季旅游消费产品都呈现发展程度低、内涵挖掘不

足的特点，开发模式尚处初级阶段，核心旅游吸引力不足，市场知名度小。另外，冬季旅游项目趋同化严重，全域旅游意识淡薄，产业链不完整，同质化竞争激烈，大量户外滑雪场冰雪运动消费高、门槛高，消费者消费意愿不强。新奇、文化融合度高的创新性旅游产品供给不足，导致产品消费拉动力不足，需求不旺。

（三）旅游企业产品创新不足，产品品质不优

2022年冬奥会的成功申办刺激了河北省的冬季滑雪、滑冰运动不断发展，"三亿人参与滑雪运动"更是促进滑雪运动走向大众化，各地滑雪场如雨后春笋一般建立起来，但各市的冬季旅游多只局限于冰雪运动，完整的旅游产品体系还没有完全被打造出来。冬季滑雪场趋同效应明显，各大滑雪场在有自己的小特色的同时又走向大的趋同。旅游产品相对单一，"滑雪"是主要的消费项目，带动性的消费除了餐饮和住宿，还没有延伸到娱乐、购物等其他项目，且与泡温泉、游古镇等周边项目没有很好地串联起来，冰雪文化的展示尤其薄弱，文创产品的设计开发严重匮乏。企业自身在发展中也认识到，受能力、资金、意识的限制，目前冰雪运动的发展仅仅是借势而为，是冰雪旅游发展的初级阶段。河北省在冰雪养生、冰雪娱乐、冰雪度假等方面还有很大潜力可以挖掘。

历史文化街区、美术馆、博物馆等系列冬季旅游产品逐渐受到市场青睐，但目前河北省冬季旅游产品体验项目匮乏，游客仍然处于对景物的静态观赏阶段。河北省冬季旅游资源虽然在数量、品种上都比较齐全，但对于产品精细化开发、价值内涵挖掘力度还存在明显不足，产品同质化现象普遍，高辨识度的旅游品牌较少，景区IP打造尚未完成。许多冬季旅游产品的设计还停留在观赏阶段，产品类型单一、品质不高，基础设施和产业要素档次较低，互动、体验、游乐、文化传承等功能挖掘不足，很难激发游客消费意愿。冬季旅游产品市场影响力较弱，忽视IP建设，营销宣传精准度不高，使旅游业的经济拉动效益未充分展现。真正立得住、叫得响的龙头产品还需不断打磨和培育。

六 河北省冬季旅游消费新动能培育对策

面对国际国内双循环发展的新格局，全面落实党的十九届五中全会精神，充分发挥政府主导、企业主体、社会组织引流、公众参与的全面格局，准确把握河北冬季旅游消费新动能的目标、方向和重点，深化产品内涵，创新产品体系，增强旅游溢出效应。在此，我们从以下五个方面提出冬季旅游消费新动能培育对策。

（一）积极发挥政府主导，不断优化营商环境

旅游市场的振兴不只是要恢复到从前，更要放眼未来发展。政府应积极发挥主导作用，围绕冬季旅游消费需求，瞄准冬季旅游消费新动能，积极构建优质冬季旅游产品供给体系，用先进的科学技术、文化艺术潮流来引领冬季旅游的发展。编制和出台高标准的河北省冬季旅游发展总体规划和专项规划，发挥政府的主导作用，实现制度创新和政策调整。

政府部门要为旅游业的发展提供更多的人才、资金、技术等产业要素。积极完善机制体制，加大扶持力度，提高政策透明度和稳定性，优化营商环境，提高政府服务效率，重视引进企业更重视稳定企业，提升旅游的公共治理能力。在财政、税收、金融、土地、人才等领域出台相应政策和文件，并有针对性地落地实施细则。对于滑雪产业等新型特殊行业，"量身定制"特殊政策，最大化释放产业政策红利。对受疫情影响的文旅企业，加大信贷支持力度、实施减税降费政策、降低企业运营成本、培育消费热点、促进市场复苏繁荣。

（二）健全基础设施建设，推进智慧旅游发展

河北省各市要持续改造高速、高铁、机场等交通干线，未来要继续推动京津冀交通一体化，共建"快旅慢游"交通网，持续开通京津冀旅游专列，重点完善京张高铁、京崇高铁建设项目。鼓励各县完善旅游集散服务，加强

旅游支线公路和乡村公路建设，开通从市区、高铁站、机场等地直通景区的公交专线，把"最后一公里"工作做好。响应号召推动"厕所革命"，因地制宜地完善各景区的垃圾分类制度，提升基础服务能力。

依托新基建，积极探索河北省旅游业的网络化转型。加快"新基建"与冬季旅游产业结合的脚步，各主管部门要从战略高度充分认识新基建对旅游业发展的重要作用和价值，积极探索旅游业数字化转型的新路径。提高全省景区旅游基础设施、公共服务、景区运营管理等数字化智能化水平。加快推出冬季定制游、景区微导游、在线滑雪教学等新形式线上冬季旅游产品和服务，满足旅游消费者的个性化、品质化、体验型的旅游消费新需求。将新基建技术全面渗透到旅游全要素之中，搭建线上销售平台，创新营销模式。提升智慧旅游平台的个性化服务功能，为消费者提供便捷的旅游出行服务。把虚拟现实技术、裸眼 3D 技术、数字化处理技术和冬季旅游项目结合起来，让冬季旅游景区"动起来"，让文化"活起来"。用科技优化旅游发展，建立智慧停车位、智慧监督体系、智慧一体化服务，给游客提供全方位、便利化的服务。让文化、旅游、需求、体验更好融合，更高阶的旅游是深度的体验，是生活方式的创新，让游客身心再生，在旅游中接受启智和教育。

（三）着力人才培育引进，共建互联互助平台

随着我国旅游业在国际市场上的影响力不断提升，旅游行业人才的需求缺口越来越大，培养一批高素质、高质量、强竞争力的国际旅游人才成为当前的迫切需求。加强文旅企业培训、高校科研院所的合作交流，完善文旅产业人才培养机制，建立旅游校企合作实训基地，推进产学研用协同育人，建设景区管理型人才队伍和景区专项服务型人才队伍，探索复合型人才培养模式。加强人才培养国际合作，推出相关吸引人才的政策，引进海外优秀旅游业人才，鼓励高校优秀教师团队和相关专业学生留学深造，打造国际化旅游人才队伍。

优化旅游人才引进政策，完善各地技术创新支持政策，推动科技体制改革。运用各种优惠激励政策吸引社会广大人才到河北省落户，出台相关政策

做好社会人才家属保障工作，解决后顾之忧。设立人才孵化基地，依托大学生科技创新产业园、专业高校毕业生基地，构建高质量的人才发展体系，积极与京津地区人才合作对接。

注重基层文化工作者的选派和培养，解决基层文化人才紧缺的问题，人才助力脱贫。推进人才智库共享，发挥人才智库的科学决策、集成智慧、交流共享、培育人才的积极作用。运用旅游大数据技术，搭建招聘平台，为各地文旅企业和文旅求助人才提供服务，提升全省旅游人才质量。

（四）推动旅游多产融合，双轮驱动产品热度

利用旅发大会的发展契机，创新冬季旅游发展方式，构建以全域旅游为核心的发展格局。充分发挥旅游业"高产业融合"的特性，促进旅游业与冰雪、温泉、民俗、康养、古镇等多产业融合发展。立足当地自然资源优势，加强与其他产业的融合发展。借助冬奥会筹办契机和影响力加快构建河北省冰雪旅游产业链，确保大批专业设施、住宿、餐饮、购物等配套设备在"后冬奥会"时代仍能为发展地区经济、壮大冬季旅游产业所用。打造四季旅游度假胜地，充分利用张家口、承德等地的冬季旅游资源。为丰富冬季旅游新业态，激活夜间经济活力，河北省各地要做好"夜间旅游"活动的宣传工作，探索冬季夜间旅游新模式。针对老品牌、老产品，不断进行品牌焕新举措，谋划推介与健康、养生相关的生态康养、温泉滑雪等旅游新产品，老品牌不断升级、新产品不断推出，以拉动冬季游客的消费需求。

借助数字经济与数字技术、互联网、云计算与大数据，深度融合数字经济和旅游业。大力发展智慧旅游，旅游产业转型升级需要的很多业态需要与新基建、信息和基础设施融合。积极应对发展新变化，做好线上引流，如"直播带货""线上推介""云体验"等网络营销活动；线下宣传，如举办冰雪旅游、冬季旅游等旅游推介会，开办各种以"河北旅游"为主题的专项活动，通过线上线下双轮驱动，持续释放冬季旅游消费潜力，打响河北省冬季旅游品牌，扩大冬季旅游品牌的影响力。积极与线上各大电商行业、互联网行业、线下知名企业开展旅游合作，汇聚各行各业多方力量，联动明

星、媒体等多方资源助力，丰富河北省旅游产品，让河北省旅游业高速、高质量的发展，打造属于河北省的专属品牌。

（五）重视旅游文创产品，不断撬动旅游消费

各地市在冬季旅游产品创新中要重视梳理地方地理、文化脉络，提取文创元素，提出知识导向、内容为王的独特景区 IP，通过 IP 品牌定位，展开产品创新，打造新模式，创新新玩法，赋予文化生命力。延伸旅游产业链，增加旅游溢出。各景区、度假区建设要重点抓住冬季旅游消费人群的心理特征，注重开发多元旅游形式，营造良好的旅游消费氛围，吸引不同层次的游客。如开展茶文化、非遗文化、博物馆旅游等室内旅游活动时可以和文旅知识讲解相结合，吸引家庭型出游人群，拓展消费群体；也可以利用科技推动旅游发展，丰富旅游发展方式。例如推出线上虚拟旅游体验服务，体验包括景区漫步、个性化智能导游服务、美食制作教程等项目等。

总之，在产品打造的过程中，突出内容为王、体验为主，变要素驱动为创新驱动，让消费需求拉动旅游业发展，通过"旅游＋"和"＋旅游"不断创造时尚新鲜的旅游产品。

参考文献

王克岭：《创新驱动下旅游发展的动能与路径》，《企业经济》2019 年第 2 期。

张楠：《北京张家口冬奥会对河北省旅游业的带动作用研究》，《旅游纵览》（下半月）2016 年第 22 期。

连新秀：《黑龙江省冰雪旅游业发展路径探析》，《哈尔滨体育学院学报》2020 年第 3 期。

《河北省文旅产业"新基建"融合发展研究》。

《"十三五"河北旅游品牌传播报告》。

《"十三五"发展规划实施情况总结评估报告》。

《河北省文化和旅游产业恢复振兴指导意见》。

《中国冰雪旅游消费大数据报告（2020）》。

中国旅游研究院：《"2018 旅游经济运行盘点"系列报告（八）：冰雪旅游发展》。

中国旅游研究院：《中国冰雪旅游发展报告（2020）》。

衡水市文化广电和旅游局：《2020 年上半年工作总结和下半年工作谋划》。

张家口市文化广电和旅游局：《2020 年上半年工作总结下半年工作谋划》。

承德市旅游和文化广电局：《2020 年上半年工作总结和下半年工作重点》。

承德市旅游和文化广电局：《关于促进文化旅游消费工作开展情况的汇报》。

邢台市文化广电和旅游局：《2020 上半年工作总结和下半年工作安排》。

《省文旅厅关于促进消费潜力释放有关情况的汇报》。

《河北演艺集团 2020 年度工作总结》。

《河北省智慧旅游专项行动计划（2020 - 2022 年)》。

《河北省乡村旅游及旅游扶贫发展报告（2016 - 2020)》。

《河北省"十三五"旅游项目投融资建设报告》。

B.14
河北省乡村旅游消费振兴对策研究

陈 胜*

摘 要： "十三五"时期，河北省乡村旅游发展成为不断涨水的"蓄水池"，成绩斐然，但也面临较多问题。本报告提出：面向"十四五"规划，河北省应从乡村旅游精品打造、宣传推广、舒适消费、便捷消费和安全消费等方面发力，全面促进乡村旅游消费振兴。

关键词： 乡村旅游 消费振兴 旅游扶贫 惠民措施

一 河北省"十三五"时期乡村旅游发展成就

（一）乡村旅游总体规模稳步增长，综合效益不断扩大

"十三五"时期，河北立足丰富的乡村旅游资源，以环京津地区和燕山—太行山地区为重点区域，以乡村旅游重点村建设、农村基础设施提升、文旅融合创新发展、乡村旅游扶贫为抓手，全省乡村旅游发展在总体规模和综合效益上稳步增长。"十三五"期间，河北省乡村旅游人数从2016年的0.85亿人次增长到2019年的2.05亿人次，年均增长率达到34.1%，占全省旅游总人数比例从2016年的18.2%稳步提升到2019年的26.18%；乡村旅游综合收入从2016年的148亿元增加到2019年的442.4亿元，年均增长

---

* 陈胜，河北省社会科学院旅游研究中心副研究员，主要研究方向为旅游经济与旅游规划。

率达到44%，占全省旅游总收入比例从2016年的3.18%稳步提升到4.75%（见表1）。2016年到2019年，河北省乡村旅游无论是接待人数还是综合收入都呈快速上升趋势，综合效益不断扩大，截至2019年，全省共有1650个村、5400家企业开展乡村旅游，形成旅游龙头企业169家，带动就业人口77.62万人。从20世纪80年代的萌芽到现在的发展壮大，乡村旅游已成为河北省旅游业发展的重要支撑。

表1　2016～2019年河北省乡村旅游发展状况

年份	乡村旅游人数（亿人次）	旅游总人数（亿人次）	乡村旅游人数占比（%）	乡村旅游综合收入（亿元）	旅游总收入（亿元）	乡村旅游收入占比（%）
2016	0.85	4.67	18.20	148	4654.53	3.18
2017	1.06	5.72	18.53	200	6140.9	3.26
2018	1.70	6.78	25.07	350	7636.42	4.58
2019	2.05	7.83	26.18	442.4	9313.35	4.75

资料来源：根据河北省文化和旅游厅相关文件资料整理而得。

（二）乡村旅游产品供给不断优化，发展质量快速提升

"十三五"时期，河北省乡村旅游产品供给不断优化，发展质量快速提升，主要体现在三方面：一是通过实施乡村旅游精品示范工程，创建了一大批国字号乡村旅游示范区（点）；二是通过实施乡村旅游景区化建设工程，创建了一批乡村旅游A级景区；三是通过实施乡村旅游品牌体系建设工程，培育了"周末在冀"乡村旅游品牌。

1. 创建了一大批国字号乡村旅游示范区（点）

"十三五"时期，河北省重点培育了一批业态产品新、综合效益好、带动能力强、基础设施优、服务水平高的国字号、省字号乡村旅游示范区（点），打造了一批乡村旅游龙头产品。截至2020年底，共创建全国乡村旅游重点村35个、入选河北省乡村旅游重点村名录150个、全国休闲农业与乡村旅游示范县（点）28家、中国美丽休闲乡村37个、国家级历史文化名镇名村40个、省级历史文化名镇名村89个、中国重要农业文化遗产6处、

全国特色景观旅游名镇名村 20 个、国家田园综合体 1 家，在"量"增长的态势下，更加注重"质"的提升。

2. 创建了一批乡村旅游 A 级景区

"十三五"时期，河北省通过了《河北省乡村旅游景区化发展实施意见》和《河北省乡村旅游景区化发展导则》，以国家 A 级旅游景区标准为指引，以乡村旅游产品和服务优质发展为主线，整合优势乡村旅游资源，全省成功创建了馆陶粮画小镇、红石沟休闲生态农场景区、中国马镇旅游区等一批国家 4A 级乡村旅游景区，形成了一批规模大、集约性强、内涵丰富、带动性强的乡村旅游龙头产品（见表2）。

表2　河北省新增 A 级乡村旅游景区名单（部分）

景区级别	景区名称
4A 级	馆陶粮画小镇、韩王九寨旅游景区、红石沟休闲生态农场景区、七彩森林景区、马镇旅游区
3A 级	杏花沟园区、塞那都庄园、盛世福地现代农业园、林栖谷森林温泉度假区、第什里风筝小镇、中山百姓园温泉度假村、宣化区假日绿岛景区、白草洼国家森林公园、联玉生态园、唐山市曹妃甸区妈祖文化旅游区、丰润山缘生态庄园景区、顺平亨水溪、周窝音乐小镇景区
2A 级	承德市围场县紫玉蓝莓庄园景区、丰宁非物质文化遗产传承基地、遵化黄花山风景区、阜城县刘老人百年梨园景区、长征现代农业创意产业园、盛世农合生态园、沁心农业园

资料来源：根据相关网站资料整理而得。

3. 培育了"周末在冀"乡村旅游品牌

河北省乡村旅游长期存在品牌意识薄弱问题，"十三五"时期，河北非常重视乡村旅游的品牌建设，在《中国旅游报》、《河北日报》、河北新闻网、《河北旅游杂志》、河北电视台，以及北京国际旅游博览会、中国旅游产业博览会等大型旅游展会平台上，大力宣传推广河北省乡村旅游产品和乡村旅游精品线路，经过多年的宣传推广，目前基本形成了以"周末在冀"品牌为引领，打造了太行山水人家、湖泊湿地船家、长城文化老家、华北田园农家、海滨海岛渔家、坝上草原牧家等六大乡村旅游特色品牌。同时，以吃、住、游、购、娱为主要内容，培育了"冀忆"乡土品牌（见表3）。

表3 "冀忆"乡土品牌

品牌	产品
冀忆·田园	依托古村落、采摘园、花园、果园、大地景观,形成"冀忆·田园"乡村休闲产品
冀忆·乡居	建设旅游度假小镇、乡村度假酒店、精品民宿、乡村庄园、俱乐部等,形成"冀忆·乡居"乡村度假产品
冀忆·家味	挖掘地方特色餐饮和美味小吃,打造"冀忆·家味"乡村美食产品
冀忆·名品	创新土特产品开发,培育蔚县剪纸、藁城宫灯、武强年画等"冀忆·乡品"乡村购物产品
冀忆·绝活	发掘打树花、皮影戏、井陉拉花、吴桥杂技、永年太极拳等非物质文化遗产,形成"冀忆·绝活"乡村体验产品

（三）强化乡村旅游顶层设计，乡村旅游政策体系不断完善

"十三五"时期是河北省乡村旅游快速发展的五年，也是全省乡村旅游政策密集出台的5年，主要集中在三方面：一是在乡村旅游产品开发、高质量发展、重点村建设等方面出台了一系列乡村旅游发展政策，完善了乡村旅游高质量发展政策体系，引领全省乡村旅游优质化发展；二是在乡村旅游服务与管理、民俗、乡村旅游示范点评定等方面出台和完善了一系列乡村旅游标准体系，指导全省乡村旅游规范化、品质化发展；三是在乡村旅游扶贫规划、体制机制、扶贫方案等方面出台了一系列乡村旅游扶贫政策，指导全省乡村旅游精准扶贫工作有序推进（见表4）。

表4 河北省"十三五"时期乡村旅游政策体系（部分）

政策类型	文件名称
乡村旅游高质量发展政策	《河北省非物质文化遗产传承发展工程实施方案》《河北省乡村旅游高质量发展工作实施方案》《河北省乡村旅游提升规划(2019-2025年)》《河北省乡村旅游景区化发展实施意见》《河北省文化和旅游厅关于加快发展乡村民宿的指导意见》《关于开展河北省乡村旅游重点村评定工作的通知》《乡村旅游指南》《河北省乡村旅游政策文件和规范汇编》
乡村旅游标准体系	《民宿服务质量要求与评价》《旅游小镇设施与服务规范》《河北省乡村旅游重点村评定办法》《河北省乡村旅游景区化发展导则》《河北省工农业旅游示范点评定标准》《河北省乡村旅游服务质量标准》《农家乡村酒店等级划分与评定》《工农业旅游示范点评定标准》《乡村旅游服务质量标准》

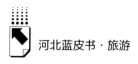

续表

政策类型	文件名称
乡村旅游扶贫政策	《河北省乡村旅游提升与旅游精准扶贫行动计划》《2018年至2020年河北省旅游产业扶贫工作行动方案》《关于深化实施"景区带村"旅游扶贫工作的通知》《2019年河北省文化和旅游产业扶贫工作行动方案》《河北省关于推动旅游扶贫工作的实施意见》《河北省乡村旅游提升与旅游精准扶贫行动计划》《关于创新乡村旅游扶贫机制的实施意见》《河北省乡村旅游扶贫规划(2017－2020年)》《河北省重点旅游扶贫村情况调查分析报告》《河北省旅游扶贫典型案例汇编》《关于河北省传统工艺振兴实施意见》《河北省"非遗＋扶贫"试点工作实施方案》《河北省非物质文化遗产传承发展工程实施方案》《关于进一步加强非遗保护传承发展工作的实施意见(试行)》

资料来源：根据河北省文化和旅游厅相关文件资料整理而得。

（四）乡村旅游扶贫成效显著，持续助力精准扶贫

1. 圆满完成旅游扶贫任务，旅游扶贫成效显著

2016年国家旅游局、国家发改委等12部委联合印发《乡村旅游扶贫工程行动方案》，提出在"十三五"期间，力争通过发展乡村旅游带动全国25个省（区、市）2.26万个建档立卡贫困村、230万贫困户、747万贫困人口实现脱贫。其中，河北省9市中58个县（包括65个贫困县）的793个建档立卡贫困村被列入全国乡村旅游扶贫重点村，共29.2万贫困人口。"十三五"时期，河北省以乡村旅游为载体，以创新扶贫模式、提升扶贫村公共服务、实施文旅融合、加强扶贫村人才培育等为抓手，强力推进乡村旅游扶贫，圆满完成了"十三五"时期旅游扶贫任务（见表5）。

表5　河北省"十三五"时期乡村旅游扶贫成效

年份	成效
2016	全省793个旅游扶贫重点村开展旅游工程建设项目525项,完成旅游投资约20亿元,接待游客717万人次,9.6万人通过发展旅游实现稳定脱贫
2017	全省共300多个全国乡村旅游扶贫重点村发展乡村旅游并实现脱贫摘帽,8万人通过发展旅游实现稳定脱贫
2018	全省近200个旅游扶贫重点村发展乡村旅游并实现脱贫摘帽,4.6万人通过发展旅游实现稳定脱贫

续表

年份	成效
2019	全省125个旅游扶贫重点村发展乡村旅游并实现脱贫摘帽,3万人通过发展旅游实现稳定脱贫
2020	面对新冠肺炎疫情带来的巨大挑战,全省科学有序地开展乡村旅游脱贫攻坚收尾工作,积极推动剩余旅游扶贫重点村及村内贫困人口脱贫,确保了涞源、康保、沽源、阳原、隆化、围场、丰宁等7个深度贫困县的所有旅游扶贫重点村整体脱贫

资料来源:根据河北省文化和旅游厅相关文件资料整理而得。

2. 旅游扶贫模式在探索中多元创新

"十三五"时期,河北结合各地乡村资源条件、地理区位和市场发展潜力,突出问题导向,发挥比较优势,突出特色、分类指导、分层推进,因地制宜地探索出了"旅发大会"扶贫模式、"景区带村"扶贫模式、"非遗+扶贫"模式、"合作社+农户"扶贫模式、"能人带户"扶贫模式等一系列可推广、可复制的乡村旅游扶贫模式(见表6)。

表6 河北省"十三五"时期典型乡村旅游扶贫模式

扶贫模式	扶贫经验与成效
"旅发大会"扶贫模式	完善旅发大会评估办法,把扶贫富民列为旅发大会重点评估指标,优先选择贫困地区作为承办地,将重点旅游扶贫项目纳入观摩线路。通过前四届省旅发大会,直接或间接带动247个贫困村、8.26万贫困人口脱贫
"景区带村"扶贫模式	以重点景区为抓手,以景区结对帮扶贫困村为路径,推动5A级景区辐射带动4~5个乡村旅游扶贫重点村,4A级景区辐射带动2~3个乡村旅游扶贫重点村,其他景区至少带动1个乡村旅游扶贫重点村,在全省开展"景区带村"示范创建活动,形成一批先进典型。共引导全省59个景区带动135个贫困村脱贫
"非遗+扶贫"模式	以丰宁"非遗+扶贫"国家试点工作以及联合国教科文组织代表团考察丰宁"非遗+扶贫"活动为契机,在全国率先推广试点经验,推动形成省、市、县三级联动大格局,取得了良好的扶贫成效。截至2020年,全省共建立非遗扶贫就业工坊15个,参与非遗项目217个,吸纳就业人员26830人,创建非遗项目品牌167个
"合作社+农户"扶贫模式	成立合作社,让贫困户以土地、山场、闲置农宅等资产入股,并在合作社务工,获得资本、务工、分红三重收益。"十三五"时期,重点扶持160家旅游扶贫类龙头企业、119家旅游扶贫类合作社、69家旅游扶贫类家庭农场开展旅游扶贫活动
"能人带户"扶贫模式	通过政府资金补贴、税费减免等优惠政策,积极扶持、培育、壮大乡村旅游示范户。仅2019年全省就有20人入选文化和旅游部2019年乡村文化和旅游能人名单,8个项目得到国家资金支持

资料来源:根据河北省文化和旅游厅相关文件资料整理而得。

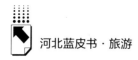

3.保障措施不断强化，持续助力精准扶贫

一是构建了较为完善的乡村旅游扶贫政策体系。在深入调查研究的基础上，在扶贫机制、总体规划、规范标准、工作方案等方面出台了一系列政策规定，为全省乡村旅游和旅游扶贫工作提供了良好的政策环境。在扶贫摸底调查方面，对全省62个贫困县开展了建档立卡贫困村的摸底调查工作，梳理出634个建档立卡贫困村的旅游资源、发展现状、制约因素等，编撰形成了《河北省重点旅游扶贫村情况调查分析报告》。

二是扎实推进扶贫村基础设施与公共服务体系建设。全省以旅游风景道为抓手，近年来新建、改建旅游公路3600多公里、风景道近2000公里、绿道1600余公里，有效破解了乡村旅游交通的"最后一公里"问题。2015年以来，全省建设旅游厕所9000余座，支持200多个旅游扶贫重点村建设了游客中心、停车场、旅游购物店、旅游厕所、旅游标识牌，有效填补了贫困地区公共服务设施短板，提升了乡村旅游服务设施。

三是着力加强乡村旅游人才培育。2018年以来，举办了33期乡村旅游和旅游扶贫专题系列培训班，对乡镇干部、村"两委"干部、旅游扶贫带头人、乡村旅游经营户、驻村工作队和乡村旅游管理人员3000余人开展了培训。积极开展线上技能培训，2020年累计完成线上培训86期，培养学员6880余人次。

四是宣传推广旅游扶贫产品线路。整合利用媒体资源，每年在《中国旅游报》、《河北日报》、河北电视台等发表旅游扶贫稿件和音视频上百余篇。整合利用大型旅游展会平台，大力宣传推广河北省贫困地区旅游资源、特色产品和精品线路。定期组织开展"二路三区"旅游扶贫推介活动、"周末游河北"等多元化旅游扶贫宣传推介活动，在京津地区重点宣传河北省贫困地区乡村休闲路线。

二　2020年河北省乡村旅游复工复产基本情况

2020年疫情对我国旅游业产生了巨大冲击，疫情发生以来，为了帮助乡村旅游企业及从业者纾困解难，文化和旅游部加强形势研判，发布了《文化和旅游部办公厅关于统筹做好乡村旅游常态化疫情防控和加快市场复苏有关工作的通知》，积极协调中国农业银行加快落实《关于金融支持全国乡村旅游重点村建设的通知》，积极促进乡村旅游复工复产。据测算，2020年第一季度，全国乡村旅游总收入 695 亿元，同比下降 77.1%；到第二季度，形势大为好转，环比增长达 148.8%；根据相关预测，全年乡村旅游总人次、总收入有望恢复到 2019 年 75% 左右的水平，乡村旅游在旅游行业率先实现全面复苏、稳步增长。

2020 年，河北省紧紧围绕相关工作要求，创新举措，推动乡村旅游加快复苏。一是严格按照《河北省文化和旅游行业复工复产疫情防控工作指南》《关于统筹做好全省文化旅游行业疫情防控和复工复产工作方案》要求，在有序推进全省乡村旅游业复工复产的同时做好疫情防控工作，研究制定了《乡村旅游有序开放指南》及《新冠肺炎疫情防控应急预案》，建立和完善了预约制度，推行分时段游览预约，引导游客间隔入园、错峰旅游。

二是通过举办省市旅发大会，一批乡村旅游项目建设稳步推进。通过第五届省旅发大会，张家口市按照"五区联动、重点打造、以点带面、示范引领"的乡村旅游发展思路，推进德胜民俗村、铭悦乡居小镇等一批乡村旅游扶贫项目建设，实施空心村治理、村容村貌整治等一系列乡村扶贫带动工程，打造了涵盖生态旅游、旅居度假、农业体验等乡村旅游新业态。

三是有序推进乡村旅游宣传推广和品牌建设，组织了 2020 年河北乡村旅游乐享季线上推广发布活动，策划七大主题 25 条乡村旅游精品主题线路，发布了河北乡村旅游宝典和"冀忆乡情"手机网页推广平台，推出乡村旅游特色产品及优惠措施。组织开展了"周末游河北""全国新媒体旅游达人点赞河北""乐享河北号"京津冀旅游班列驶进塞罕坝，举办了 2020 年京津冀晋房车巡游阜平县文化旅游精准扶贫主题活动、河北省乡村旅游与民宿发展暨太行山区旅游扶贫推进活动等。

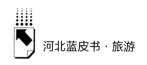

三 河北省乡村旅游消费振兴面临的突出问题

（一）乡村旅游精品匮乏，产品消费吸引力不强

从乡村旅游产品质量来看，整体品质不高，差异化不足。一是河北省乡村旅游仍处于初级阶段，旅游产品以休闲农业和农家乐为主，品质不高，整体粗放，据不完全统计，2020年乡村旅游中休闲农业和农家乐占比分别为22.2%和27.37%，且相当数量的休闲农业和农家乐是近几年发展起来的。二是创新创意不足，产品单一、雷同。目前经营业态集中在餐饮类农家乐、农家客栈、生态观光园、农业采摘园4类，产品类型单一，乡村旅游开发程度低，经营模式和格局大同小异，业态落后，导致整体市场吸引力弱。

从乡村旅游产品开发模式来看，河北省依然以传统的点式开发为主。中国的乡村旅游正朝着集观赏、考察、学习、参与、娱乐、购物和度假于一体的综合型方向发展，从最初的"农家乐"和乡村田园观光向乡村观光、休闲、度假的复合型功能结构转变，从原来单体农家乐发展向特色村镇、田园综合体、共享农庄等国家政策主导的新形式转变。目前河北省的乡村旅游依然是景点开发模式，不符合乡村旅游未来发展趋势。

从乡村旅游商品开发来看，整体缺乏创新，土特产不"土"。"十三五"时期，虽然在全省积极实施了乡村旅游后备箱工程，培育和建设了一批乡村旅游后备箱工程示范基地、乡村旅游后备箱工程专卖店或销售点。但整体来说，乡村特产同质化问题突出，地域性强的土特产没有形成品牌效应也没有形成生产规模。

（二）市场营销不到位，营销效果有待加强

营销观念普及率差，缺少专业营销推广团队。由于乡村旅游与传统景区类旅游产品相比，存在规模小、分布散的特征，且其公共产品的性质更为突出，政府部门成为乡村旅游市场营销的主力，但乡村旅游经营者大多是农

户，就算是企业管理也存在企业资金实力较弱等问题，导致经营者参与乡村旅游市场营销积极性差。而政府部门缺少专业营销推广团队，缺少借助市场专业力量开展创新营销的意识，造成"巷子太深，酒香无法外溢"的现象，导致全省乡村旅游整体影响力有限。

营销资金严重不足。受乡村旅游产品规模偏小、分布零散的影响，乡村旅游的营销往往需要依托于目的地营销，对以村庄、乡镇及县级为目的地的营销推广是一个较大的挑战，而各级旅游主管部门用于旅游宣传推介的专项资金往往所占比例较小，营销推广受限。

缺乏专门针对新时期乡村旅游的营销方案。2018 年围绕"京畿福地·乐享河北"旅游品牌，河北省举行了"乐享河北，开启旅游新时代－2018河北旅游发布"、2018 北京国际旅游博览会等一系列推介活动，这些活动的开展对河北省旅游品牌的塑造、河北省旅游知名度的提升都起到了很好的效果，而这些旅游宣传活动很少会顾及乡村旅游。

（三）旅游配套设施不完善，消费体验度差

旅游公共服务基础设施落后，交通瓶颈突出。虽然河北省旅游基础设施不断完善，旅游公共服务体系建设持续推进，然而许多农村地区的旅游服务设施仍不齐全，食、住、行等方面的接待服务设施档次低，以自发经营为主的乡村旅游对游客中心、停车场、标识系统、无线网络等公共服务设施建设较为欠缺，制约了乡村旅游品质的提升。较多地处偏远的乡村，虽然拥有较好的资源，但因交通条件较差而受到影响，交通通达度不强，道路不平坦、交通标识不齐全且无停车场，这给游客带来很多不便，影响到游客的乡间体验。

农村环境基础设施落后，人居环境亟须改善。河北省内广泛开展了美丽乡村建设，在污水处理、垃圾处理、供暖通气、乡村风貌改善等方面做了大量工作，大幅提高了农村生活水平，但仍难以满足旅游对综合性、高品质的餐饮、住宿的需求。污水排水管道、垃圾处理厂和公共厕所等有关人居环境设施不到位，导致很多乡村"脏乱差"，给游客带来很多负面感受。绝大部

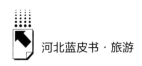

分村庄尚不具备完善的供水、供气、供暖、网络通信等基础设施,无法保障游客餐饮卫生、安全饮水等基本服务。

最后,乡村信息化水平较低,即很多景区没有无线网络覆盖,缺乏扫码语音讲解服务,甚至未开通网络购票途径。

(四)从业人员素质不高,乡村旅游消费振兴人才短缺

从全国乡村旅游观测数据表明,人才依然是制约乡村旅游发展的重要因素。一是从业人员素质不高。从业人员主体大多是初高中毕业,在文化程度、文明意识、市场意识、经营理念等方面有其局限性,很大一部分存在"小农思想""小富即安",尤其缺乏乡村旅游规划、设计、营销、统计等专业技术人才,以致产品与市场脱节,管理粗放,模式单一。

二是管理人才缺乏。我国每年培养大量的旅游管理专业人才,但真正在旅游行业就业的人数不足一半,到乡村就业者就更少,大部分管理主体为村委会或本地家族,缺乏乡村旅游行业的专业知识与实践经验,难以适应乡村旅游产业发展的专业性需求,其经营观念、发展理念、站位和眼界等与现代旅游发展存在较大差距。

(五)乡村旅游消费水平低、旅游收入不高

"十三五"时期河北乡村旅游发展速度较快,2019 年接待游客数量是 2016 年的 2 倍多,这与国家和省对乡村旅游发展的政策支持分不开。2016 年,全省乡村旅游人数为 0.85 亿人次,占全省旅游总人数的 18.2%,但乡村旅游收入只占到全省旅游总收入的 3.18%;2019 年,全省乡村旅游人数为 2.05 亿人次,占全省旅游总人数的 26.18%,但乡村旅游收入只占到全省旅游总收入的 4.16%,占比仅仅提高了不到 1 个百分点,与人数增长不成比例,乡村旅游总体消费水平低、旅游收入不高。其主要原因:一是产品组成项目不够丰富,高端产品缺乏,造成人均消费不高;二是产业链条短,重"食、住、游",轻"娱、购",限制了产业进一步发展,导致乡村旅游基本要素的附加值相对较低;三是产业主体不强,缺乏有实力的核心管理运

营主体，难以发挥对其他行业主体的统筹作用，造成产业分散、整体产业链不完善，游客逗留时间短、旅游消费低。

四 河北省乡村旅游消费振兴对策研究

（一）打造乡村旅游精品，着力优化产品供给

1. 实施乡村旅游精品示范工程，不断优化乡村旅游产品供给

河北省乡村旅游资源丰富，种类繁多，"十四五"时期，河北乡村旅游开发绝不能"全面开花"，应"有的放矢"，走精品化战略。

一是创建一批国字号乡村旅游示范区。"十四五"时期，河北乡村旅游开发应紧紧围绕提升产品特质和服务品质，创建一批高质量的全国乡村旅游重点村、中国美丽休闲乡村、全国休闲农业与乡村旅游示范县（点）、国家级历史文化名镇名村和全国特色景观旅游名镇名村，培育一批中国乡村旅游模范村、模范户和金牌农家乐，不断优化乡村旅游产品供给。

二是建设一批特色旅游小镇。按照产业定位特而强、功能集成聚而合、发展形态小而美、运作机制活而新的要求，促进产业、文化、旅游、社区等多功能融合，建设一批主题旅游小镇、历史文化小镇、特色产业小镇、综合服务小镇，全省应打造不少于 100 个特色旅游小镇。

三是培育一批乡村旅游景区和度假区。支持资源禀赋好、基础设施完善、服务设施健全的乡村旅游点申报创建 A 级旅游景区，打造一批有吸引力、有影响力、有独特魅力的高品质乡村旅游景区和度假区。

四是打造一批风景道、绿道沿线旅游村。以张承坝上"一号风景大道"、"太行山高速公路旅游风景道"以及"沿滹沱河、沿京杭大运河、沿渤海旅游风景道"等品牌化旅游风景廊道和全省 5000 多公里的休闲绿道为契机，引导沿途村落建设汽车营地、乡村驿站、旅游小镇，带动沿线旅游村的发展。

五是培育一批乡村旅游创客基地。制定出台引进乡村旅游创客的土地、

房租、税收等相关优惠政策，引导高校毕业生、返乡农民工等从事乡村旅游创业，鼓励文化界、艺术界、科技界专业人员深入乡村创作创业，培育一批乡村旅游创客基地。

2. 实施乡村旅游新业态培育工程，打造一批乡村旅游融合示范村

坚持以生态为本、以文化为魂，在多样化、个性化、精品化上下功夫。根据自然条件、资源禀赋，按照融合发展理念，培育一批乡村旅游新业态，打造一批乡村旅游融合示范村。

一是"乡村旅游 + 艺术"。结合重点村乡村旅游资源特点，以武强县周窝村、蔚县北关堡村和河间市丰尔庄村等为融合示范村，将艺术思维融入乡村旅游产品开发，打造三大艺术类乡村旅游产品：充分利用全省丰富的非物质文化遗产，打造遗产艺术村旅游产品；充分利用以内画、杂技、年画、拉花等优秀传统手工艺和优秀戏曲曲艺等传统民间艺术，打造民间艺术村旅游产品；在太行山地区利用丰富多样的地貌类型，结合现代艺术创造，打造生态艺术村旅游产品。

二是"乡村旅游 + 研学"（教育）。围绕全省乡村的地域特征和文化特点，以涞源县白石口村、涉县后池村和平山县西柏坡村等为融合示范村，将教育功能融入乡村旅游产品开发，打造三大研学类乡村旅游产品：在燕山太行山地区，充分利用地质地貌、生物资源等自然环境，开展自然科学类研学乡村旅游产品；在平原地区尤其是冀中南地区，充分利用全省悠久的传统文化、农耕文化以及众多的非物质文化遗产，开展传统文化类研学乡村旅游产品；充分利用以西柏坡、129 师司令部旧址等为代表的红色文化资源，开展红色文化类研学乡村旅游产品。

三是"乡村旅游 + 康养"。2020 年的疫情危机，使居民更加追求健康的生活方式，全省应抓住机遇，依托农业资源，通过康养 + 农业生产 + 农耕体验，以易县凤凰台村、内丘县神头村和涞水县百里峡村为融合示范村，将养生理念融入乡村旅游产品开发，打造康养类乡村旅游产品；依托张承和坝上地区良好的生态环境和夏季清凉的气候条件，开展生态康养类乡村旅游产品；依托平原地区广大的田园乡村，以乡村、田园为生活空间，以农作、农

事、农活为生活内容，以农业生产和农村经济发展为生活目标，开发乡村田园养生类乡村旅游产品；以丰富的中医药与地方民俗养生相结合，开展中医药文化养生类乡村旅游产品。

四是"乡村旅游+建筑"。全省有着数量众多的建筑类乡村旅游资源，应在保护的前提下，深入挖掘全省丰富的古建筑、古村落，以井陉县石头村、大梁江村和吕家村等为融合示范村，通过与优秀建筑设计师合作，揭秘不同建筑的独特风格，打造建筑类乡村旅游产品，真正做到"一村一韵"的风格呈现。

（二）拓宽销售渠道，做好乡村旅游宣传推广

一是持续开展河北乡村旅游品牌建设。持续构建以"周末在冀"品牌为引领，打造包括太行山水人家、湖泊湿地船家、长城文化老家、华北田园农家、海滨海岛渔家、坝上草原牧家等六大乡村旅游特色品牌。同时，以吃、住、游、购、娱为主要内容，持续培育了"冀忆"乡土品牌。

二是积极发挥政府部门主导作用。从国内外乡村旅游发展经验来看，在乡村旅游市场营销主体中，加强政府领导是首要策略，各级政府应科学制定乡村旅游营销方案，在乡村旅游营销的规划、协调、宣传、推动等方面发挥主导作用。

三是积极创新营销方式。节假日、活动营销：结合河北省乡村旅游实际情况，打造文创大赛、乡村美食、民俗活动、乡旅论坛、乡创大会、乡村文化节等品牌节庆活动，出台节庆活动举办补助政策，支持旅游企业利用各类节庆举办各类文体、民俗活动，做旺乡村旅游市场。网络营销：鼓励重点旅游村、乡村旅游景区，利用微信、微博、抖音等新媒体、自媒体，开展直播营销、抖音营销、热点聚焦营销、文创营销等，快速吸引聚集人气。传统营销：充分利用报纸、电视台、旅游产业发展大会以及各类旅游展览活动等传统营销方式，宣传推广全省乡村旅游产品；口碑营销：是影响乡村旅游最重要的营销方式，要通过提供优质服务和体验，让游客获得良好口碑，并向潜在旅游用户传播。

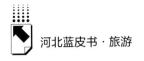

（三）推进乡村旅游消费环境共建共享，提高消费舒适程度

一是改进乡村旅游通达性。加快完善通往乡村旅游点的基础路网，提升公路等级，实现旅游村与交通干道的全连接，规范乡村旅游标识标牌的设置，提高乡村旅游的通达性。加强交通干道、重点旅游景区到旅游村的道路自驾车服务体系建设。鼓励城市公共交通利用游客集散中心开通乡村旅游公交专线、乡村旅游直通车，方便城市居民和游客到乡村旅游消费。

二是完善乡村旅游服务设施。以乡村旅游聚集片区和星级乡村旅游区为重点，加快乡村游客服务中心、停车场、旅游厕所、医疗急救站、农副土特产品商店、文化广场和旅游标识标牌等建设。做好旅游餐饮、住宿、购物、导游解说等接待服务，逐步完善旅游服务设施。

三是提升乡村旅游环境质量。与乡村振兴战略紧密结合，重视营造良好的乡村旅游环境，完善乡村旅游村水、电、气、通信等管网建设，推进村镇街区、院落的绿化、美化、景观化建设，加快生活垃圾、污水无害化处理，强化水资源、生态资源和文化资源等保护，促进农村环境综合整治，实现乡村可持续发展。

四是持续推进乡村厕所革命。针对太行山、燕山山区、东部平原地区等不同情况，鼓励各地区研发推广适合不同地区、不同条件的改厕技术和无害化处理模式，优先推进旅游村卫生厕所改造。在乡村旅游重点村，应配套建设无害化公共厕所。探索建立运营管护体系，妥善解决改厕后管护维修、粪污处理等问题。

五是加快全省乡村旅游人才队伍建设。鼓励各级政府，结合本地乡村旅游特点，广泛吸收旅游、农业、林业等相关领域专业人才和管理人才；建立省、市、县三级乡村旅游人才培训体系，分级分类加强对村干部、旅游经营户、从业人员、传统技艺传承人等的培训，全面提升乡村旅游从业人员素质和水平；充分重视对农户的系统培训，传递民宿的本质，凸显乡村居民的价值。

（四）实施智慧乡村旅游工程，提高消费便捷程度

一是政府赋能，推动乡村旅游数字化发展。在河北旅游大数据中心建设过程中推出乡村旅游专属版块，下设智慧管理平台、智慧服务平台、智慧营销平台三大乡村旅游智慧平台，通过政府牵头，建立数据共享机制，打破信息孤岛，为全省乡村旅游资源整合提供数据支撑。在"一部手机游河北"系统中增设乡村旅游版块，给游客提供乡村旅游线路、交通、住宿、门票等一站式、无缝化、精确化、互动化的乡村旅游信息服务。建立互联网大数据监测反馈系统，一方面持续跟踪开展对游客满意度的数据调查分析，把握消费趋势与客户需求，提升乡村旅游的创新能力与服务质量；另一方面对互联网上的舆情进行实时监控和深度分析，实现紧急情况及时处理，提升对乡村旅游投诉的处理能力。

二是景区赋能，推动乡村旅游智慧化发展。推动智慧乡村旅游景区建设，加强乡村旅游片区4G和无线网络全覆盖，提升乡村旅游数字化经营管理与服务水平。创建100个智慧乡村旅游示范景区，实现免费WiFi、智能导游、智慧停车场等功能全覆盖，推进可视化管理，有效控制景区承载量，在"十四五"时期，3A级以上乡村旅游景区全部建成智慧旅游景区。与大型电子商务平台（如淘宝、京东、携程等）和乡村电商服务站合作，建立"冀忆·乡品"电商平台，形成"平台特色馆+村级服务站"的网络销售体系，推动景区优质农副产品及特色旅游商品实现电子商务平台交易。

（五）推出乡村旅游消费惠民措施，激发游客消费热情

一是推出消费惠民措施。各市结合实际情况，应定期制定景区门票优惠活动（如定期打折、淡季免费等），各地应定期举办乡村旅游消费季、消费月等活动，对老年人、学生等特殊群体应制定专属优惠措施；完善消费激励机制，可设立"河北省乡村旅游消费之星"奖项，对拉动河北乡村旅游消费有贡献的旅行社、单位和个人给予年度表彰和奖励。

二是发放旅游消费优惠券。在全国范围，尤其是针对省内和京津地区居民发放河北旅游消费优惠券，优惠券应重点支持乡村旅游景点，同时，应开通电子旅游优惠券，方便游客领取和使用。

三是持续开展"河北人游河北"活动。河北省已连续多年开展"河北人游河北"活动，"十四五"时期，河北应持续开展"河北人游河北"活动，组织好省内近郊游、周边游，不断开发丰富多彩的周末游产品，同时，应切实保障周末2.5天弹性放假制度落实，引导企事业单位职工周末在省内休闲度假，激发省内居民旅游热情。

四是推进乡村旅游消费试点示范。借鉴国家文化和旅游消费试点城市的经营模式，在全省开展乡村旅游消费试点示范，鼓励示范村建设集合文化娱乐场所、文创商店、小剧场、特色书店等多种业态的消费集聚地。

（六）强化安全保障，全面优化乡村旅游消费环境

一是完善乡村旅游管理标准体系。结合国家《旅游厕所质量等级的划分与评定标准》《绿道旅游设施与服务规范》《自行车骑行游服务规范》等相关标准，河北省应在"十四五"时期尽快完善从乡村旅游开发建设到经营服务多环节的标准体系，实现乡村旅游标准化管理。

二是强化市场秩序监管。加大乡村旅游市场监管力度，严厉打击各类伪劣商品、价格欺诈等违法违规经营行为；加强对乡村旅游市场的安全管理，重点是对各类旅游娱乐设施质量、食品安全、农村交通安全等进行监管；完善乡村旅游市场主体和从业人员信用记录，将相关信用信息纳入全国信用信息共享平台，动态梳理乡村旅游红黑名单，建立联合激励和惩戒机制。

三是保障消费者维权渠道畅通。在加强传统消费者维权体系（如12315等）建设和管理下，应重点强化消费者维权信息化建设，把消费者网上维权作为智慧乡村旅游建设的重要内容，形成线上线下相结合的消费者维权服务体系，强化对消费者权益的行政保护。

参考文献

河北省人民政府：《河北省旅游高质量发展规划（2018—2025 年）》，2018 年 11 月 18 日。

陈胜：《河北省乡村旅游高质量发展研究》，《河北蓝皮书经济卷》2021 年 3 月。

刘旸：《河北将打造"冀忆·乡愁"系列乡村旅游品牌》，http：//travel. hebnews. cn/2017－01/10/content_ 6220567. htm。

国家发展改革委、文化和旅游部等：《促进乡村旅游发展提质升级行动方案（2018 年—2020 年）》，http：//www. gov. cn/xinwen/2018－10/17/content_ 5331694. htm。

《关于促进消费扩容提质　加快形成强大国内市场的实施意见》。

王海燕：《推动新型消费作出更大贡献》，《学习时报》2020 年 12 月 2 日。

张葳：《精准扶贫视角下河北省乡村旅游可持续发展路径探析》，《经济论坛》2019 年第 8 期。

宋丹彤、房建恩：《我国休闲农业发展中存在的问题和对策分析》，《安徽农业科学》2020 年第 4 期。

蒋焕洲：《贵州民族地区旅游扶贫实践：成效、问题与对策思考》，《广西财经学院学报》2014 年第 2 期。

B.15
河北省旅游经济内循环机制构建研究

张 葳[*]

摘　要：　本报告在深入分析当前河北省旅游经济运行的基础上，研判
当前存在的问题与面临的形势，从构建旅游安全防控体系、
加快旅游供给侧结构性改革、促进旅游全产业链运转、构筑
河北文旅特色主题品牌产品体系等七方面提出促进河北省经
济内循环的对策建议。

关键词：　旅游经济　扩大消费　内循环

2020 年，各国不同程度受到新冠肺炎疫情的冲击，世界正经历百年未
有之大变局。中国正在启动以国内大循环为主体、国内国际双循环相互促进
的新发展格局。

一　当前河北省旅游经济运行形势分析

（一）省市各级政府积极促消费潜力释放

一是疫情防控形势不断向好，旅游业迎来加速恢复的全新阶段。当前国
内疫情的防控形势正在不断趋好，从复工复产到促进市场消费成为全国各地
的重要任务。从全省看，河北省制定出台了帮助文化和旅游行业尽快复工复

---

* 张葳，河北省社会科学院旅游研究中心副研究员，主要研究方向为旅游经济。

产的《疫情防控工作指南》、工作方案、政策措施、指导意见等多个专项政策，积极引导企业苦练内功，帮助企业走出困境。对于餐饮和旅游等产业来说，伴随着疫情形势的好转，其也迎来了加速恢复的全新阶段。

二是政府出台多重利好政策，省市各级促进消费不断出实招。随着全省景区、酒店、民宿等陆续开放营业，省委、省政府、相关部门出台了一系列利好政策，来刺激旅游消费。"爱家乡游河北·发现身边的美"活动通过全方位宣传展示河北旅游资源，极大激发了市民旅游消费热情。省文化和旅游厅与中国石油河北分公司以惠民加油券形式开展"周末游河北·中石油为你加油"活动。北京西客站进站通道灯箱宣传内容，从旅游风光拓展到文创商品、工业制品、农业特产、特色美食等多方面，正逐渐成为展示特色产品、促进文旅消费的"河北之窗"。"邯郸人免费家乡游"惠民旅游活动吸引了29家A级景区参与。唐山银行与唐山文旅集团联合发行"文旅惠民卡"，《唐山市"帮文旅促消费"行动实施方案》发布帮助文旅企业20条政策红利，在《推进夜间文旅经济发展的实施方案》中推出5条精品夜游线路。

三是数字文旅发展迅速，线上办会、线上推介、线上云游取得良好成效。省文化和旅游厅大年初一启动了"云游河北·平安过年"宣传活动，联合抖音共同发起了"疫去春来Dou赞河北"挑战赛，推出了"云赏花""宅家云旅游""国粹杂技看吴桥"等精彩纷呈的文旅活动，带动省内景区经营者和众多网友积极参与互动，相关视频播放量超过3.4亿次。2020年，省市多届旅发大会创新模式采取线上线下相结合办会，旅游品牌形象显著提升。借助信息技术手段和互联网优势，搭建平台、整合资源。第五届省旅发大会开幕式创造了在线观看直播3800万人次、网络视频播放和相关话题阅读量近7亿次的成绩；通过"直播带货"和云上展馆等销售平台，旅游商品成交量达20万余单，总成交金额超1900万元。同时，各市也积极利用网络平台，举办线上旅发大会、云旅游、线上旅游推介会等，秦皇岛市旅游和文化广电局与腾讯微视联合举办的"10小时云游10大景区博物馆"活动，与河北广播电视台交通广播"乐游河北"节目开展云旅游连线直播，与秦皇岛广播电视台私家车广播"心花路放"节目联合推出"线上云游"栏目。唐山文化旅游线上推介会定向邀请近400名买家、媒体、主要旅游企业实名制线上参会,利用新技术、新平台进行现场媒体直播,在线观看人数达32.1万人。

(二)旅游经济复苏还需要过程

一是疫情不确定因素较多,旅游经济复苏缓慢。虽然国内疫情整体形势好转,但是伴随着国外疫情的持续蔓延,在全球化的背景下,国内的疫情防控压力也始终保持着高位态势。河北省内环京津,地处京津冀世界级城市群,疫情防控常态化将处于一种较长时间的状态下。这些不确定因素,都会让包括周边游在内的旅游活动恢复受到一定的影响。

二是游客心理安全感重塑需要较长时间。在当前的移动互联网和社交媒体上,关于疫情的信息仍然是关注度很高的热点话题。在海外疫情不断蔓延的状态下,很多游客的心理安全感会缺失。特别是随着旅游活动的恢复,许多景区在人流量控制上做得不够完善。清明小长假期间国内多个知名景区人山人海的场景经过媒体的报道引发了舆论的关注,景区采取网上预约、限流等措施,这些都会对游客在开展周边游时的安全感造成一定的冲击。

三是市场复苏缓慢,经营形势普遍困难。进入常态化疫情防控阶段后,景区、星级饭店和旅行社基本实现复工复产,5月客流量恢复较快,但6月后游客接待量大幅回落,收入锐减,处境艰难。白石山、野三坡等知名大景区日均接待量仅在百人左右,比在岗员工还少。旅行社经营困难则更大,团队游业务基本停止,跨省跨境旅游尚未恢复,加之门店房屋租金压力较大,关闭门店现象日益增多。省内知名旅行社集团河北康辉在石家庄9家门店中,已经关闭6家。6月,95%以上的景区、旅行社、星级饭店和文化服务企业的收入同比下降了70%以上。

四是产业恢复预期降低,负面影响还在持续。北京疫情的出现造成河北省旅游市场断崖下降,在降低游客出游意愿的同时,也严重降低了企业的恢复预期。对未来的不确定性,给企业坚持正常营业和开展市场营销都造成了冲击，也给后期市场恢复带来了严重负面影响。在此情况下，企业裁员和关闭现象日益增多，旅游相关企业及周边区域发展都受到严重影响，旅游带动农民就业、乡村发展和旅游扶贫作用难以有效发挥。

五是旅游资源同质化明显，周边游产品竞争力不强。很多对外开放的景区只能局限在比较开阔的户外景区，旅游项目也主要停留在旅游观光阶段，而更多的旅游项目无法正常开展。对于一些特别依赖庞大人流量来运转的室内旅游项目和游乐体验项目，影响较大，无法正常进行。这就导致旅游项目的丰富性和创新性受到一定的限制，旅游资源的同质化竞争较为明显，影响周边游的深度发展。

六是可持续发展能力不强。国内疫情得到控制以来，为加快复工复产和拉动社会消费，省市相关政府部门出台了一系列的政策，有针对性地帮扶旅游企业。但是旅游产业的发展涉及的产业链条很长，如果产业链条不能完全恢复，就会导致旅游企业的可持续发展能力不足。"自我造血"能力的缺乏意味着一旦政府部门的优惠政策消失，将会有大量的旅游企业面临巨大的资金甚至生存压力。同时，由于疫情让社会失业率明显上升，人们对于经济发展和收入增强的心理预期也受到明显影响，从而也会间接影响一些旅游出行行为和消费支出。

二 当前河北省旅游经济发展机遇分析

面临错综复杂的国际环境、疫情防控常态化与"双循环"新发展格局，迎来产业大融合与科技创新融合加速，国内文化旅游消费回流和出境旅游产品替代等新形势。全省文旅行业必须增强机遇意识和风险意识，着眼长远、把握大势。

要看到国家战略推动河北文旅发展的新机遇。长城、大运河、长征国家文化公园将在2023年基本建成。其中，长城国家文化公园的核心区在河北省，河北省的大运河是仅次于江苏大运河的位列第二的资源富集省份。《太行山旅游业发展规划（2020—2035年）》涉及河北省张家口、保定、石家庄、邢台、

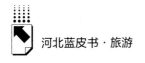

邯郸 5 个设区市和 27 个县（市、区），总面积达 3.82 万平方千米。

要看到后疫情时代催生的新业态和新需求。疫情影响下云旅游、网红直播带货等新业态涌现，无接触经济新模式快速发展，数字经济推动文化和旅游消费升级，发展空间更加广阔。2020 年 7 月，《关于支持新业态新模式健康发展激活消费市场带动扩大就业的意见》的发布，对 15 种新业态新模式发展提供了支持和引导。疫情之后，网络直播成为信息传播、产品交易和消费的新场景，直接影响文化旅游企业和品牌的传播路径和销售渠道。同时，疫情加速唤醒了民众的健康生活理念，低密度游、生态康养游、乡村休闲游、个性定制游等新业态的关注度持续上升。

要看到新发展阶段为文化旅游提出了新要求。当前，我国已进入全面建成小康社会，全面迈向社会主义现代化国家的新征程。举旗帜、聚民心、育新人、兴文化、展形象正是全省文化和旅游工作的重要使命，不断满足人民美好生活需求的重要支撑、重要内容。要广泛利用好旅发大会、旅游推介会等平台，把河北的好资源、好产品、好文化宣传出去；要以讲好河北故事为着力点，不断深化文化和旅游融合，提升规划建设标准、加强创新创意；要高质量打造一批世界级旅游景区和度假区、国家级旅游休闲城市和街区，积极融入双循环发展新格局。

要看到科技创新将成为主导发展的新动力。数字经济正在推动文化旅游新业态迅猛发展，基于 5G 技术的智慧文化旅游系统建设，在产品打造、公共服务设施的数字化、新体验、新营销、市场管理、产业延伸等方面加速文化旅游新方式的出现，也改变了旅游产品和消费者之间的关系，消费者的个性化需求要求旅游企业要更加重视产品本身的价值。

三 扩大消费，促进河北省经济内循环的对策建议

坚持新发展理念和高质量发展要求，主动适应新形势、迎接新挑战，主动服务"十四五"经济社会发展的大局，不断拓展思路、完善机制、创新举措，持续巩固提升旅发大会这块"金字招牌"。

（一）构建旅游安全防控体系，确保旅游经济活动安全有序

一是做好旅游安全防控体系。实施景区游客流量预警和管控，加强交通、住宿、餐饮、游览和购物场所等涉旅游领域的疫情防控，各级政府和相关部门制定相应的工作预案，加强游客自我防护意识宣传，严格要求旅游景区工作人员健康检查，切实做好岗前服务培训，确保景区卫生、场馆和设备消毒等符合相关标准要求。构建一整套全域化、全时性、多行业、跨部门协作的旅游安全防控体系，确保省内旅游经济活动能够安全有序地开展。

二是推进旅游综合执法改革。加强旅游部门与市场监管、交通、公安、卫生、环保等部门沟通协作，联合开展常态化执法检查。加强对电竞酒店、私人影院等新业态的监管，促进和规范新业态健康成长。健全线上线下旅游投诉综合响应、联合处置机制，建立高效统一的执法维权体系，提升旅游现代化治理体系和治理能力，为各类市场主体公平竞争提供良好的环境。

三是完善文旅安全生产监管体系。严格落实责任主体，推动形成"政府统一领导、部门依法监管、企业全面负责"的安全责任体系。强化对客运索道、玻璃栈桥、大型游乐设施等高风险旅游项目和旅游客运、旅游道路、文旅节庆活动等重点领域及环节的安全监管。健全文旅专业化安全救援体系，完善安全应急指挥、演练、信息报告及应急值守等相关制度。

（二）加快供给侧结构性改革，增强居民文化旅游消费意愿

一是加快旅游产品升级迭代。加大文化旅游消费新产品培育力度，推动旅游观光向休闲度假转型，形成围绕雄安新区绿色智慧、冰雪运动、培训、研学等冬季体育运动精品、廊坊临空港区国际文化旅游度假新品、秦皇岛国际邮轮与山海康养旅游度假产品、长城的自然风光与历史文化体验产品等国际导向产品，培育世界级文化和旅游精品。形成突出山地森林湿地草原等生态度假、运动温泉康养休闲、城市休闲观光、亲子游乐与研学、文化娱乐休闲、节事会展旅游产品、创新旅游业态专项和乡村旅游度假等度假导向产品，承接京津冀世界级城市群的微度假群体。形成红色经典教育游学、燕赵

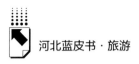

故事的文化旅游、运河文化旅游融合体验、皇家历史文化体验、非遗旅游、工业旅游和体育旅游产品，形成主客共享的区域文化和旅游主题导向产品。

二是优化旅游产品结构。积极布局生态康养旅游。疫情结束后，广大居民对于健康养生旅游的需求将迎来一个爆发性增长的战略机遇期。河北省燕山太行山丰富的森林资源、优良的空气、山海风光一直都是吸引游客的重要资源，可以通过大力宣传河北省在康养旅游方面得天独厚的资源条件，来深入挖掘和开发旅游产品，充分发挥生态康养旅游滞留时间长、旅游节奏慢、消费能力强、重游率高、强身健体等特点，促进全省旅游产业实现更高质量、更可持续的发展。

三是做大做强文化演艺市场。借鉴国内、国际品牌演艺模式，运用现代技术手段，创新演出形式，优化演出内容，将文化演艺作为发展"夜间经济"的重要载体，推动文化演艺进景区、进社区、进旅游集散中心等游客和居民聚集场所，开展主题和节庆表演，提升人均消费水平。促进文化与旅游消费的结合。加大对艺术创作的支持力度，支持鼓励文化创意企业创作，支持动漫游戏、数字音乐、网络文学等与旅游项目合作，积极运用网络直播、5G、AR/VR等科技手段，丰富旅游业态，不断创新文化旅游呈现方式和体验模式，提升产品和项目的科技含量。打造文化休闲及创意街区，以河北省博物院为中心，整合周边的省图书馆、科技馆、体育馆、歌舞剧院等场馆资源，打造中央文化区。以石门1925国际文化创意街区、唐山南湖、秦皇岛西港花园、山海关古城街区、正定古城、磁州窑艺术街区等为支撑，建设文化创意街区。

（三）促进旅游全产业链运转，拉动经济消费有效增长

一是提升市场主体创新能力。充分发挥市场对资源配置的决定性作用，推动旅游企业加强创新，推动产品向精品化、高附加值转型，延伸旅游产业链条，延长游客停留时间，促进消费。引导国内外规模较大、实力较强的文旅企业及河北旅投、荣盛、康旅等骨干企业，与各市县政府、景区、企业开展合作，全面优化资本结构、治理结构、业务结构、人力团队和发展环境，

共同打造优质项目。培育扶持本地旅游企业品牌，推进旅游景区的市场化改革，培育一批具有市场竞争力本地优质旅游代理企业，智慧旅游企业和能够独立承担旅游项目规划、投资、建设、运营的全能企业。搭建旅游创新创业平台，积极引导构建"政校企合作、产学研一体"的创新创业平台，形成旅游市场主体双向沟通桥梁。积极探索"优质市场"筛选机制，建立公平公正、诚实守信的市场秩序。

二是鼓励跨区域市场主体合作。持续给予政策优惠，打破行政区划壁垒，促进不同区域旅游市场主体的交流合作，优化市场环境，搭建京津冀文化旅游资源共享平台，实现人才、技术、信息等资源优化配置。

三是加快产业聚集区与融合示范区建设。优化整合文化旅游产业链，统筹布局一批优势互补、特色突出的文化旅游产业集群。推进文化旅游与现代农业、先进制造业、科技、体育、教育、金融、康养等产业的融合发展，通过优化消费场景、培育消费新业态、提升消费环境等路径，形成产业聚集区与融合示范区，提升文化和旅游产业在河北省现代经济体系及全国文化旅游发展格局中的位置。推动农文旅一体化发展，赋能国家现代农业园区。推进文化旅游与工业融合发展，增加工业产品的文化内涵和附加值，创建工业旅游示范点，参与 A 级景区评定，满足消费多元化需求。发力医养旅游结合，推动国际康养旅游新发展，建设千亿康养文化旅游集群。深化体育文化旅游融合，构建 2000 亿元的冰雪装备制造与冰雪旅游产业体系，形成核心突破。培育文化会展旅游产业，打造千亿产业集群，成为河北省国际化发展的重要产业。建设会展品牌城市，带动国际优质会展。联动商贸旅游，提升会展经济能级。

（四）构筑河北文旅特色主题品牌产品体系，打造消费新热点

一是做强特色文旅品牌。打破市、县行政区划限制，推动长城、运河、山地、滨海、草原等优势资源实现跨区域整合和突破性发展，切实打造形成燕山长城国际休闲度假区、张承国际冰雪运动休闲区等一批世界级标志性旅游片区，促进西柏坡、正定古城、秦皇岛山海康养等一批全国知名旅游品牌

片区崛起。做强雄安、冰雪崇礼、长城文化、大运河、承德皇家园林与陵寝等世界级文化旅游资源。持续提升"国家一号风景大道",带动沿途乡村旅游、山地旅游、古城古镇旅游以及康养、度假、商务、研学等旅游业态发展。鼓励各地挖掘地方特色,推出一批简洁易记,彰显城市魅力的旅游品牌,加大品牌推广力度,做强城市文化IP。

二是丰富主题文旅活动。根据市场需求,大力开展城市周边游、错峰游、亲子游等主题旅游产品,积极鼓励高等级赛事、城市会展等与旅游融合。鼓励省内机关事业单位开展丰富多样的疗/休养活动,通过多种方式来帮助销售旅游目的地的特色旅游商品和农产品。

三是打造精品主题线路。精选省内优质旅游资源,打造河北精品旅游线路。做强周边游线路,大力发展城市周边游、城郊乡村游;做通省内游线路,张承生态康养和冰雪温泉旅游线路、"通武廊"运河休闲旅游环线、太行山沿线自然山水和红色文化游线;做畅省际游线路,串联京津冀全域旅游资源,打造京津冀一体化旅游线路。

(五)扬长优势补足短板,增强河北文化和旅游消费信心

一是对重点项目或区域基础设施配套进行扶持。对国家级、省级全域旅游示范区存在的问题进行全面梳理,补齐基础设施和公共服务存在的短板,打通断头路,美化亮化通景公路,提升接待设施和服务,完善标识系统、旅游厕所、停车场、集散中心、自驾服务、步道、自驾车营地等旅游服务体系。各级政府结合自身实际增加旅游公共服务设施财政预算,同时吸引社会资本参与旅游公共服务投资建设。

二是提升已有文化旅游吸引物核心竞争力。实施国家5A级旅游景区提档升级工程,加大清东陵、清西陵、广府古城等国家5A级旅游景区文化挖掘与产品创新力度,把存量做精,积极开发特色文创、养生、研学等旅游产品,加强智慧服务功能,延长产业链。选取区域有代表性的国家4A级旅游景区进行提档升级,重点推动金山岭长城、衡水湖、祖山、吴桥杂技大世界等区域重点景区,加快核心产品提档升级,完善休闲服务业态,提升已有旅

游吸引物或目的地的价值和延伸聚集能力。

三是提升河北旅游发展的智慧化、绿色化水平。充分运用5G、VR技术及人工智能创新旅游服务要素，充分运用互联网、物联网、区块链思维构建线上线下结合的网络化旅游服务体系，充分运用大数据构建旅游数字经济平台，加快智慧旅游向纵深发展。加强沉浸式体验，丰富旅游场景时空转换，打造高品质数字文旅产品供给，丰富文化旅游消费模式，积极融合网络消费、体验消费、智能消费等新模式。

（六）加快促进消费机制改革创新，全面改善文化和旅游消费环境

一是积极融入"国"字号旅游产品阵列。发展假日和夜间经济，持续巩固国家级全域旅游示范区创建成果，支持具备条件的地区积极申报，积极创建国家文化产业和旅游产业融合发展示范区、国家级文化产业示范园区、国家级乡村旅游重点村、国家旅游星级民宿等，整合、盘活全省文化和旅游消费资源，争创国家文化和旅游消费试点城市。倾力将石家庄、秦皇岛、张家口、承德、唐山、保定、邯郸打造成为全国知名旅游城市，加快打造一批山地型、乡村型、森林型、滨水型各具特色的国家级旅游度假区，提升京津冀城市群旅游圈的"内循环"质量，为"国内大循环"良性发展助力。

二是持续推出消费惠民措施。围绕建党100周年、2022年冬奥会、香港回归25周年等重大举措和重要时间节点，持续举办河北文化旅游惠民消费月、消费季，不断丰富数字文化旅游消费体验，发放多种形式的电子消费券，丰富文化演艺，激发市民进剧场、进影院、进书店、进博物馆的积极性。

三是不断提高消费便捷程度。提升公共场所宽带移动通信网络覆盖水平，鼓励使用移动互联网新兴支付方式，把文旅消费嵌入便民消费场所，打造群众身边文旅消费网点。

（七）在更高起点推进开放，不断引导文化和旅游消费方向

一是充分利用旅发大会平台。与时俱进优化创新旅发大会平台机制，助力京津冀协同发展、雄安新区建设、冬奥会筹办等国家战略。在更大空间、

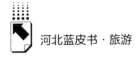

更宽领域发挥旅发大会平台优势和市场"引流效应",扩大优质增量供给,不断创新消费模式,培育龙头产品,引领和创造旅游消费的新需求。加快建设和完善智慧旅游服务平台,提升智慧化办会水平。

二是进一步推动对外开放。积极争取免税商店、离境退税政策,在石家庄、张家口、秦皇岛、雄安新区等地设立免税店、退税商店等新业态,探索建设国际旅游自由购物区。

三是积极承办举办区域性活动。打造特色旅游电商,积极举办高端会展、节庆赛事等文化活动,创新宣传营销策划,多渠道推销河北优秀旅游产品,提高河北旅游品牌知名度。做大做强中国吴桥国际杂技艺术节、"长城脚下话非遗"长城沿线非遗展览展示活动、中国沧州国际武术节、少数民族自治县成立逢十周年庆祝四个全省国家级节庆活动。加强培育中国·崇礼国际滑雪节、衡水湖国际马拉松赛、国际动漫游戏产业博览会、中国蔚县国际剪纸艺术节、中国·邯郸国际太极拳运动大会、唐山陶瓷博览会等节庆活动。建立区域联动办会、机构合作办会机制,形成节庆活动多样化发展体系,提升全省节庆活动的国内外影响力。树立全省"一盘棋"的营销思路。

四是建设开放型人才队伍,提升旅游人才品质。创新旅游人才选拔制度,大胆实施人才激励机制,强化旅游人才培训、考核机制,创新人才引进机制,探索人才柔性引进方式,加强远程办公合作,最大限度、最大诚意地吸引高端人才、紧缺人才入冀,切实培养一批与当前河北旅游业发展相适应的新型旅游人才。加强省内外人才资源整合,强化智力机构支撑作用,进一步充实完善河北文旅专家智库,邀请省内外专家学者为河北省文化旅游业发展提供决策咨询。

实践探索篇

Practice Exploration

B.16

曹妃甸多玛乐园"科技 + 消费"
创新经验与启示

史广峰　姚聪润*

摘　要：　十九届五中全会首次提出，"把科技自立自强作为国家发展的战略支撑"。多玛乐园位于曹妃甸湿地度假区，以"健康与美好"为创新理念，将我国千年传统的捕鱼文化与现代科技相结合，通过科技创新驱动，在文化旅游与传统文化相结合的背景下探索出了一条"科技 + 消费"的创新发展道路，具有典型示范作用，为我国旅游景区消费方式提供更多的经验与启示。

关键词：　多玛乐园　科技旅游　文旅消费

---

* 史广峰，河北省社会科学院旅游研究中心副教授，博士，主要研究方向为旅游规划、旅游管理；姚聪润，河北旅游研究院旅游规划师，主要研究方向为旅游规划。

曹妃甸多玛乐园深入实施创新驱动发展战略，充分依托曹妃甸生态湿地旅游度假区良好的生态湿地环境和独特的交通区位优势，以生态湿地渔业和休闲娱乐养生为核心吸引力，精耕"渔"文化主题，将传统文化与科技深度融合，自主研发多玛乐园独有的集娱乐性、趣味性、主动性体验于一体的高科技游乐项目。在文旅融合的大背景下，根据市场需求，促进文化和旅游与科技的深度融合，为文旅产业转型升级提供新的发展路径，培育一批旅游新业态消费产品，满足游客多元化的消费需求，促进文旅消费升级。①

一 曹妃甸多玛乐园"科技＋消费"模式解读

曹妃甸多玛乐园以"新、奇、特"为核心，以"生态、渔乐"为主题，以"健康与美好"为理念，以多玛乐园自主研发项目为支撑，探索"科技＋文旅"多方面、多层次的融合路径，创新科技引领消费模式，传承民族文化、触及科技前沿，打破传统主题乐园千篇一律的模式，充分调动游客视、听、闻、触等多种感官，使游客达到更高层次的"主动性体验"。多玛乐园将千年传统捕鱼方式与现代高新科技相融合，打造集吃、住、玩、购等多功能于一体的主题乐园，构建"多玛"独有的形象，填补了国内乃至国际旅游业的空白，被誉为中国创造的独一无二的大型渔文化主题乐园，成为引领世界的标杆项目。多玛乐园的创新性和独特性做法，吸引了周边大量游客，拉动当地居民就业，促进农民增收，经济效益和社会效益显著提升。

该项目占地2500亩，主要由"欢乐渔谷""捕鱼达人""自然传奇""碧海蓝天""多彩世界""美好时光"等六大主题区构成，打造了一个集自然风光、科技创新和亲水体验等多功能于一体的渔文化主题休闲娱乐体验

---

① 范金铭：《文旅融合视域下的伊春特色文化产业发展研究》，哈尔滨师范大学，硕士学位论文，2020。

地。该项目曾获得河北省旅游重点项目、河北省旅发大会新业态项目、河北省休闲渔业示范基地、河北省十大文化产业项目、河北省"十大"文化和旅游产品品牌、唐山市研学旅游示范基地及曹妃甸"十大美景"等称号。[①]

（一）科技创意项目新奇独特

多玛乐园发挥本地休闲渔业资源优势，把我国流传千年的传统捕鱼文化融入科技元素，实现古老与现代的完美结合。景区现有多玛乐园独创的主题娱乐项目50多种，其中20多种项目具有全球首创、世界一流水平。[②] 目前推出的欢乐捕鱼机、机器人捕鱼表演、请君入瓮、超能捕鱼船、智擒日本鲟、水下漫步、神秘太空舱、浑水摸鱼、时空快线等多个大型游乐项目，均由多玛乐园自主研发设计，是全球首创、世界一流的高科技游乐项目。这些唯一兼具多样的高科技游乐项目以及不同于传统文化酒店的多玛水镇，推动多玛乐园发展成为集渔业养殖、科普教育、休闲娱乐、科技创意等多功能于一体的科技前沿型"渔"文化主题乐园。

"欢乐渔谷"主题区以古老的智慧与现代高科技的融合为主题，应用多玛乐园自主研发的娱乐产品，多方位的娱乐形式，更全面地迎合不同年龄层游客的兴趣偏好，男女老少都可以体验到轻松捕鱼的乐趣。同时也提供了全方位的体验模式，从观鱼、赏鱼，到寻鱼、捕鱼，最后到品鱼、论鱼，真正把"渔"这个主题贯彻实施在整个园区之中，各种研发的捕鱼神器都能让游客们叹为观止。其中该区域的水车捕鱼项目脱胎于非物质文化遗产；水车博物馆可谓全国最大的露天水车博物馆，规模巨大，科技原理突出；还有通过自主操作手抛网和可视捕鱼夹、鱼笼等来轻松捕鱼捉蟹的奇幻蟹岛项目，在此可切实体验捕鱼人出海打鱼的乐趣；以及多玛乐园运用科技化原理独创的高科技捕鱼船项目，通过电子触屏等智能化手段，利用可视化操作平台控制船的行径，吸引鱼群自动钻入船底，从而获得轻松捕鱼的乐趣。

① 胡婧：《游客渔民共欢乐——记河北唐山市休闲渔业多元化发展方式》，农产品市场，2020。
② 熊国平：《渔文化生态保护区规划》，东南大学出版社，2017。

"捕鱼达人"主题区有多种多玛乐园自主研发的科技游乐项目,主要有机器人捕鱼表演,机械手空中快速截鱼,机器人套鱼、无钩钓鱼等多种表演形式,其中,机器人表演项目结合先进的机器视觉和智能算法,给予游客科技般的游乐体验。游客可以在观赏并亲自参与机械化捕鱼的活动中感受科技进步带来的变化,领悟科技改变生活的真谛。另外,多玛乐园中还有多种世界顶尖越野设备项目,给游客带来神秘刺激的感觉,比如,单兵坦克、全地形沙滩越野、水陆两栖战车以及水上气垫船等项目。同时多玛乐园结合 AR 技术自主研制的时空快线水上交通工具,通过充满科技感造型的设计,创造出属于多玛乐园现实版的《千与千寻》水上列车,独具创意。

"自然传奇"主题区主要通过模拟自然景观,精心研发了多项多玛乐园独有的传统捕鱼项目,通过这些充满乐趣的游玩体验,再现人们千百年的生活方式。其中浑水摸鱼是该区域最具代表性的项目,既有自然传统的捕鱼方式,又有现代高科技设备的融入,通过传统与现代的结合,形成一个传统与现代完美融合的捕鱼场景。另外还有不用鱼钩、不用鱼饵的创新钓鱼方式;运用科技手段撒网捕鱼的天罗地网项目;简捷有趣的瓮中捉鱼,水干而鱼现的竭泽而渔项目;这些都给游客提供一种传承千年的传统捕鱼方式,体验传统渔民捕鱼的乐趣,给游客提供一种主动式体验的乐趣。

"美好时光"主题区请君入瓮、世纪游艇、欢乐捕鱼机等高科技项目均为多玛乐园自主研发设计,其中请君入瓮通过可视化技术手段,将传统鱼笼与现代水下可视设备完美融合,打造一种多玛乐园独创的新奇项目,给游客带来新鲜体验感;欢乐捕鱼机是多玛乐园自主研发的可视挖鱼机,它不仅能模仿捕鱼的各项操作规程,还能使游客在高科技的帮助下精准地完成捕鱼活动;世纪游艇是多玛乐园自主研发的顶级高端豪华设备;同时,还有惊险刺激的溪谷漂流以及可供游客放松身心的亲亲鱼项目,老少皆宜。

"多彩世界"主题区以多种极具特色的游玩项目为特点,设置有小溪捉鱼、智擒日本鲟、死海漂浮、水下漫步、神秘太空舱等传统与科技相结合的娱乐项目。其中"智擒日本鲟"通过使用多玛乐园自主研发的可视捕蟹手、可视瓮蟹笼等现代化神器，将好斗狡猾的日本鲟轻松收入囊中；水下漫步项目突破游客认知壁垒，应用先进科技，配合自主研发的升降装置，使游客实现水下行走，让游客感受海底漫步的神秘感，给予其鱼儿般水下嬉戏体验感；多玛乐园还应用 VR 技术设计了一款神秘太空舱虚拟体验项目，该项目犹如停在水面的外星飞行物一般，使游客能犹如身临其境般体验 VR 眼镜带来的梦幻与现实、动感与静止的科技感。

（二）科技原理运用分析

机器视觉技术。机器视觉系统是指通过机器视觉产品，将被摄取目标转换成图像信号，传送给专用的图像处理系统，根据像素分布和亮度、颜色等信息，转变成数字化信号。[①] 多玛乐园科技技术应用此项图像系统对游客娱乐反馈信息进行大数据运算，得出景点特征，进而满足游客需求。机器视觉技术还能在一些较危险的工作环境中或难以满足施工人员要求的场合，作为一种技术指标来替代人工视觉。多玛乐园自主研发的机器人表演项目结合先进的机器视觉和智能算法，给予游客科幻般的游乐体验。多玛乐园自主研发的欢乐捕鱼机项目通过可视化手段，不仅能模仿捕鱼的各项操作规程，还能使游客在高科技的帮助下精准地完成捕鱼活动；机器视觉技术为游客实现套鱼、无钩钓鱼以及空中截鱼等表演提供了技术支持，把传统与现代科技有机结合，开发出多玛乐园最具代表性的项目之一，从而实现了千人同时不间断摸鱼的盛景。

智慧旅游平台建设。多玛乐园运用"科技＋"旅游模式，从游客角度出发，按照"生活化、趣味化、精致化"要求，积极推进旅游信息化、智能化建设，以游客互动体验为中心，建立多玛乐园官方网站与应用服务平台，为在途游客提供线上虚拟游览景区的乐趣，游客可通过电脑、手机等终端实现导航、导游、导览和导购，为游客提供智慧旅游服务。开通线上商城、线上预订住宿、线上购票等吃、住、玩、购一站式综合服务体系，通过

---

① 郭瑞：《基于机器视觉的曲边玻璃缺陷检测》，烟台大学，硕士学位论文，2019。

线上栏目提供虚拟展览。游客可在线购买独具特色烹饪方式、多玛特色的渤海湾美食；多玛匠心独创的文创商品以及以中国首家特色生态水上休闲文化为特色的多玛水镇，体会古人无穷智慧，感受时代变化更迭。通过线上线下预订、销售、支付等各个环节的有机融合，实现"科技＋"旅游消费服务全过程覆盖，形成一个简便、简洁、快捷、优惠的旅游平台，从而进一步激发游客对"科技＋"旅游模式的需求，满足游客多元化的消费模式，实现一部手机畅游多玛乐园。

二　曹妃甸多玛乐园"科技＋消费"经验借鉴

曹妃甸多玛乐园紧抓国家大力发展文化和旅游的新机遇，着力发展文化创意产品，充分发掘曹妃甸当地文化精髓，将曹妃甸自有形象、传统文化、地方特色文化与主题游乐项目通过创新科技手段完美结合，打造出"多玛"这一渔文化主题乐园，将文化、科技与休闲旅游紧密结合，推动曹妃甸区旅游业高质量发展。其经验借鉴主要有以下方面。

（一）发展"科技＋消费"模式，打造品牌独创性

以当地具有丰厚历史底蕴、备受大众喜爱、优秀的传统主题文化为核心，大力发展"科技＋文旅"新模式，打造产品项目，进一步创造"科技＋消费"需求。众所周知，鱼在人类历史发展中一直是重要的食物来源，人类的捕捞方式在历史的发展中不断进步，与渔相关的文化内容也在不断地丰富。鱼与渔在科学、技术、艺术、文学、聚落等各个方面均有瑰丽丰富的积累遗存。并且，在人与水、与鱼共存的过程中，人与鱼的关系也在不断变化，渔文化内容处于不断更新补充的过程中。根据人类历史演进的进步规律，渔文化的研究整理分为原始社会阶段—奴隶社会阶段—封建社会阶段—文人士子与渔—工业社会阶段—未来社会展望六个阶段。在不同的阶段，渔文化有着不同的表现形式，丰富多彩的历史遗存为规划设施提供了依据，文化内容的再现，增添了多玛乐园的内涵，成为该项目的重要吸引力。多玛乐园就是抓住了传统"渔"文化这一

主题，通过将古代智慧与现代科技相结合的手段，自主研发传统文化与科技结合的捕鱼体验项目。多玛乐园打破传统主题乐园的固有模式，属于老少皆宜、全民互动的新型主题乐园，是企业团建、研学旅游、商业接待、重要会议、婚礼筹办的首选之地。通过多玛独创的烹饪方式，打造虾油凉粉、虾酱鸡翅、风味鲈鱼、鱼香炖肉、彩甲扇贝等特色饮食；通过古老工艺与自我创新完美结合，打造多玛乐园独创旅游商品。多玛乐园构建了"渔"文化旅游消费空间，成功创造了"科技＋消费"模式，实现了经济的飞跃。

（二）创新"科技＋消费"场景，提升游客体验感

科技创新有助于景区形成多元化的旅游消费业态，随着数字文化产业的发展，通过"＋旅游"的发展模式，依靠科技手段，将互联网、大数据、云计算、人工智能、区块链等高新技术与旅游业融合发展[1]，加强科技与旅游之间的联系，培育新型业态，打造独具曹妃甸"多玛"特色的新产品。游客可以随时随地体验到超现实的场景，主要包括超高清、虚拟现实、增强现实和混合现实等。打造一个立体、动态的展示平台，为游客提供虚拟体验和游览线路选择，在这个过程中就需要充分运用虚拟现实即 VR、4D、5D等人工智能技术，实现科技与旅游的有效融合，营造智慧便捷的消费环境，改善游客体验方式，满足游客消费需求，增强游客幸福感。曹妃甸多玛乐园精耕"渔"文化主题，打造核心吸引力，把"渔"这个主题贯彻实施在整个项目策划中，让游客不仅从视觉更从触觉、听觉、味觉甚至心灵来体验"渔"的乐趣，开创了一种全新的玩乐方式，不仅给游客带来趣味性、娱乐性的感受，还可以让游客在体验中获取知识。多玛乐园部分游乐项目通过自主研发并加以 AR 特效等专业技术，通过科技手段的融入，再现我国千年传统的捕鱼方式，打造核心竞争力，为游客提供一种文化性、娱乐性、便捷性的沉浸式消费环境，给游客带来虚拟体验的乐趣，激发游客消费动力。

---

① 夏杰长、徐金海：《中国旅游业改革开放 40 年：回顾与展望》，《经济与管理研究》2018 年第 6 期。

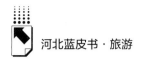

（三）宣传"科技＋消费"策略，提高景区影响力

景区知名度和美誉度的打造可以创造游客消费需求，激发游客消费潜力。曹妃甸多玛乐园在宣传"科技＋消费"策略上有以下几点值得我们借鉴。一是文化内涵的宣传。当地特色传统优秀文化是旅游项目形象宣传的关键，文化的知名度比项目本身更加广泛，文化的美誉度比项目本身更具影响力。多玛乐园充分挖掘当地"渔"文化资源，将"渔"文化贯穿到整个景区的娱乐项目中，增加游客知识体验的乐趣，推动文化宣传。二是产品的宣传。产品的特色和质量，是提高游客重游率、获得较好口碑的关键。曹妃甸多玛乐园有新颖独特的住宿方式、多元化的住宿选择，在吃、住、玩等多个方面进行全面创新，重新诠释了文化酒店的定位与意义，改变了传统文化酒店吃、住、玩等单一的体验形式，形成全方位的住宿体验，不仅可以感悟传统"渔"文化，还可以亲身体验湿地捕鱼的乐趣。三是品牌的宣传。通过形象标识、图片、文字、服饰、配饰的综合运用、环境打造和展示传播，形成具有多玛乐园特色的统一形象标识，快速传达多玛乐园品牌、形象和个性，并给景区内纪念品、餐具等产品设施都贴上多玛乐园的商标，从而通过品牌宣传，扩大景区辐射力，提升景区知名度，激发周边游客前来消费。

（四）建立"科技＋消费"体系，提供全方位管理

景区旅游管理影响旅游业未来的发展。在科技发展过程中，科技旅游是一种高效的突破点，不仅可以开拓新市场，还可以给传统旅游市场带来新意义。曹妃甸多玛乐园成立唐山多玛乐园旅游文化公司，培养科技型人才队伍，建立科技创新管理体系，适应跨越式的旅游建设步伐和品质化旅游接待要求，提供全方位支持。多玛乐园大力发展智慧旅游，搭建便捷消费平台，打造畅游多玛乐园电子商务一体化的营销平台，实现线上与线下相结合的综合管理模式。平台统筹景区内周边各种特色优势产品资源，积极促进游客消费，通过线上线下预订、销售、支付等各个环节的有机融合，实现"科技＋"旅游消费服务全过程覆盖，形成了一个简便、简洁、快捷、优惠的

旅游平台。① 多玛乐园便捷消费平台从游前、游中、游后三个方面为游客提供服务，全方位为游客提供吃、住、行、游、购、娱、商、养、学等资源，从而进一步激发游客对"科技＋"旅游模式的需求。

三　曹妃甸多玛乐园"科技＋消费"创新启示

科技加快赋能文化和旅游业，以线上线下融合为特征的新型文化和旅游消费迅速发展，成为推动文化和旅游业高质量发展、助力"双循环"的重要力量。"科技＋消费"模式促进产品创新和旅游品质提升，创造新型消费业态，为游客提供新型消费发展思路，促进新型消费业态健康持续发展。

（一）明确科技旅游发展新主题

在文旅融合发展的背景下，充分挖掘本地文化资源本底，通过"科技＋消费"方式整合，促进科技与旅游的融合，创新科技旅游与文化旅游产品的组合，拓展科技旅游的文化内涵，形成其独有的主题形象，避免旅游模式的同质化。明确科技旅游发展主题，打造属于曹妃甸多玛乐园独有的特色名片，积极拓展相关产品，营造良好的旅游环境。充分发掘当地文化，通过融入科技元素，把科技与文化完美融合，展现出一种全新模式的主题乐园风格。随着人们对科技旅游的认识与开发的进一步深入，曹妃甸多玛乐园经济的发展空间和增长空间对科学技术的依存度也越来越高，旅游消费从以资源为依存的传统旅游模式，逐渐向以知识和高技术为基础的现代化旅游模式转变，"科技＋消费"旅游模式已经成为曹妃甸多玛乐园经济发展的优选之路。

（二）拓宽科技旅游发展新渠道

在政府的资助和支持下，拓宽旅游业发展渠道，通过"互联网＋"模

---

① 彭洁：《基于大数据的 A 旅游企业市场拓展策略研究》，山东师范大学，硕士学位论文，2019。

式，依靠门票收入、景区娱乐消费，拉动周边经济消费，带动旅游业发展，拉动当地居民就业，提高当地居民收入，促进居民向着更美好的生活发展。以科技为抓手，支撑科技旅游的持续性发展，保证源源不断的游客量。因此，要以科技引领旅游为核心，同时拓展囊括参观、娱乐、饮食、购物、体验等在内的一系列附加服务，以增加收入，提升旅游层次。其次，要开展商务合作，通过媒体或短视频的营销，引导公众科技文化消费，向社会推广自己，提高景区知名度和美誉度。推动"互联网＋旅游"，能够有效提高文旅消费智能化、便捷化程度，给游客提供一种便捷高效的消费方式。

（三）构建双循环消费新格局

坚持扩大内需这个战略基点，实施文化和旅游消费促进工程，扩大有效供给，促进消费升级，推进文化和旅游消费融入畅通国内大循环和促进国内国际双循环的新发展格局，形成全区文化和旅游需求牵引供给、供给创造需求的更高水平动态平衡。立足国内大循环，大力促进文化出口和入境旅游，积极培育外向型文化企业，提升国际化服务水平，把更多具有曹妃甸多玛乐园特色的旅游产品和服务推向世界，打造文旅消费新热点，拓展文旅消费空间，优化文旅消费环境。

（四）创造科技旅游消费新业态

曹妃甸多玛乐园科技创新途径为旅游业创造了新型消费业态，通过引入科技元素，将传统与现代完美结合，着力建设"科技＋消费"旅游模式，把当地"渔"文化融入现代科技旅游，有效促进传统旅游业转型升级，创造独一无二的高科技游乐项目，激发游客消费潜力，增加园区收入，进而促进园区内科技紧跟时代发展，从而形成良性循环的友好发展模式。多玛乐园满足游客不一样的个性化体验需求，打造具有实体旅游服务优势的人文关怀、个性化服务以及线上便捷快速、实时及时的消费业态，充分展现出多玛乐园科技旅游的优势之处。通过引入科技，多玛乐园将具有线下真实体验感和独特性服务的优势整合到线上，从而以高效完善的服务激发游客线上购物消费的欲望。在未来规划发展中，多玛乐园应当继续探索科技旅游的虚拟体验感、独特性等因素，同时促进游客在线消费意识和行为习惯的形成，以此来降低或者帮助旅游消费者感知的风险，形成良好的信任感，打造有创造力的科技旅游消费新业态。

（五）加快疫后景区消费新升级

新冠肺炎疫情改变了消费者的生活形态，随着新的消费需求的出现以及党的十九届五中全会的战略部署，消费需求将成为疫后振兴的驱动力。通过高品质旅游生态的构建，充分拉动内需，助力内循环，实现双循环，为推动国家经济增长和实现人民美好生活积极献力。未来多玛乐园应提高消费便捷程度，全面优化产业总体结构，充分运用创意思维、数字科技推动景区高质量发展，加快智慧景区建设，提高多玛乐园景区内基础设施的数字化建设水平。加强景区内 5G 网络的建设与完善，保证景区内游客网络使用体验感；完善景区内视频监控的建设，可有效保证景区内视频监控覆盖全面性及全部视频监控工作状态的正常化，不断完善群众身边文旅消费网点。[①] 在疫后旅游业恢复阶段，多玛乐园应进一步探索出属于自身独特的发展振兴路径。

（六）构建消费监测新体系

构建文化和旅游消费监测体系，通过大数据平台分析提升曹妃甸多玛乐园消费监测系统水平，扩大旅游监测辐射区域，采用 5G 等现代化信息技术，实时监测分析各省市县（区）到曹妃甸多玛乐园的游客量消费数据。与曹妃甸区相关统计部门对接，开展文化和旅游消费数据监测分析，及时把握文化旅游市场消费变化趋势。推动"互联网 + 监管"，健全监管体制机制，加快建设文旅市场主体信用信息网站、信用监管平台，完善信用监管体系，构建消费监测环境，促进绿色消费、安全消费。

---

① 董磊：《智慧景区信息化管理服务系统设计与实现》，浙江工业大学，硕士学位论文，2019。

B.17
碧桂园·恋乡小镇激活夜间
文旅消费实证研究

王军　刘旺　何宇丽*

摘　要：　激活夜间文旅消费是旅游业转型升级的新趋势。从国家层面
来说，发展夜经济是基于当前国内外发展形势，拉动国内消
费而作出的战略决策。从城市层面来说，增加夜间经济收入
是提高城市实力和发展的重要战略，是打造城市文化名片的
重要举措。从地方特色小镇层面看，发展夜经济是推动乡村
振兴的重要举措。本文通过对碧桂园·恋乡小镇夜间文旅消
费经营本底现状及存在问题进行分析，提出五大发展思路和
四大发展原则，最后从八个方面提出创新对策，对激活河北
省夜间文旅消费具有较强的借鉴意义。

关键词：　恋乡小镇　夜间　文旅消费

中国的夜经济可以追溯到20世纪50年代商店夜市的开设。20世纪50
年代至80年代，夜经济主要表现为延长营业时间。传统上以白天活动为主
的餐饮、购物等服务业逐渐向夜间延伸，成为夜间消费的亮点。20世纪80
年代至20世纪末，夜经济逐渐丰富。酒吧、KTV、迪（舞）厅、夜总会等

---

* 王军，河北师范大学汇华学院讲师，主要研究方向为旅游资源开发与土地利用；刘旺，河北
省旅游研究院规划师，主要研究方向为乡村旅游；何宇丽，唐山亿熹旅游开发有限公司总经
理，主要研究方向为景区开发与管理。

活动以夜间为主，以白天为辅。现代服务业逐步走向本土化、规模化。进入21世纪以来，随着消费者需求和层次的不断升级，夜间旅游特色产品逐渐成熟，夜间经济开始集约化运作。各地依托历史街区、河滨、湖滨、海滨，打造夜间经济聚集区。中国的夜经济已经从早期的灯光夜市转变为包括"吃、游、购、娱、体、展、演"在内的多元化夜间消费市场，逐渐成为城市经济的重要组成部分。

为贯彻落实《国务院办公厅关于进一步激发文化和旅游消费潜力的意见》（国办发〔2019〕41号），河北省顺应文旅消费提质转型升级新趋势，大力发展夜间文旅经济，更好地满足人民群众品质化、大众化、多样化的文旅消费需求，进一步对冲新冠肺炎疫情的影响，释放文旅市场活力，激发文旅消费潜力，扩大文旅消费规模。让"夜游经济"逐渐形成"东风夜放花千树"的场景，让城市的"烟火气"更浓，让远方的客人留下来，重现唐代诗人白居易笔下"灯火穿村市，笙歌上驿楼"的繁华夜景。

一　河北省夜间文旅消费发展态势

近年来，在河北省委、省政府的政策扶持和引导下，河北省"夜经济"发展比较活跃，产值已经占到全省服务业产值的40%。具体呈现以下几个特点。

（一）服务行业门类较为齐全

河北省立足区位和产业优势，重点培育满足市民夜间需求的餐饮、娱乐、旅游休闲等新业态，并以组织活动为载体，创新举措，搭建平台，不断营造发展"夜经济"的良好社会氛围。目前，河北省已形成特色夜景区、特色夜美食、特色夜购物、特色夜娱乐、特色不夜城等"五大夜色"。

（二）配套基础设施日益完备

发展"夜经济"的基础设施建设包含城市功能性照明和城市夜晚公共

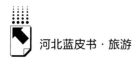

交通建设等方面。河北省一直较为重视夜间景观照明建设，特别是在城市道路、公共广场、建筑物、商业圈、园林绿化区、景观雕塑、桥梁建筑、水景等区域都建有相应的景观照明设施。各个景区的夜间美化、亮化工程也相得益彰。

（三）潜在消费需求增势强劲

目前，河北省具备发展"夜经济"的良好条件。首先，全省人均消费水平和消费需求已经具备加快发展"夜经济"的条件，以消费升级为特征的经济快速增长期已经到来。其次，拥有庞大的夜间文化消费市场和数量可观的夜间文化消费者。"90后""00后"成为夜间旅游消费的主力军。同时，河北省环抱京津，东临渤海，具有得天独厚的发展机遇。

二 碧桂园·恋乡小镇夜间文旅消费经营现状分析

遵化市碧桂园·恋乡小镇是由碧桂园产城集团、百悦旅投集团、上合源农业集团共同投资，参照国际乡村小镇运营标准打造的具有中国乡村特色的乡村小镇综合体。以打造冀东地方风情体验地、板栗农旅融合地、国际健康养生目的地和京东旅游集散中心为目标，百悦小乡村品牌爱村强势介入，立足项目所在地尚和源农业品牌基础，致力于打造具有世界眼光、国际标准、中国元素的高品质田园综合体项目，打造"望得见山，看得见水，记得住乡愁"的生态环境优美、冀东田园风情浓郁的梦幻田园小镇，形成"畿东之城再书古邑繁华，京东之界续写农创传奇"的场景。

（一）碧桂园·恋乡小镇发展现状

1. 交通区位

地理位置优越。碧桂园·恋乡小镇位于唐山市遵化市兴旺寨乡，位于燕山—太行山山地休闲度假旅游带，景区西距北京 140 公里，西南距天津 178 公里，南距唐山 87 公里，北距承德 120 公里，东南距秦皇岛 185 公里，交通较为便捷，地理位置优越。景区占地面积约582.8亩，将其打造成为集生态观光、文化体验、美食购物、休闲度假于一体的独具遵化特色的乡愁记忆体验地、京东文化体验地。

交通区位得天独厚。恋乡小镇距离唐山三女河机场约77公里，距遵化高速公路南出口约17公里，距遵化高速公路东出口约14公里，距唐山北站约60公里，距遵化汽车客运站约8.1公里，S302、G112国道、清东陵支线、047乡道等多条国道、省道、乡道、旅游路直通景区，交通极为便利。随着京秦高速二期开通和高铁站的规划建设，项目地进入北京"一小时经济圈"，未来也将成为"京东一小时田园度假"的首选目的地。

2. 自然资源

地质地貌：遵化是河北省燕山南麓著名的山间盆地，地势由北东向南西倾斜，境域四面环山，一条狭长的中道山把山间盆地一分为二，形成三山（中道山、南山、北山）、两川（南川、北川）的独特地貌。恋乡小镇位于北部山区，地势由北向南倾斜，海拔为50~170米，因片麻岩易风化，被流水侵蚀切割较深，形成谷底平整的箱状宽谷，谷地为农作物种植集中地带，低山丘陵宜于发展板栗等林果业。

气候水文：恋乡小镇属东部季风区温带半湿润地区，大陆性季风气候显著，四季分明。春季干燥多风，夏季炎热多雨，秋季昼暖夜寒，冬季寒冷少雪，常年平均日照时数2608.2小时，全年光照时间较长，气温10.9℃，无霜期182天，降水量724.7毫米，降水年内分配不均且年际变化悬殊。景区内有河流"沙河"东西向穿过，属季节性河流。区内地下水主要来源于大气降水，大部分顺沟谷、河川流入平原区，少部分渗入风化裂隙、岩脉裂隙和构造破碎带中。

植物资源：景区场地较为广阔，主要农作物有栗子、蜜桃、油桃、磨盘柿子等，自然植被有酸枣、臭椿、荆条、松树等。

3. 人文资源

遵化市历史悠久，民间技艺多样，有驴皮影、刺绣、铁画、玻璃画、烙画、银饰工艺品、红木工艺品、剪纸等，民俗表演形式多样，在此可尽情欣

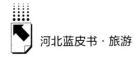

赏冀东民俗风情。

4. 产业现状

商业街以遵化当地特色民居和遵化驿站为依托。它错落有致，依河而建，一店一品，四季经营。该区域主要作为小镇的商业中心和门户区域，是集吃、喝、玩、乐、游、购、娱等功能于一体的浓郁的冀东乡土风情体验场所。商业街包括庆丰谷场、传统十二坊、大师工坊街、二十四节气广场、特色美食街、民宿区等众多业态板块，可以满足到访游客"尝美食、住民宿、看民俗、购山货、品艺术"的需求。

恋乡小镇围绕"一水一街一路一道"的规划格局，打造独具遵化特色的古镇水街旅游区。全程1.4公里水镇风情街，集休闲、娱乐、餐饮、购物于一体。水镇规划仿古水街文化集市小镇、渔人码头、河道景观公园、水幕喷泉、温泉主题公园、滨水美食街、滨水酒吧街、民俗客栈、高端康养小院等，丰富水镇内部景观资源及功能设施，打造别样的遵化小镇世界。

恋乡小镇民宿由原乡民宿、乡村别墅、冀东风情民宿三部分组成，装饰舒适，与整体风格统一呼应，打造休闲颐乐的养居之地、休旅之地，造就不一样的生活方式。民宿还配有健身房、台球厅、茶室、棋牌室、购物厅、KTV、餐厅等相关服务设施。

恋乡小镇一年四季皆可游，春观花鸟、夏避暑、秋尝美食、冬赏雪。恋乡小镇通过丰富的传统乡俗活动与恋乡特有活动，逐步呈现给游客一种全新的乡村旅游度假新体验。碧桂园·恋乡小镇致力打造成中式乡村小镇、国际康养度假地和京东度假旅游集散地，承担唐山和遵化会客厅功能、旅游集散中心窗口作用。

5. 旅游客源市场分析

客源市场同空间距离、经济水平、交通便利程度密切有关。一般来说，某一地区与目的地的空间距离越近，经济发展水平越高，交通越便利，目的地在该地区的市场占有率就越高。恋乡小镇核心客源市场以周边的京津、唐山、承德、秦皇岛为主，人口密集，交通便利，旅游发展良好。作为基础市场应加大营销力度，实施立体化、多元化的营销策略，提高项目区在基础市场的认知度和知名度。

恋乡小镇小尺度潜在客源市场以省内其他城市及辽宁、内蒙古、山东等地客源地为主，这些城市在区位上距离景区较近，交通阻力小，人口规模大，消费市场庞大，文化认同感强。该区域游客将成为本项目的重要客源，应加大宣传和促销力度，重点突破。

恋乡小镇大尺度客源市场以东北、华东、华南、西北等地区及海外游客为主，这些地区距离恋乡小镇较远，但该地区经济状况在全国处于领先水平，居民外出旅游的需求强烈，随着基础设施的完善和知名度的提高，小镇将对上述地区游客产生一定吸引力；同时，联动周边景区，扩大影响力度，吸引远程及海外的潜在游客。

6. 驱动因素

在恋乡小镇发展驱动方面，内驱力最重要的是投资者的创新精神与投资意愿，投资者的投资理念、涉猎范围、爱乡情怀促进其快速投资意向。当前旅游业长期性旺盛需求也促进了高等级旅游项目投资能很快吸引客源，并迅速收回成本，实现最大的投入产出比。从外驱力看，消费者的需求变化成为主导因素，消费者对参与式、沉浸式、情境化、意象化旅游需求的上升也恰好与设计者的意向相统一。

（二）碧桂园·恋乡小镇夜间文旅消费存在的问题

1. 夜间产品缺乏文化内涵

目前，恋乡小镇夜间经济发展仅限于夜景照明，忽视了文化这一重要内核，以及夜景照明对相关产业的拉动作用和对当地优势资源的整合作用。夜间经济一味追求炫酷科技，只能是"灯光秀"而非"文化秀"。夜间经济的发展只是将白天街头游商、小商贩的经济行为扩大化、组织化、合法化，给周边居民的日常生活带来很大困扰，引发食品安全、交通安全、环境安全等问题。

2. 优质产品"菜单"不丰富

小镇夜间经济产品仅限于餐饮、购物、灯光秀等，而文化、体育、竞

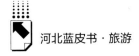

技、演出、养生等产品极为匮乏,业态单一。发展商业性夜游、主题公园夜游、演艺夜游、娱乐夜游、水秀、庙会、灯会、特色摄影等游客参与性、体验性、学习性强的夜间经济业态刻不容缓。

3. 市场营销手段亟待提高

调查数据显示,18~34岁群体更热衷夜间旅游消费。与其他年龄段相比,这个群体体验新鲜事物的欲望更强,他们更愿意为新鲜感和趣味性买单。传统的旅游模式难以满足他们的需求,夜间旅游受到年轻群体的广泛欢迎。小镇目前以传统销售方式为主,夜间经济亟待行销创新。

4. 夜间交通便利性差

小镇夜间交通线路和公共交通工具稀少,夜间公交多于21:00前就结束运营。附近主干道常出现人车混行、交通拥堵、停车点难寻的现象,加上一些路段交通指示不够清晰明确,外来游客自驾受限大。

三 提升碧桂园·恋乡小镇夜间文旅消费总体思路与重点任务

(一)总体思路

夜间旅游项目的设计开发必须遵循"刺激消费"的原则,既要"打好文化牌",又要善于"点线联动"。乡村有着城市难以企及的纯净夜空、得天独厚的自然资源和丰富的民俗文化。小镇倾力打造夜游、夜赏、夜食、夜购、夜住的"五夜"产品体系,让游客实现全方位、沉浸式体验乡村夜生活。

1. 夜游——以创新型的夜间景观提升夜游乐趣

以文化为主线,依托水幕、激光、投影、建筑灯光、火焰、烟花、雾气等特效,依托乡村自然人文景观,辅以AR/VR技术,为游客营造多角度场景环境,使游客在旅游体验过程中获得多维度沉浸式体验空间,让游客在听觉和视觉上产生强烈的震撼感。

2. 夜赏——以参与型的展演活动丰富夜赏体验

主要是观看文艺演出和民俗活动，以地域特色浓郁的村寨为主。演出形式包括山水实景剧、户外广场乐舞、室内剧场演出、乡村小舞台民间曲目等。产品设计强调游客的参与性和互动性，让游客真正体验到有灵魂、有个性、有故事的旅游产品。

3. 夜食——以生态型的乡村美食发展夜食经济

乡村美食的创作主要集中在三个方面。一是注重生态有机体，遵循自然规律和生态学原理。二是突出地方性，原料的采集和制作过程都是原汁原味的当地传统食材和工艺，并使用具有当地特色的"土"器。三是注重产品创新，增强美食体验新鲜感，开展美食相关活动，把乡村夜宵体验变成乡村经济的拉动力。

4. 夜购——以乡土化的创意商店营造夜购街区

乡村购物的主要消费场所集中在旅游纪念品店、创意工坊等特色店，购买的物品多为土特产、工艺珍品、旅游纪念品等。因此，农村商业街夜市以乡土文化元素为支撑，充分体现农村特色。

5. 夜宿——以多元化的住宿设施满足夜宿需求

农村夜经济的发展是基于旅游者过夜的需求。因此，设置星级酒店、民宿、木屋、集装箱、营地等多元化住宿设施，吸引更多游客入住。夜宿产品的设计要注重创意性、艺术性和个性化，并融入当地的自然和人文环境元素，再加上创意和美学元素，形成特色鲜明、主题各异的夜宿产品。

（二）开发原则

1. 空间联动原则

根据资源特色、空间关系，综合考虑创建的时效性与可实施性，将整个景区内部、外围辐射联动区域及附近可合作发展区，按照近中远时序分区发展，带动周边区域经济发展。

2. 差异发展原则

景区周边分布众多古镇度假型景区，和恋乡小镇存在一定的资源同质化

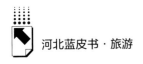

现象，从功能定位和设施配置上进行区分，未来将形成功能互补、产品丰富的旅游景区。

3. 产品创新原则

4A 级景区创建过程中对旅游产品进行升级创新，创新性的开发文化旅游产品，变"无形"为"有形"，让文化动起来，打造富有生命力、成长力的文化旅游产品。

4. 服务完善原则

完善基础设施建设，推进夜间消费商圈和公共空间净化、亮化、绿化、美化工程改造提升，完善夜间标识指引、街景打造、休闲设施、装饰照明、环卫设施、公共 WiFi 及 5G 通信等配套设施建设。建设智慧化旅游景区，并提供独具地方特色的旅游餐饮服务；健全景区综合管理制度；开发各类文创产品，丰富各类游乐设施，让游客"乐不思蜀"。

四 激活碧桂园·恋乡小镇夜间文旅消费创新对策

发展夜经济，是一种生活方式的改变，也是一种文化创新。小镇要以激活城市文化为抓手，以当地非遗、民俗、文创、美食等为发展特色，全力打造恋乡小镇"下午 6 点到次日早上 6 点"黄金消费带，形成"消费者有需求，政府有管理，商家有发展"的局面，构建"夜游、夜赏、夜食、夜购、夜宿"五大特色场景，引领消费者体验"通宵、畅享、畅玩"的趣味生活。积极挖掘本土夜生活文化传统特色，形成独特风格的酒文化、灯文化、歌舞文化、竞技文化、养生文化，扶持夜生活文化传统传承人，培养夜生活文化创意人才，吸引夜生活文化经纪人，塑造本土激情、创造、沉醉、浪漫、亲密的夜生活文化独特品质，鼓励 24 小时营业，推动夜生活消费普及，培育夜间经济市场。

小镇应以冀东民居、遵化驿站为风貌原型，面向大众游客，建设风味美食街、特色民宿街、风情商业街、烟火水秀、滨水舞台、游船码头等，打造京东民宿风情体验街区。此区域主要作为小镇门户区域，由原乡民宿、乡村别墅、冀东风情民宿三部分组成，集合"吃、住、行、游、购、娱、商、养、学、闲、情、奇"等美好生活集群于一身的综合休闲体。依托沙河河道，开展划船等水上活动，配套游船码头，为游客提供登船、下船服务。

街区文旅项目全天候开放。邀请古法工匠、文化创业新青年，结合周边富余劳动力共同参与运营，解决文旅项目政企农难题。挖掘本土文化，承办常态化、互动式新媒体展演节目，开展美食节评选、露天影院、古装快闪、全能健身广场舞、二十四节气、板栗花节等多项主题活动，展现人间烟火，增强创新互动体验，为全园引流。

商业街店将重点定义以销售为基础的"体验"，而不是"以销定产"。从文化底蕴入手，逐步开发，吸引有创意、有特色、有内涵、有交流的文化旅游项目，树立鲜明的旅游品牌形象。

（一）寻觅之夜——恋乡小镇寻觅"烟火"

1. 风味美食街

人间烟火味，最抚凡人心。青山绿水的美，特色美食的香，传统的手艺，天然的食材，古香古色的街巷，让您体验不一样的味道。一是"吃遍中国"小吃街，采用招商经营方式，精选京东地区、东北、西北、华南等地方优秀小吃，一店一品、一摊一品、一菜一故事。采用严苛的食品质量管理体系，从原料进货、制作、加工、售卖等各个环节严格把控食品卫生，明码标价，树立商业信誉，同时引进体验式加工模式，吸引游客参与食品加工、制作过程，增强街区的参与体验性。二是打造"深夜食堂"品牌，以当地生产的时令有机农产品为原材料，精工细作，推出"民俗风味餐饮"，同时开发具有本地特色的人民公社系列菜品、青石板上创高产系列菜品、八旗神韵系列菜品、遵化传统老菜系列菜品、压锅菜系列菜品、公社大柴锅系列菜品、致青春系列菜品七大菜系。

2. 好物夜市

努力打造"夜市直至三更尽，才到五更又开张"的繁华场景。客群定位为青年引力场、潮人聚集地、爱家烟火气。依托当地独特的地理、文化优势，策划推出沙河两岸的"好物夜市"，集聚传统美食、特色蔬果、文创手礼等内容，构成商业集市的元素有挑担、摊位、推车、灯笼、服装、幌子等，推出如手工饰品、设计师服装、特色工艺品等各具特色的摊位；同时引导商业综合体、集装箱艺术改造区等社会多元主体参与，形成商业模式丰富、品质优良的夜经济圈，真正实现"周周有亮点、天天有实惠、场场有精彩"。

3. 星空夜宴

以增强游客美食体验和市民夜间休闲就餐为重点，持续擦亮"食味恋乡"农家乐品牌，引导咖啡馆、茶社、酒吧等业态延长营业时间，营造夜间餐饮休闲氛围，打造一批特色"网红美食"打卡地。将5G、AR/VR、人工智能等创新科技应用于餐饮经营中。如餐厅利用3D投影映射技术和动作捕捉技术把餐桌变成一场有趣表演秀的"舞台"，采用360度全息投影技术让游客置身于沙漠、雪山、海底场景体验用餐。

4. 京东年货大集

依托恋乡小镇乃至遵化市丰富的民俗文化、非遗文化及美食文化，在每年腊月到正月期间，举办遵化市最大的京东年货大集，宣传口号为"到小镇，过大年"。

（二）传承之夜——守护初心、传承非遗

1. 手作夜学

打造唐山皮影、吹糖人儿、拉洋片、剪纸、泥人、手工造纸、布鞋等非遗教育实践品牌，开展夜间非遗体验活动，以非遗课程研学、手作体验、公益讲座等活动形式，沉浸式体验传统文化的魅力。

2. 书吧夜读

充分利用小镇图书馆、咖啡店、民宿内的阅读角，为读者提供阅读平台，满足不同年龄、不同层次人群的夜间阅读需求，营造"小房子、小公民、小时间"的浪漫氛围。

3. 历史夜话

以当地历史文化为主线，打造戏台文化、婚俗大院、老茶壶文化、太行画院等，进行连续多篇幅时间与空间文化演绎。

4. 二十四节气民俗

持续打造"恋乡"二十四节气主题活动，使其成为品牌精髓和运营核心。通过成立恋乡乡俗文化研究会，不断挖掘"二十四节气"的文化内涵和精华，把核心内容切实转化为可触摸、可感受、可参与的活动项目，让恋乡品牌成为中国节气文化的引领者。

5. 恋乡十二坊

分为面坊、油坊、粉条坊、辣子坊、酱菜坊、酒坊、酸奶坊、醋坊、调料坊、醪糟坊、豆腐坊、五谷坊等，采用前店后厂的模式，省掉中间商环节，提供原汁原味的乡村食材。游客可以到作坊生产现场亲自操作，见证产品的生产过程和加工工艺。

（三）探索之夜——敢为先进、品质发展

1. 磨栗工坊

依托景区现有建筑进行提升改造，结合板栗主题对其外立面及内部进行创意化设计，突出项目主旨，并将板栗农业产业与文化、旅游产业相结合，实现产业融合，同时带动周边乡村在产业、环境等方面的发展，进而落实乡村振兴战略。通过旅游新业态的融入及旅游要素的完善，最终打造一个集展览展示、互动体验、文创设计于一体的板栗活动中心。

2. 特色民宿

通过"现代设施＋地方装饰＋人性服务＋休闲氛围＋个性主题＋生态环境"升级方式，植入乡村文化元素进行外部和内部装修，打造乡野气息浓厚的主题民宿。将民宿与当红游戏、热播电影、时尚品牌等领域的热门IP深度结合，大胆创新，实现古老与时尚的碰撞、融合，打造一系列不同场景的文艺潮流主题民宿，为年轻人提供"住的不一样"的全新住宿体验。同时结合滨水环境，设立室外平台，推开门就能看见水面，每一个房间都独

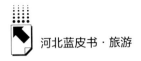

享一片风景，实现梦寐以求的住宿体验。

3. 星宿营地

以"观星赏月"作为主题，配合带透明天窗的帐篷，打造林下观星的浪漫观感。营地按照星座形状布设，设置特色星宿灯指引，不同星座安排不同区域，并配套特色娱乐活动，从而打造浪漫唯美、轻松活泼的营地氛围，设有娱乐中心、旅游咨询服务处、露营便捷服务点、特色餐饮，以及星宿主题帐篷、自助式营位以及房车区域等可选择的住宿。

（四）创新之夜——农文旅创、全域开放

1. 文化夜演

定时定期表演花会（二贵摔跤、中幡、狮子、龙灯、高跷、少林会、旱船、莲花落、霸王鞭）、铁厂飞铙、鲁家峪武龙、铁厂双龙等遵化当地的民俗活动和清朝宫廷文化演艺（筵宴喜庆歌舞、萨满祭祀歌舞、节日秀等）。中秋节举办"故乡的云"大型主题音乐会、每周举办"红歌音乐会""相声艺术专场""露天电影院"。通过不同的篇章主题演绎京东文化，通过科技光影故事带领游客穿越恋乡小镇的前世今生。通过光影秀、沉浸式打卡场景、文艺市集和快闪表演将遵化文化传递给游客，吸引全年龄段游客参与其中，打造节庆盛典，点亮夜景，点燃夜经济，激活夜文化。

2. 影像夜展

围绕乡村历史文化、古农机具展示、农事操作，采用实物、图表、文字、沙盘、场景复原等传统展出方式及电子模型、影像合成等现代技术手段，采用动态与静态相结合的方式展现冀东民俗。打造"流动的恋乡小镇"，打造一个"活"的民俗博物馆，让遵化人追忆祖辈峥嵘岁月，梦回历史沧桑的历史长廊。

3. 夜间健身

联合潮流运动品牌及健身机构打造全民运动空间，每天不定时举办多场全民健身活动，包括"普拉提杆""燃脂搏击""拳力挑战赛""格莱美舞蹈""巴西战舞"等新潮健身课程，并规划音乐动感单车、亲子运动专区、

24 小时无人健身房。以小镇步道为主要阵地，策划开展"恋乡小夜曲，快乐荧光跑"市民夜跑活动，享受"夜晚深呼吸"。建设一批城市轻型体育场，以满足年轻人的体育需求。推动引进高水平篮球、足球等商业赛事，支持实施夜间垂钓、篮球、足球等群众性夜间体育赛事。

（五）水上之夜——烟火水秀、滨水演艺

沙河从小镇南部穿过，长约 1.4 千米，常年流水，水量充足，在有效的生态治理下，河流水质清澈，两岸风景较好，有野鸭等水禽驻足，现已设有喊泉、休闲码头和游船，游客可在此欣赏水景。

1. 声光电水舞秀

选择沙河河道，通过高压水泵和专用出水口发生器，自下而上高速喷水，雾化后，会产生一个"屏幕"。借助各种激光束效果，专用投影仪在"屏幕"上投射特殊视频或进行激光效果防水表演，营造焰火表演氛围，为游客提供震撼体验，以视觉盛宴丰富夜间小镇。

2. 滨水演艺广场

位于河道景观处，将该片区域进行景观上的全面提升打造，植入京东文化，增加雕塑小品以及休憩设施，打造成为景色幽美、功能齐全的休闲广场。晚上开展篝火晚会、当地民俗表演、露天电影播放等活动，丰富游客的夜游生活。利用舞台造型、裸眼 3D 视觉、全息技术、烟雾技术、监控系统、高清屏、座席技术、人工智能、5G、AR/VR 技术让游客可乘船穿越荧光森林，感受夜景中各种发光生物的奇妙；开设"飞行通道"项目，游客可以借助 VR 技术享受骑乘斑溪兽飞越潘多拉上空的刺激。

（六）优化旅游社会环境，设立"夜间带头人"，提高服务质量

积极配合旅游、工商、公安、卫生、物价等部门开展联合执法活动，打击非法从事旅游经营活动（强买强卖、价格欺诈、坑客宰客等），维护游客合法权益。严格按照国家标准和行业标准的要求，在导游、住宿、餐饮、安全、卫生、环保等环节加强精细化管理，开展旅游服务质量提升活动，努力

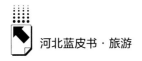

实现人性化、亲情化、精细化服务，优化服务环境。

设立"夜间镇长+夜间街长+夜间店长"三层级"夜间带头人"管理机制。确立共同目标，破除不合理限制性规定，协调不同管理主体利益，探索民众广泛参与、自下而上的管理制度。构建企业自治、行业自律、社会监督和政府监管相结合的夜间经济安全环境共治机制。降低企业经营成本，全面落实中小企业税收减免、夜间峰谷电价、简化发票领用等优惠政策。加大线上线下夜间消费维权重点领域的监管执法，构建夜间消费信息信用平台和评价体系。引领绿色消费时尚，营造整个夜间市场生态环境保护的文化氛围。

（七）与网约车平台合作，保障游客夜晚出行安全

由于夜间酒饮消费量大，小镇与网约车平台展开深度合作，提高夜车服务质量，优化定制"恋乡好行"等夜游专线线路，鼓励出租车企业和网约车平台加强夜间重点区域车辆调配，方便北京市、天津市、唐山市区、遵化市区等客源地游客。

（八）强化宣传引导，提升景区知名度

一是政府通过组织举办一系列大型的夜间消费主题访谈宣传活动，营造夜间良好的氛围，引导城市人晚间到恋乡小镇过夜消费。推出"恋乡周末"，唐山人凭本地有效身份证享受优惠，包含景区门票、住宿、旅游商品等优惠套餐产品和优惠政策。以"线上电商平台展销+线下实地销售"的方式组织非遗购物节，推出非遗老字号美食、陶瓷用品、土布纺织品等特色非遗产品，拉动购物消费。

二是搭建由官方微博、微信、旅游资讯网、百家号、头条号、抖音、腾讯微视、快手等组成的新媒体宣传矩阵。与百度、搜狗等搜索引擎合作，增加恋乡旅游信息推送量；升级微信服务平台，增设虚拟旅游、在线互动、自动回答等功能，激发潜在游客的出游愿望；创新开展"漫游恋乡""微游恋乡""头条带你游恋乡"等专题活动，实现智慧旅游营销。

三是组织文创和旅游商品创意设计大赛，文创大赛将文化元素与现代科技、艺术体验与实用功能、创意设计与市场需求相结合，让创意找到市场，让企业发现商机，推动景区文化和旅游深度融合发展，拉动恋乡小镇文创消费。

五　激活河北省夜间文旅消费对策建议

发展"夜经济"是一个多元化、系统化的产业链条，景区延时营业，商贸企业打折促销是发展夜经济的应有之义，同时，开拓"夜空间"，打造"夜文化"，提高夜经济发展质量，避免简单粗暴、同质低端的发展陷阱，打造具有河北省特色的夜经济发展新模式。

（一）以夜市、景区为品牌，激发夜经济发展活力

学习借鉴南方先进经验，对夜间消费旅游街区进行合理化引导和规划，鼓励发展"夜经济"，互为补充，相互促进，能够充分发挥带动优势，形成与南方夜经济发展模式不同，特色鲜明的"北方夜经济"。鼓励景区延时营业，推动开展夜间节庆、展示等系列活动，加大夜间活动力度，打造"地方特色旅游街区"品牌。一是打造"24小时城市"。依托重点商圈、景观带等，举办各类美食节、购物节、艺术节、灯光秀等，鼓励商业购物中心、文化娱乐场所夜间打折让利，开展全省十佳"夜游、夜娱、夜读、夜食、夜购、夜宿"等系列评选活动。二是拓展景区夜间消费。鼓励景区夜间开放，通过打造幻光森林、水上夜游、汽车影院、商街夜市、星空营地等，丰富夜间游览内容，促进二次消费。三是丰富乡村旅游夜生活。鼓励乡村旅游重点村开发夜景亮化、夜光步道、篝火晚会、光影麦田、民俗灯会、烟花秀等夜间文旅消费产品，大力发展特色精品民宿。

（二）以文化、旅游、体育为载体，拓展夜经济发展新内涵

深化文化特色和夜场旅游潜能，支持博物馆等文化旅游服务机构延时开

放，设计精品夜游路线，鼓励景区开展音乐节、帐篷节等活动。同时积极培育"网红主播"等新型娱乐消费模式，丰富夜间文化演艺活动品类和场次。一是打造"鼎盛王朝·康熙大典"、"印象·野三坡"、"浪淘沙·北戴河"、"塞罕长歌"和"冬奥情缘"等河北文旅演艺品牌。二是支持5A级景区打造高水平的文旅演艺节目，4A级景区因地制宜开发文旅演艺节目，乡村旅游重点村打造具有本地文化特色的小节目、小舞台。三是鼓励各地市根据自身资源优势，积极打造夜间文旅消费产品体系。鼓励夜间开放运动场馆、博物馆、图书馆等场馆，支持特定开放运动场所，如篮球场、足球场、乒乓球场等，激发全民运动活力，提高全民健康指数，促进夜间体育消费。

（三）加大夜经济政策资金扶持力度

对景区延时营业、博物馆延时开放等相关"夜经济"试点内容给予一定的额度补贴；对影响力大、示范带动效果好的旅游节庆活动、文体演出或赛事活动、地域文创产品和品牌产品展销活动等给予一定额度的奖补；对为"夜经济"发展提供保障的各职能部门给予一定的财政补贴。

通过广播、电视台、网络、微信公众号等媒体和平台加强夜经济舆论引导，广泛开展夜间经济系列活动宣传推广活动，向广大消费者提供形式多样、内容丰富的夜间消费咨询服务；依托当地历史文化资源，创排体现本地特色，富有时代感、大众化的演艺精品；培育群众夜间健康消费习惯，营造积极的夜间文化消费氛围。

（四）优化夜间文旅消费场景环境

一是完善城市传统街区，增加夜间文旅休闲功能，推进文体商旅综合体、具有文旅特色的高品质步行街建设，丰富文化体验、娱乐健身、特色餐饮、品牌购物等业态。二是推出城市会客厅，打造城市夜间文旅消费新地标，提升夜间文旅消费吸引力和知名度。三是改造提升公共文化、演艺娱乐等场所设施，拓展夜间文旅消费功能，完善餐饮、购物、休闲、体验等配套服务。四是加强重点商圈、街区和娱乐场所的夜间治安管理，建立应急救援体系，保障夜间出游安全，加大夜间市场秩序及卫生防疫监管力度，规范行业标准，依法打击欺客宰客和恶性竞争，倡导诚信服务，营造安全、优质、放心的夜间文旅消费环境。

明月升起、华灯初上、烟花璀璨、流光溢彩，视觉盛宴到感官体验的享受，夜间比日间更具神秘感和魅力。作为新的消费增长点，夜间经济的活力在不断激发，夜间文旅消费集聚区以丰富的体验形式、深度的文化融合、强劲的聚合吸引力，成为辐射带动区域夜经济增速提质的重要引擎。未来河北省应在旅游企业、政府和社会的共同努力下，提高夜间旅游服务质量，不断提升游客夜间体验，不断满足广大人民对于美好假日旅游和美好生活的需求。

参考文献

《发展夜间文旅经济，激发文旅消费潜力——河北省关于夜间文旅消费的调研报告（2020）》。

《唐山市文化广电和旅游局上半年促消费工作总结》（2020 年 7 月）。

《"十三五"河北旅游品牌传播报告（2020）》。

《遵化市全域旅游发展总体规划（2018）》。

刁盼盼：《打造"最忆夜杭州"》，《观察·前瞻》2020 年第 8 期。

陈馨：《大数据时代旅游者消费行为特征研究——以夜间旅游为例》，《现代商贸工业》2020 年第 29 期。

陈民恳：《加快宁波夜间经济发展的对策建议》，《宁波建筑》2020 年第 7 期。

刘文萍：《我国夜间旅游发展的问题和对策分析》，《内蒙古财经大学学报》2020 年第 18 卷第 2 期。

搜狐网：《乡村经济发展三大模式》，https：//www.sohu.com/a/426798205_120086853/2020－10－23。

搜狐网：《你还不知道？遵化"特色美食小镇"重磅来袭！吃货的天堂！》，https：//www.sohu.com/a/212391392_269545/2017－12－24。

搜狐网：《恋乡·三周年系列报道 | 文化自信》，https：//www.sohu.com/a/339911008_99936314/2019－09－09。

B.18
创意设计驱动下的文创产业生态研究

——以智行创意公社为例

郭东强　赵智敏*

摘　要：　文创产业是文旅融合的先行者，也是经济文化创新、国际形象提升的关键产业。本文通过研究文创产业现状与产业生态体系构成要素，以智行创意公社文创产业园在强化创意设计能力、租金转股实现业态聚集、构建文创"中台"系统、整合产业上下游及内外部资源、实现双循环产业生态等方面的实践经验为原型，总结出以创意驱动核为驱动力、以内部生态环为生产力、以外部协作环为推动力、以环境机会环为市场力的"一核三环"文创产业生态发展模式。

关键词：　文创产业　河北省　创意设计　智行创意公社

文化创意产业是借助创意生产者的智慧与技能，利用数字技术等手段，对文化内容进行提炼、创造及演化，再通过版权保护与开发，创造出具有高文化附加值产品的产业。文创产业具有投资周期较长、产业涉及范围广、产业内外关联性强等特点，每个产品和服务从用户研究、创意研发、知识产权保护到最后入市消费需要经历多重环节，所以它具有传统产业所不具备的复杂的产业结构，正因如此，找到文创产业独特的发展模式是除了政策支持以

---

* 郭东强，晏钧设计合伙人、智行创意公社总经理，主要研究方向为文创产业运营、文创产品开发；赵智敏，石家庄市第一中学教师，主要研究方向为红色旅游、历史文化研究。

外最为重要的一点。

创意设计驱动下的文创产业生态发展模式正是抓住了"创意设计"这一产业核心要素，同时以生态系统维度认识文创产业全貌，有重点、更全面地构建了文创产业的发展结构。智行创意公社在经营实践过程中探索建立的文创产业微生态是产业生态模式的最初原型。本文由行业洞察到原型实践，再到模式研究，这一路径是"从实践中来，到实践中去"的研究思路。

一 创意设计驱动下的文创产业生态系统的定义

（一）文创产业生态系统的定义

生态系统源于人们对自然界一定空间内生物与环境之间彼此制约、保持动态平衡的统一整体的定义。随着产业经济的发展，生态系统的概念被广泛应用在其他学科的研究领域，产业生态系统逐步与产业实体进行融合，推动了产业结构的进一步发展。

作为新兴行业，文创产业是以创意力为核心，依靠创意个体（个人或团队），通过生产和产业化的手段将文化资源转化为知识产权并以此获利的行业。从文创产业的构成要素来看，软性的文化内容是其核心要素，因此文创产业具备天然的融合性，便于产业要素的生态化构建。文创产业生态系统指的是在一定的地域范围之中，遵循集中区位、集聚企业和集约开发原则，将文化内容、文创人才及企业、高新技术、供应链、资金、法律等各种资源，构成由文创产业链条上下游不同企业共同组建的共创协作体系。

优秀的文创产业生态系统是开放包容的、稳定有序的、共享共赢的，不仅系统中的各个体企业实现共存共荣，还能够达到整个生态系统的初期实现生存、早期实现扩展，最终逐渐形成稳定的双循环状态以获取持续性的经济收益和社会效益。

（二）创意设计的重要作用

从文创产业意义和价值来看，伴随着创意经济的迅速崛起，创意设计已

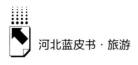

经上升为文创企业的核心竞争力，同时也是文创产业要素的重要组成部分。创意设计不仅能够为消费者提供文化含量更高的产品，满足人们的精神需求，形成更具活力的消费市场，更重要的是它还可以促进文创产业和其他产业融合发展，促进产业创新和结构优化。

从产业链角度来看，创意设计是文化创意活动实践的源头，是提高创意个体创作能力的关键要素；与此同时，创意设计能够激活传统文化要素，把人们不熟悉的优秀文化内容以喜闻乐见的形式体现出来，实现文化的活化。创意设计能够提升文创消费的体验感，不论是消费场景的创新，还是服务的设计提升。创意设计能够反向提升文创消费者的审美水平，进而提高整个国民的文化素养。

（三）创意设计驱动下的文创产业生态系统定义

创意设计驱动下的文创产业生态是以创意设计为产业生态的核心驱动要素，并以此为中心规划建设的文创产业生态。其系统目标是形成能够进行内部循环的微观文创生态链和文创生态群落，打造内循环 + 外循环的双环产业生态系统，最终实现文创产业的高质量、可持续发展。

创意设计驱动下的文创产业生态系统以实现内部自发循环和外部联动循环为最终目的，是一种全新的文创产业布局模式。这个模式是在原有的文化产业链思维与文化产业集群概念上的升级，它从更高的结构层次、更细致的专业知识层面，对文创产业进行了新的结构重组，提升了文化企业的层次组合性、市场经济性，为产业源源不断地注入了新的活力与生机。

二　在文创产业生态系统中强调创意
设计驱动的意义和作用

（一）有助于旅游消费升级，提高旅游商品消费的差异化和体验感

在文旅融合的背景下，国内旅游业发展速度迅猛，旅游不再是"有钱

有闲"人的特权，而已经成为国人的刚需消费，在此过程中，一方面出现了旅游消费升级的趋势，另一方面也呈现了旅游消费分级的现象。2020 年，突如其来的新冠肺炎疫情给国内文旅产业的应对和振兴带来巨大的困难，也提出了极高的要求。然而让人欣喜的是，此次新冠肺炎疫情非但没有改变旅游消费迭代升级的总趋势，还在一定程度上加速了这一趋势的发展。

总体来看，旅游市场存在游客需求与现实产品之间日益显著的不平衡，这种不平衡突出表现在景区旅游产品及服务同质化严重、文化体验性差等方面，究其原因在于缺乏创意设计要素在整个旅游消费市场的作用，而创意驱动型文创产业生态的形成，可以极大地提高旅游商品的差异化和体验感，在旅游消费升级过程中，起到显著的作用。

（二）有助于文创企业洞悉产业全貌，找到自己的生态位

从全国来看，规模以上文创企业大多集中在北上广深等发达城市，分布极不平衡，其他城市文创企业大多处于发展初期，规模小、业态杂、盈利模式不清晰，更重要的是多数文创企业无法洞悉产业的全貌，不知道如何将自己的优势与产业的发展有机融合，难以找到自身的生态位，因而出现了只看短期经济效益，而缺乏长远布局和思考的情况。

文创企业只有了解了整个产业发展的生态模式，才能够设置合理的经营目标，找到最适合的生态位，提高自身资源的利用能力；对于发展期的文创企业而言，根据产业结构整合资源配置，延展自有生态位的宽度，提升自身的产业适应性和加快发展速度；对于成熟期的文创企业而言，寻找自身特质，利用创新思维，创造新的生态位，制定科学的经营策略，优化内部资源配置，争夺外部市场制高点。

（三）有助于政府对产业要素的合理化布局，实现文创产业的高质量发展

目前我国文创产业依然是粗放式的发展模式，存在数量大、总体质量差、市场的各类主体发展极不均衡的问题，从市场消费来看，也无法实现更

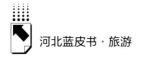

高形态的文化消费模式。以产业生态的思维建立健全现代文创产业体系，提高产业主体的有机融合和市场化水平。强调创意设计的驱动作用，便于在产业发展过程中抓住核心产业要素，以创意设计驱动为抓手，以产业生态建设为思维，为全省文创产业的健康高质量发展发挥应有的作用。

从近年来国内宏观层面来看，文创产业发展形成了实体、数字形态双线交错的发展态势。一条线是文旅融合形成的普及型的大众实体产业形态，典型代表如田园综合体、目的地演艺、观光工厂等。另一条线是与数字技术、人工智能、物联网、直播短视频等结合的科文融合新形态。例如沉浸式体验产品、腾讯提出的数字新文创等。

实体形态与数字形态文创的相互交融、互为支撑的趋势显现，这使得文创产业要素更为多样，关系更为复杂，规模更为庞大，继而创意设计的驱动价值的转化力也变得更强。在这种背景下，更需要从产业宏观层面突出创意设计的驱动力，强调产业生态的体系性，从而实现实体与数字形态文创融合的高质量发展。

三 智行创意公社文创产业园的实践探索经验

智行创意公社文创产业园是结合省会石家庄地域文化特征，以创意设计为园区核心竞争力，定位于艺术家创作、文创产品研发、设计服务与教育融合发展的产业平台。园区总占地面积 12 亩，建筑面积 1 万平方米，现已入驻知名文化品牌 27 家，包括晏钧设计公司、香灰烧原创陶瓷、海晏堂艺术陶瓷、三希堂香道馆、金鱼满堂金鱼文化传播中心、大无空舍、观想艺术馆、千山茶仓、导视先生、鱼之雅驿锦鲤文化传播中心、成果设计教育等，涵盖 20 多种文化相关业态。与此同时，园区签约合作国内外 70 余位艺术家和设计大师，同时开展有 2000 年悉尼奥运会品牌总监理查德·亨德森和晏钧大师工作室、台湾形象策略联盟中国河北创研中心、石家庄职业技术学院晏钧设计学院、现代学徒制教学基地、河北经贸大学 MBA 创新创业辅导中心、蒙顶山茶叶交易所河北运营中心、河北省工业设计协会培训中心、石家庄职业技术学院雄安文化创新研究院、台湾王炳南文创工作室等项目。智行创意公社被评为 2018 河北文化产业十大优秀创业平台、河北省首批文化和旅游人才实训基地荣誉称号。

在文创产品的研发和推广方面，智行创意公社拥有香灰烧、三希堂、金鱼满堂、冀优鲜、海晏堂等文创品牌 7 个，为河北博物院、河北游礼文创互助平台、北京舞蹈学院、承德县博物馆、梅兰芳大剧院、廊坊银行、正定县政府、大开元寺等定制研发文创产品。为石家庄市文化广电和旅游局策划、设计、营建文创精品店 11 家，拥有河北博物院文创商店、新华书店啡页书咖、太行国宾馆、古田路 9 号等文创产品销售渠道。

在文创活动策划与展览方面，智行创意公社承接了 2018 年河北文化创意设计大赛的评审、策展等工作；完成了 2019 年河北文创精品展的策划设计、展览施工、展品组织陈设工作；开创性地发起并承办了"世界看河北"国际海报展，发动来自 37 个国家的 1342 名设计师为河北创作了 2045 幅创意海报；承办了 2019 年首届石家庄文创和旅游商品大赛的线上线下展览工作；策划并实施了中烟荷花创牌 60 周年艺术巡展等活动。

在文创人才培训与活动方面，智行创意公社建有国内首家公益设计图书馆，与石家庄职业技术学院合作成立"晏钧设计学院"，在河北开启了"现代学徒制"设计人才培养模式的新格局；开办了"晏钧设计实训营"文创培训班；承办文创沙龙类活动 260 多场，其中包括《包装与设计》45 周年理事大会、"文明交通文明城"公益宣传作品创意大赛、"艺·启过年"设计艺术成果展、"今日荷花别样红"主题海报展、设想中国设计大赛"大师课堂"等活动。2020 年初，智行创意公社与抖音官方合作发起了"国际庄文创之旅"短视频挑战赛，短短 30 天内获得了 139 万的浏览量。

在文创产品国内外交流与推广方面，智行创意公社的文创产品参加厦门国际佛事博览会、泰国曼谷中国文化中心举办的"云水禅心"绘画艺术展、中国（义乌）文化产品交易会、英国伯明翰国际展览中心展览、北京国际设计周凤凰中心艺匠集、第二届河北省文化创意博览会、中国台湾佛光山佛陀纪念馆陶瓷河北展等展览。同时，新华社、《人民日报》、《中国日报海外

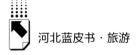

版》、泰国国家电视台、《北京日报》等中央及地方50多家媒体对智行创意公社文创产品予以报道。

智行创意公社在文创产业取得的成功得益于其创意设计的先天优势和平台化建设思维。文创产业以文化为内容资源，通过创意设计的转化形成各类产品原型，再通过生产环节实现量产，最后通过营销实现社会价值和经济价值。智行创意公社正是利用创意设计这一产业核心要素优势，利用产业资源与模式构建了文创产业微生态，同时紧紧抓住河北省文创产业起步发展的窗口期，通过满足政府、文化单位、需求企业、创意人才、消费者等不同主体的文创需求，实现了自身的快速发展。现将智行创意公社实践过程中的经验总结为以下四方面。

（一）用"1+N"模式强化创意设计能力

智行创意公社凭借晏钧设计在创意设计领域积累资源，先后与专业设计领域团队合作成立了鸿锦天成工业设计、导视先生科技、金鱼满堂文化中心、真至装饰等公司，形成了"1+N"创意中心模式。与此同时，园区积极联合澳大利亚平面设计协会、河北省工业设计协会、河北省文化和旅游产业协会、CDS中国设计师沙龙、石家庄市文化产业协会、河北省文化创意职业教育集团、中国台湾形象策略联盟、尖荷系等行业协会机构，以及20余名国内外知名文创专家、艺术家及设计师等外部创意设计资源，实现了智行创意公社内部创意设计团队、外部合作文创机构及设计师的集聚，共同打造创意设计支撑矩阵。

创意设计支撑矩阵的形成，大大增强了智行创意公社创意设计在产业中的作用。一方面，创意设计矩阵强化了园区在文创产品开发与运营方面的能力，前后成为河北博物院、河北省新华书店、河北中烟等单位文创合作伙伴；另一方面，智行创意公社增强了在文创产业的资源整合能力，先后承担了2018年河北省文化创意设计大赛的评审和展览工作、2019年河北文创精品展展品征集、设计布展工作，策划并实施了"世界看河北"国际海报展活动，还成功承办了石家庄首届文创与旅游商品大赛布展工作。这些成绩的实现，无一不是创意设计作为内在驱动力的作用。

（二）以园区为硬件支撑，采用租金转股方式，实现业态聚集

智行创意公社总建筑面积达 10000 平方米，拥有充足的空间支持内部产业链的构建。园区现有空间能够满足 50 家以上企业的办公、展示、销售等功能，入驻企业均以房租转股的形式与智行创意公社建立战略合作伙伴关系，保障园区入驻企业与智行创意公社形成合力。园区在遴选入驻企业的过程中，遵循每个业态只入驻一家企业的原则，使园区入驻企业可共同以智行创意公社为平台，在内部形成集创意设计、生产、展示、销售、体验功能为一体的产业生态链。

通过多年的业态整合，智行创意公社已在创意设计矩阵的基础上，形成以香灰烧、大无空舍为核心的创意生产矩阵；以东华制版、领美快印、真彩印刷等为核心的印刷制作矩阵；以尚武科技、中讯科技、石头广告等为核心的互联网矩阵；以家然装饰、瀚森装饰、捌零空间等为核心的装修施工矩阵；以帝赞广告、碧云天展览、卓越展览等为核心的活动执行矩阵。同时，智行创意公社的公益设计图书馆、中心美术馆、艺术客厅等共享设施能够形成有效的补充，丰富了智行创意公社的文化交流、文化体验、会议展览等功能，亦能够通过共享空间的运用将各支撑矩阵有效串联，共享共赢。

（三）成立平台运营公司，构建文创"中台"系统

紧紧围绕"文创赋能平台"的定位，园区成立石家庄智行创意公社文化发展有限公司（简称智行文化）作为业务平台，开展文创园区投资与运营、文创活动策划与执行、文创展览策展与实施、文创产品研发与推广、文创人才培训与交流等业务。智行文化的成立使园区内文创力量能够凝聚在一起，承揽更多更大的文创项目。

智行文化采用中台模式为各类入驻商户赋能。如果说智行创意公社园区是为各文创单位提供了基础设施的话，智行文化就是在利用创意设计的核心驱动和产业链优势构建文创企业共享中台。这个中台系统包含了用户研究和产品研发、供应链与包装创研、品牌与版权保护、营销及渠道资源。

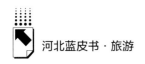

中台体系的建立是符合文创企业需求的。文创企业多是以个体创意者为基础搭建起来的小团队,虽然在专业上有经验优势,但职能不健全、系统性差、抗风险能力弱,需要强有力的系统支持。与此同时"大中台、小前台、多元化"的中台模式也满足了市场多样性的文创需求,既能实现终端市场多品类、个性化的需求,同时能够满足订单用户的柔性化定制需求。

以三希堂香品为例,智行创意公社以地租转股形式持有该项目 30% 的股份,为其提供营业场地、共享设施,更重要的是通过智行文化这一文创通用中台体系先后完成品牌命名及形象设计、策划产品品类,完成香火传承系列产品的研发和版权保护,引入"淘你喜欢"文创产品线上线下销售渠道,获得河北博物院等订单,研发产品屡获省市文创大赛奖项。

(四)整合上下游资源,实现"双循环产业生态"

智行创意公社以内部形成的文创上下游产业链对外进行产业辐射,在理论研究、创业孵化、人才培养、跨区交流、商业赋能等领域与外部资源进行深度融合。其一,智行创意公社通过产品销售渠道与文创经销商、渠道商进行合作,目前公社通过 11 家旅游景区文创精品店,探索文创产品通路的发展模式。其二,通过文创产品定制与其他行业企业、单位进行商务合作,并追求文创领域的跨界融合。目前,智行创意公社已是河北博物院文创产品战略合作单位、河北省新华书店文创合作伙伴、河北中烟年度(文创)服务商、河北游礼文创互助平台单位。其三,通过智行创意公社创意教育、美学育成、文化创意体验、创业孵化等多元功能与政府、高校、产业协会等进行合作,进一步扩大产业园区和社会资源的辐射范围与融合深度。目前,智行创意公社已成为河北省文化和旅游人才实训基地、河北省文化产业十大优秀创业平台、河北工业设计协会培训中心、河北经贸大学文创产业研究中心、台湾形象策略联盟中国河北创研中心。

除产业内部的业务链条外,智行创意公社积极开展与其他产业的融合项目。在农业方面,智行创意公社与农小易开展合作,以"冀优鲜"为品牌,严选河北省优质农特产品,用创意手段包装,致力于成为农品界的网易严选；在工业方面，智行创意公社与正大制管开展合作，用创意将管类产品创造出诸多文创产品，既实现品牌推介的良好效果，同时又成为正大制管最具潜力的盈利项目之一；在烟草行业，智行创意公社借助文创方面优势，为荷花烟草品牌搭建文化宣传阵地，弥补了烟草业在品牌宣传方面的诸多限制，实现了文创为品牌赋能的作用。

四 文创产业的"一核三环"发展模式

《河北省文化产业发展"十三五"规划》指出，自"十二五"以来，河北省文化产业一直坚持创新引领，持续深化改革，加强融合发展，文化产业发展环境日渐优化，政策体系逐渐完善，文化产业综合实力在全国明显增强。当前，河北省文化产业在很多方面与先进地区存在一定差距，如在文创产业方面缺乏创新驱动，仅局限于传统文化产业的外延扩张，新兴产业发展相对滞后，文化产品创意不足，品牌效应影响力有待进一步提高等。

创意设计驱动下的文创产业生态系统的建立能够有效改变河北省文创产业的困境，实现产业发展的后发优势。依据智行创意公社在文创模块的实践经验，将该模式确定为"一核三环"模式。即以创意设计为驱动核，形成贯穿全产业链的驱动力，以此为基础构建文创产业内部的生态圈，实现产业链条的完整性，与此同时加强与其他产业的融合发展协作，实现大文创产业理念，最后优化外部环境，为文创产业的长远发展提供源源不断的力量（见图1）。

（一）打造创意设计驱动核

从文创产业的形成过程来看，它是在社会物质供给日益丰富，消费者购买能力日趋提升的前提下，从其他产业中分离出来的，以精神消费为诉求，以文化创意为内容，因此创意是文创产业区别于其他产业的最显著特点。

创意的产生首先需要个体创意工作者，如艺术家、设计师、演员、文学创作者等，但这些创意工作者要想实现商业价值就需要以创意人力资本的平

图1　"一核三环"模式

资料来源：笔者自绘。

台为媒介。以苹果商店为例，它的创意设计驱动核不是应用开发者，而是苹果公司建立的 App Store 系统，让每一个开发者能够在此机制下使自己的创意能力变现，所以说 App Store 才是完整的创意设计驱动核。

　　从文创产业的生态系统结构来看，创意生产者是洞察消费者需求、挖掘文化内容、完成产品研发生产、搭建文创营销媒介，实现文创价值的核心要素，因此，构建强劲有力的创意设计驱动核是发展文创产业的"牛鼻子"。

　　对于河北省文创产业现状，构建创意设计驱动应该从两个方面入手。首先是吸引和留住创意设计人才，创意设计人才是创意设计驱动核的最基本要素。随着京津冀一体化的发展，北京、天津对于河北省人次的虹吸效应将会减弱，京津地区的创意人才外溢现象会进一步凸显。与此同时，随着雄安新区的建设进程，会有更多创意设计人才涌入河北，加上河北省高校创意设计人才步入社会，河北省创意设计人才将会迎来一段黄金时代。

以文化创意园区为主体的创意设计人才集聚平台建设至关重要，文创产业是将创意价值转化为经济价值和社会价值的过程，创意价值只有在创意聚集交流中实现增值，创意价值的聚集交流需要创意者的聚集交流，创意设计者聚集交流的前提便是文化创意园区的平台建设。平台建设包括搭建硬件设施、交流合作机制、变现机制等。

就智行创意公社的实践来看，创意设计驱动核建设宜采用"1 + N"建设模式，即选择一家创意设计能力强的人才团队，通过建设文创中心实现创意设计能力的多元化和规模化。据此构建出具备创意实力的创意设计驱动核。

（二）搭建产业内部生态环

文创产业按照产品维度划分，可以分为用户研究、文化创意提取、原型研发、批量生产、渠道营销、用户消费这一业务链。整个业务链条的系统建设就形成了文创产业的内部生态圈。进行文创产业生态圈建设的第一步就是对河北省现有文创产业链进行梳理，实现查漏补缺。

河北省文化旅游资源丰富，这为文创产业发展提供了基础的内容资源。在用户研究和创意研发阶段，河北省现有专注于文创研发的机构屈指可数，这大大推迟了产业创意设计驱动核的建立，也成为产业链上首先缺失的一环；从产品生产环节来看，河北省在非遗、玻璃、箱包、陶瓷、印刷等领域有产业基础，在科技生产领域薄弱，需要产业外部的协作。在营销渠道建设方面，文创企业往往忽略这方面的建设，很多文化单位建立的营销渠道往往有规模、无活力、销量小；在用户消费环节，文创消费的体验性差，不利于形成口碑和二次传播。因此，产业内部生态环境建设势在必行。

以点带面的模式是现阶段产业生态圈建设的最优选择。以文创园区为点，第一步实现园区文创微生态，使园区摆脱单一出租场地的盈利模式，成为文创微生态的构建者和受益者；第二步根据各园区构建的微生态系统的差异化特点进行连接整合，形成整个文创产业的生态环。

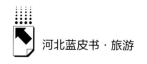

 河北蓝皮书·旅游

（三）构建产业外部协作环

在对文创产业的起源进行研究时我们发现，从文化属性来看，文创产业源起于零散的、无组织的文化创意实践活动，随着专业化和系统性的不断增强，逐渐发展为具体的产业形态。从经济属性上来看，文创产业是众多行业门类的集合，这些门类在文化创意产业的概念提出之前便已存在。从另一个角度来看，文创产业的诞生基于物质财富的极大丰富使人们精神文化消费凸显出来，之前散落于其他产业的文化创意活动得以聚集，在政策和技术的刺激下最终以产业的形态展现出来。由此可以看出文创产业的外延与其他产业交叉情况明显。因此，文创产业源于其他产业，同时也必然与其他产业成融合之势。

从文创产业的实践情况来看，"文创＋农业"诞生了田园综合体、文创农庄；"文创＋工业"提高了工业产品附加值，使工厂服务化、产品体验化，同时工业空间向多元文创空间转换；"文创＋科技"诞生了数字新文创这一新品类，出现了线上博物馆、沉浸式体验、腾讯王者现敦煌等一系列数字化文创新业态。

在诸多产业间协作要素中，文创与数字要素的结合最为迫切，其原因在于数字科技使文创以"内容＋形式"，即体验的方式使更广泛的人群得以参与。以成都市为例，截至2020年9月全市建有国家级文化产业示范园区（基地）10家、省级园区23家、市级园区31家，各类博物馆150家、世界文化遗产两处；在文创产品层面，成都市成为国内电影票房总量最高的五大城市之一，竞技手游《王者荣耀》、电影《哪吒之魔童降世》等数字文创爆品更是席卷国内市场，引爆全球。

（四）营造外部环境机会环

文创产业的外部环境包括经济基础、文化氛围、法律环境、信息技术、政策因素等。经济基础是影响文创产业发展的基本环境因素，物质基础的丰厚在一定程度上决定文创产业发展的程度。文化氛围是文创产业发展的土壤和营养，文化氛围能够激发创者的创意能力，便于创意者从深厚的文化氛

298

围中汲取能量，而不是凭空出点子或创意。法律环境特别是知识产权是文创产业健康发展的保护因素。知识产权是创意转化为价值的必要途径，同时也是保障创意企业良性竞争的有力手段。信息技术是文创产业发展的重要推动力，首先技术是经济发展的重要推动力，信息技术推动了现代新兴产业的出现，创意产业是其中受益者之一。其次信息技术为文创产品研发生产提供了硬件基础，同时信息技术降低了文化信息传播成本，便于文化内容的扩散，为文创内容提取提供了便利。

在诸多环境要素中，政策因素不同于其他变量，属于主动性强、影响效果直接的非市场要素。政府能够主动通过政策方面的倾斜和制度方面的激励，调动财政资金补贴文创教育与研发，刺激资本投资、进行知识产权宣传与保护。从各国文创发展实践来看也是如此，英国、美国、澳大利亚、韩国等国家都出台过文创产业振兴政策。就河北省而言，政策因素对文创产业的影响更为突出。以文创产业中的工业设计为例，河北省政府于 2017 年出台支持工业设计的政策措施以来，河北省工业设计公司数量有不足 50 家增加到 300 多家。

五　结语

在全球文创产业如火如荼发展的背景下，在实现中华民族伟大复兴的中国梦的感召下，我国文创产业已不仅是满足人们日益增长的美好生活的需要，更是实现中国文化自信，传播中国符号和价值观的切实行动。因此，找到符合各地经济社会现状的文创产业发展模式对于文创主管部门和经营主体意义重大。智行创意公社的经营实践经验、"一核三环"的发展模式兼顾产业宏观层面、产业集群、文创园区、文创企业及创意个体的利益与诉求，是适用于产业形成期的发展策略。在文创产业生态体系建成后，产业发展模式应转向规范各产业主体的良性竞争和文创产品的国际输出，这需要更多的文创经营主体的躬身实践与文创专家学者的研究总结。总之，文创产业发展伴随中华民族的伟大复兴已成为一个不可逆转的潮流，处在潮流中的文创人不

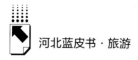
光要怀抱激情，更要理性思考与勇敢创新，在实践和总结中迎来文创产业的繁荣发展。

参考文献

马健：《基于产业生态圈视角的西部文创中心建设路径》，《先锋》2018 年第 8 期。

张宝生、王晓敏：《文化创意产业生态系统结构模型及其竞争力评价指标体系研究》，《科技与经济》2018 年第 6 期。

孙斌：《文化创意产业：核心要素及其运作机理研究》，山西大学，2013。

项玉卿：《河北省文创产业发展形势及路径选择》，《价值工程》2019 年第 25 期。

林弘：《浅析设计在促进文化创意产业发展上的作用》，《艺苑》2015 年第 3 期。

权威报告·一手数据·特色资源

皮书数据库
ANNUAL REPORT(YEARBOOK)
DATABASE

分析解读当下中国发展变迁的高端智库平台

所获荣誉

- 2019年，入围国家新闻出版署数字出版精品遴选推荐计划项目
- 2016年，入选"'十三五'国家重点电子出版物出版规划骨干工程"
- 2015年，荣获"搜索中国正能量 点赞2015""创新中国科技创新奖"
- 2013年，荣获"中国出版政府奖·网络出版物奖"提名奖
- 连续多年荣获中国数字出版博览会"数字出版·优秀品牌"奖

成为会员

通过网址www.pishu.com.cn访问皮书数据库网站或下载皮书数据库APP，进行手机号码验证或邮箱验证即可成为皮书数据库会员。

会员福利

- 已注册用户购书后可免费获赠100元皮书数据库充值卡。刮开充值卡涂层获取充值密码，登录并进入"会员中心"—"在线充值"—"充值卡充值"，充值成功即可购买和查看数据库内容。
- 会员福利最终解释权归社会科学文献出版社所有。

数据库服务热线：400-008-6695
数据库服务QQ：2475522410
数据库服务邮箱：database@ssap.cn
图书销售热线：010-59367070/7028
图书服务QQ：1265056568
图书服务邮箱：duzhe@ssap.cn

社会科学文献出版社 皮书系列
SOCIAL SCIENCES ACADEMIC PRESS (CHINA)

卡号：549311518333
密码：

S 基本子库
UB DATABASE

中国社会发展数据库（下设 12 个子库）

整合国内外中国社会发展研究成果，汇聚独家统计数据、深度分析报告，涉及社会、人口、政治、教育、法律等 12 个领域，为了解中国社会发展动态、跟踪社会核心热点、分析社会发展趋势提供一站式资源搜索和数据服务。

中国经济发展数据库（下设 12 个子库）

围绕国内外中国经济发展主题研究报告、学术资讯、基础数据等资料构建，内容涵盖宏观经济、农业经济、工业经济、产业经济等 12 个重点经济领域，为实时掌控经济运行态势、把握经济发展规律、洞察经济形势、进行经济决策提供参考和依据。

中国行业发展数据库（下设 17 个子库）

以中国国民经济行业分类为依据，覆盖金融业、旅游、医疗卫生、交通运输、能源矿产等 100 多个行业，跟踪分析国民经济相关行业市场运行状况和政策导向，汇集行业发展前沿资讯，为投资、从业及各种经济决策提供理论基础和实践指导。

中国区域发展数据库（下设 6 个子库）

对中国特定区域内的经济、社会、文化等领域现状与发展情况进行深度分析和预测，研究层级至县及县以下行政区，涉及地区、区域经济体、城市、农村等不同维度，为地方经济社会宏观态势研究、发展经验研究、案例分析提供数据服务。

中国文化传媒数据库（下设 18 个子库）

汇聚文化传媒领域专家观点、热点资讯，梳理国内外中国文化发展相关学术研究成果、一手统计数据，涵盖文化产业、新闻传播、电影娱乐、文学艺术、群众文化等 18 个重点研究领域。为文化传媒研究提供相关数据、研究报告和综合分析服务。

世界经济与国际关系数据库（下设 6 个子库）

立足"皮书系列"世界经济、国际关系相关学术资源，整合世界经济、国际政治、世界文化与科技、全球性问题、国际组织与国际法、区域研究 6 大领域研究成果，为世界经济与国际关系研究提供全方位数据分析，为决策和形势研判提供参考。

法律声明

　　"皮书系列"（含蓝皮书、绿皮书、黄皮书）之品牌由社会科学文献出版社最早使用并持续至今，现已被中国图书市场所熟知。"皮书系列"的相关商标已在中华人民共和国国家工商行政管理总局商标局注册，如LOGO（ ）、皮书、Pishu、经济蓝皮书、社会蓝皮书等。"皮书系列"图书的注册商标专用权及封面设计、版式设计的著作权均为社会科学文献出版社所有。未经社会科学文献出版社书面授权许可，任何使用与"皮书系列"图书注册商标、封面设计、版式设计相同或者近似的文字、图形或其组合的行为均系侵权行为。

　　经作者授权，本书的专有出版权及信息网络传播权等为社会科学文献出版社享有。未经社会科学文献出版社书面授权许可，任何就本书内容的复制、发行或以数字形式进行网络传播的行为均系侵权行为。

　　社会科学文献出版社将通过法律途径追究上述侵权行为的法律责任，维护自身合法权益。

　　欢迎社会各界人士对侵犯社会科学文献出版社上述权利的侵权行为进行举报。电话：010-59367121，电子邮箱：fawubu@ssap.cn。

社会科学文献出版社